MIT GOTT UNTERWEGS
Eine Reise durch das Alte Testament

W0179627

FRÈRE JOHN, TAIZÉ

Mit Gott unterwegs

EINE REISE DURCH DAS ALTE TESTAMENT

CLAUDIUS VERLAG

Lizenzausgabe mit freundlicher Genehmigung der
Ateliers et Presses de Taizé, Communauté de Taizé, F-71250 Cluny

Titel der amerikanischen Ausgabe:
„The Pilgrim God, A Biblical Journey"
by Brother John of Taizé
The Pastoral Press, Washington, D.C., 1985

Die Bibelzitate sind, wenn nicht anders vermerkt, der
Einheitsübersetzung der Heiligen Schrift, Gesamtausgabe,
Dt. Bibelgesellschaft Stuttgart, 1980, entnommen.

Aus dem Amerikanischen
von Jutta Suthau-Terborg
unter Mitarbeit von
Martin Bogdahn und Sabine Reim

CIP-Kurztitelaufnahme der Deutschen Bibliothek
John „Frère"
Mit Gott unterwegs: e. Reise durch d. Alte Testament / Frère John.
Aus d. Amerikan. übers. von Jutta Suthau. –
München: Claudius-Verl., 1987.
    Einheitssacht.: The Pilgrim God „dt."
    ISBN 3-532-62059-6

© Claudius Verlag München 1987
Alle Rechte der deutschen Ausgabe, auch die des auszugsweisen
Nachdrucks, der photomechanischen
Wiedergabe und der Übersetzung, vorbehalten.
Umschlaggestaltung: Werner Richter nach einem Foto von Martin Lagois
Satz: Fertigsatz GmbH München
Druck: H. Mühlberger, Augsburg

ISBN 3-532-62059-6

INHALT

Meinen Eltern gewidmet

Daher sollt ihr darauf achten, daß ihr handelt,
wie es der Herr, euer Gott, euch vorgeschrieben hat.
Ihr sollt weder rechts noch links abweichen.
Ihr sollt nur auf dem Weg gehen, den der Herr,
euer Gott, euch vorgeschrieben hat,
damit ihr Leben habt und es euch gut geht
und ihr lange lebt in dem Land,
das ihr in Besitz nehmt.
(Deuteronomium 5,32 f.)

Es ist dir gesagt worden, Mensch, was gut ist
und was der Herr von dir erwartet:
Nichts anderes als dies: Recht tun,
Güte und Treue lieben,
in Ehrfurcht den Weg gehen mit deinem Gott.
(Micha 6,8)

Einführung

Die Idee zu diesem Buch erwuchs aus einem Bibelkurs zum Thema „Glaube als Pilgerreise", den ich in der ökumenischen Kommunität in Taizé, Frankreich, gehalten habe. Teilnehmer waren junge Erwachsene, wie sie fast das ganze Jahr über zu den internationalen Treffen nach Taizé kommen. Ich habe mich mit dem Thema in einem sehr weiten, ja ursprünglichen Sinn beschäftigt: die Menschen als Pilger, die unterwegs sind, als Fremde, die vorüberziehen und zu neuen Horizonten wandern. Dieses Thema hat mich schon immer fasziniert, und so habe ich die Bibel mit Freude daraufhin durchforscht, wie unser Verständnis des Glaubens durch dieses Bild vertieft werden könnte.

Mir war vorher schon bewußt, daß die Pilgerreise ein guter Ansatz zum Verständnis der biblischen Botschaft sein könnte; über Jahrhunderte hinweg war dies ein beliebtes Thema christlicher Predigt und Literatur, auch wenn es nicht immer ausdrücklich mit biblischen Aussagen in Zusammenhang gebracht wurde. Aber meine Erwartungen wurden bei weitem übertroffen. Mir wurde immer deutlicher, daß ich im Begriff war, den Rahmen einer ganzen biblischen Theologie zu erschließen. An diesem Punkt begann ich mich zu fragen, ob sich das Vorhaben nicht als zu ehrgeizig erweisen würde. Ich kam aber zu der Überzeugung, daß andere Menschen genauso wie ich von diesem Zugang zur Bibel gefesselt werden könnten. Deshalb beschloß ich, das Projekt zum Abschluß zu bringen.

Das Bild der Reise als Schlüssel zur Bibel hat einen großen Vorzug: seine Offenheit und Dynamik. Es entspricht der Denkweise unserer Zeit und hilft darüber hinaus, sowohl den fortschreitenden Prozeß der Selbstoffenbarung Gottes als auch die für das Leben im Glauben so grundlegende Dimension des Risikos und des Abenteuers zu erfassen. Die Pilgerfahrt, von der hier die Rede ist, ist nicht die Bewegung *hin* zu einem Glauben, der sich als feststehende Überzeugung versteht, sie ist vielmehr selbst bereits ein Vollzug des Glaubens – wie bei Abraham, bei dem Reise und Risiko in dem Augenblick begannen, als er zu Gottes Ruf „ja" sagte und sich auf den Weg der Verheißung machte. Wenn es unseren Kirchen heutzutage oft nicht gelingt, die jüngere Generation anzusprechen – könnte das nicht zum Teil daran liegen, daß wir das

Bild des wandernden Volkes aus den Augen verloren und vergessen haben, daß Christus nicht nur die Wahrheit, sondern auch das Leben und der Weg ist?

Ein Wort zur Methode: Beim Vergleich der biblischen Bücher habe ich, wo es möglich war, die Ergebnisse der modernen Bibelauslegung herangezogen. Eine fundamentalistische, anti-intellektuelle Betrachtungsweise der Schrift übersieht, daß auch unser Verstand eine Gabe Gottes ist. Und, was noch entscheidender ist, sie nimmt die Inkarnation nicht ernst, indem sie den göttlichen Anteil am Entstehen der Bibel in Gegensatz zum menschlichen Anteil setzt. Auf der anderen Seite gilt aber auch dies: Wenn wir Gottes Selbstdarstellung mit menschlichen Mitteln interpretieren wollen, können wir das nur als Dienende. Von daher habe ich kein Interesse an einer vermeintlich ‚objektiven‘, ‚wissenschaftlichen‘ Analyse. Dieses Buch ist im wesentlichen eine durch den Glauben angeregte Betrachtung als Ausdruck der Treue zum Geist Gottes, der auch der Geist Jesu Christi ist. Meine persönliche ‚Reise‘ kann ich dabei nicht verleugnen oder ausklammern – nämlich, daß ich ein katholisches Mitglied einer ökumenischen Klostergemeinschaft bin, die in Solidarität mit allen Christen zu leben versucht und darüber hinaus die Versöhnung mit allen Menschen anstrebt.

Beim Nachdenken über das, was die Christen nicht ganz zutreffend ‚Altes Testament‘ nennen, habe ich versucht, auf das Verständnis des jüdischen Volkes für seine eigene Geschichte und Überlieferung zu achten. Allzuoft haben Christen Aussagen der hebräischen Schriften karikiert und kaum wahrgenommen, daß solche Karikaturen zum wahren geistlichen Gehalt dieser Aussagen kaum mehr eine Beziehung haben. Wenn Jesus – wie die Christen glauben – die Erfüllung der Verheißungen ist, dann kann ‚erfüllen‘ folglich nicht heißen, das abzuschaffen oder als wertlos zu erachten, was vorangegangen ist (vgl. Mt 5,17). Vielmehr werden Fragmente zur Vollendung gebracht, indem man ihre tiefste Bedeutung aufdeckt und zeigt, wie sich die einzelnen Teile und verborgenen Linien zusammenfügen, um ein Ganzes zu formen, das unser Vorstellungsvermögen übersteigt.

Ich habe mir die Freiheit genommen, viele Schriftbelege anzugeben, auch wenn das dem Leser einige Mühe abverlangt. Unser Bibelverständnis läßt sich nicht besser vertiefen, als daß wir uns die Zeit nehmen, all die Schattierungen zu beachten, die zusammen das farbenfrohe Gemälde der biblischen Botschaft ergeben. Um also aus diesem Buch den vollen Nutzen zu ziehen, sollte man es mit der Bibel in der Hand lesen.

Die Zitate im Text sind – wenn nicht anders vermerkt – der Einheitsübersetzung (EÜ) entnommen. Hin und wieder wird auch die revidierte Lutherbibel von 1984 (LÜ) herangezogen. Die Anmerkungen am

Ende jedes Kapitels kann man übergehen, ohne daß die Grundaussage des Buches geschmälert würde. Sie sind dazu da, wo nötig, Nuancen aufzuzeigen, mehr Informationen zu speziellen Fragen zu geben, die für manche Leser von Interesse sein mögen, und zu zeigen, daß diese Arbeit sich als Teil einer gemeinsamen Bemühung vieler Menschen versteht, die über die Quellen unseres Glaubens nachdenken.

Wie sich klar zeigen wird, ist diese Studie bei weitem nicht erschöpfend. Bestimmte Teile der Schrift, wie etwa die Weisheits-Literatur, werden nur sehr kurz erwähnt. Diese Arbeit bemüht sich eher, Gedankengänge zu eröffnen, die jeder Leser selbst weiterverfolgen kann, als endgültige Antworten zu liefern. Außerdem will sie in keinem Punkt von der Überlieferung der Kirche abweichen, die der Obhut ihrer Hirten anvertraut ist (1.Tim 6,20). Meine tiefste Hoffnung beim Schreiben dieser Seiten ist es, die Liebe zur Bibel neu zu wecken und damit auch die Liebe zu dem Volk, von dem sie handelt, zu Christus, der in ihrer Mitte steht, und zu der Kirche, die in ihr fortwährend die Quelle ihres eigenen Daseins findet. Es ist wichtig zu verstehen, daß die Bibel weder ausschließlich den Gelehrten noch den sogenannten Fundamentalisten gehört. Zeiten der Erneuerung in der christlichen Kirche brachten immer auch eine Rückbesinnung auf die biblischen Quellen des Glaubens mit sich. Unsere Wiederentdeckung des Wortes Gottes kann der notwendige Auftakt zu dem Frühlingserwachen der Kirche sein, das wir so brennend ersehnen.

1. KAPITEL   *Die Reise beginnt*

Empfohlene Lektüre:
Genesis (1. Mose) 11; 12; 22; 28
Römer 4
Galater 3
Hebräer 11

Der Herr sprach zu Abram:
Zieh weg aus deinem Land, von deiner Verwandtschaft
und aus deinem Vaterhaus
in das Land, das ich dir zeigen werde.
Ich werde dich zu einem großen Volk machen,
dich segnen
und deinen Namen groß machen.
Ein Segen sollst du sein.
Ich will segnen, die dich segnen;
wer dich verwünscht, den will ich verfluchen.
Durch dich sollen alle Geschlechter der Erde Segen erlangen.
Da zog Abram weg, wie der Herr ihm gesagt hatte . . .

(Gen 12,1-4a)

Diese einfachen Worte von ungeahnter Bedeutung stehen an einem wichtigen Wendepunkt im ersten Buch der Bibel. Die ersten elf Kapitel sind den Ursprüngen der Menschheit gewidmet und bilden eine Art ‚Vorgeschichte‘ des Volkes Gottes; nun befinden wir uns an der Schwelle zur Geschichte selbst. Von diesem Punkt an tritt Gott nicht mit Symbolfiguren oder Typen, die für die ganze Menschheit stehen, in Beziehung, sondern mit einer ganz bestimmten Einzelperson, einer Familie, Sippe oder einem Volk. Der Schöpfer wird zum Handelnden, zum ‚Teilnehmer‘ in der Welt, die er[1] gemacht hat. Und dieses Eintreten in die Welt-Szene führt augenblicklich zu einer Geschichte, die, obwohl sie aus unzähligen Wechselfällen, Fehltritten und Rückschlägen besteht, nichtsdestoweniger eine Geschichte mit einer Richtung ist, eine Geschichte der Liebe. Denn inmitten all des Lärms und der Unruhe wird die Gegenwart Gottes in der Welt allmählich immer vertrauter. Mit unermüdlicher Geduld paßt Gott sich an all die Windungen und Wendungen seiner Schöpfung an. Gott nimmt in solch einem Ausmaß menschliche Gestalt an, daß wir am Ende einer langen Reise wirklich sagen können, er wird einer von uns.

13

Das ist die Geschichte, die uns die Sammlung von Büchern, die wir Bibel nennen, vor allem erzählen will. Manchmal ist sie leicht zu erkennen, häufig verbirgt sie sich unter einer Schicht von Widersprüchen. Aber wie können wir durch diese äußere Schicht hindurchstoßen, um die Botschaft der Bibel zu entdecken? Eine ganze Welt mit eigenen Gesetzen liegt vor uns, und unsere eigene vorgefaßte Meinung hält uns in vielen Fällen davon ab, ihre Besonderheit zu erfassen. Aus diesem Grunde lohnt es sich, die Schwierigkeiten auszuräumen, die dem heutigen Leser möglicherweise den Blick für die wahre Bedeutung des biblischen Textes verstellen, bevor wir uns der Geschichte Abrahams zuwenden.

Eine andere Art Buch

Ein Problem ergibt sich aus dem Alter des Textes und seiner vielgestaltigen und komplizierten Entwicklung. Der Bibelabschnitt zu Beginn dieses Kapitels, der auf den ersten Blick so klar und einfach scheint, ist bereits die Frucht einer langen Entwicklung. Die endgültige Fassung des Buches GENESIS (1.Mose) stammt etwa aus der Zeit um 400 vor Christus, aber die Verse sind zuvor schon Teil einer literarischen Komposition gewesen, des Berichts des sogenannten Jahwisten, der etwa 500 Jahre früher unter der Herrschaft König Salomos oder seines Vaters David, geschrieben worden war. Der anonyme ‚jahwistische‘ Autor seinerseits erfand nicht einfach seine Erzählung. Er bezog sein Material aus den mündlichen Überlieferungen seiner Zeit, die besonders in den Heiligtümern des Landes gepflegt wurden und sehr wahrscheinlich bis auf die Nomadenvölker des zweiten Jahrtausends vor unserer Zeitrechnung zurückgehen.

Die Geschichte von Abraham wurde jahrhundertelang weitererzählt, bevor man sie niederschrieb, und erst nach weiteren 500 Jahren nahm sie ihre endgültige Gestalt an. Wenn moderne Leser, die in einer Welt der Wissenschaft und Gelehrsamkeit geboren und erzogen wurden, mit diesen Fakten konfrontiert werden, spüren sie einen schier unwiderstehlichen Drang, „hinter den Text zu gelangen", um mehr zu erfahren. Wir wollen herausfinden, „was wirklich geschah", oder zumindest die biblischen Angaben mit anderen Erwägungen vervollständigen. Auf diese Weise können wir entdecken, daß man von den Vorfahren des Volkes Israel, den Patriarchen oder Erzvätern, annimmt, sie seien Kleinvieh-Nomaden gewesen, auch Halb-Nomaden genannt, um sie von den Kameltreibern der großen Wüste zu unterscheiden. Wir könnten dann die ökonomischen, soziologischen und historischen Hintergründe für diesen Lebensstil untersuchen. Dabei erfahren wir, daß die Situation nicht ganz so einfach ist, daß nämlich Gelehrte neuerdings die Hypothese des biblischen Nomadentums in Zweifel ziehen. Oder aber wir schlagen einen anderen Kurs ein und studieren die Geschichte des Textes, die Stufen seiner Entwicklung unter dem Einfluß verschiedener Umstände, die ihrerseits wiederum eingehend studiert werden müßten, und so weiter.[2]

An solch einem Programm ist nichts auszusetzen – vorausgesetzt natürlich, die nötige Zeit und Neigung sind vorhanden. Die Arbeit von ‚Schriftgelehrten‘ kann wertvoll sein, indem sie uns einen *Kontext*, einen Zusammenhang und Hintergrund, liefert, der uns hilft, die Besonderheit der biblischen Botschaft klarer zu sehen. Ihre Bemühungen lassen die Figuren, die wir in der Schrift finden, lebendig werden; damit können wir in die Mentalität einer Welt eintauchen, die sich von der unsrigen stark unterscheidet. Auf der anderen Seite sind wir zur Enttäuschung verurteilt, wenn wir von solchen Studien mehr erwarten, als sie bieten können. Es ist wichtig zu verstehen, daß die Bibel kein ‚Problem‘ ist, das durch wissenschaftliche Studien zu lösen ist, kein ‚Rätsel‘, das ‚ausgeknobelt‘ werden müßte. Sie ist ein Buch, das von, über und für Glaubende geschrieben wurde, die darin eine Botschaft von dem geheimnisvollen Anderen vernehmen, den wir Gott nennen.

Diese Botschaft wird tatsächlich auf komplizierte und geheimnisvolle Weise mitgeteilt, da Gott sich mit Hilfe menschlicher Worte und durch Ereignisse der menschlichen Geschichte ausdrückt, ohne je die Freiheit der Akteure zu verletzen. Die Sprache, die Gott spricht, ist nicht immer sofort offensichtlich und klar verständlich, weder für die beteiligten Personen noch für eine spätere Generation, jedoch aus unterschiedlichen Gründen: Die ersteren sind dem Geschehen oft zu nahe, die letzteren haben dagegen nicht genug Kontakt zu seinen Voraussetzungen. Um verstehen zu können, müssen wir uns allmählich eine Hör- und Sehweise aneignen, die uns unter die oberflächliche Bedeutung der Worte gehen und die darin verborgenen Schätze entdecken läßt. Wir müssen einen einzelnen Text auch in einen weiteren Zusammenhang stellen, um ihn als Teil einer fortschreitenden historischen Entwicklung zu sehen. Dabei können uns unter anderem die modernen akademischen Methoden helfen, aber sie können niemals den Text ersetzen, den sie zu erläutern versuchen.

Wenn es um das Verständnis der Bibel geht, spielen soziologische, ökonomische und andere Fragen dieser Art zwar eine echte, aber eine untergeordnete Rolle. Sie sind nie der springende Punkt der Geschichte. Für den biblischen Autor zum Beispiel ist das Wanderleben der Vorfahren des Volkes Israel wichtig aus ganz anderen Gründen als aus denen des Nomadentums, der Viehzucht oder der Gesetzesmißachtung. Was auch immer seine anderen Aspekte tatsächlich sein mögen (und es gibt keinen Grund, ihnen nicht ihren rechtmäßigen

Platz einzuräumen), letztendlich ist dieses Leben die Erwiderung auf einen Ruf Gottes.

Bedeutet dies dann, daß die Berichte von Abraham und seinen Begleitern aus dem historischen Rahmen herausfallen? Um diese Frage zu beantworten, müssen wir uns zuvor über den Gebrauch des Wortes ‚historisch‘ im klaren sein, wenn er auf bestimmte Bücher oder Teile der Bibel angewandt wird. Die Bibel ist tatsächlich in der Geschichte verwurzelt, da sie sich mit Menschen befaßt, die auf der Erde gelebt haben. Sie ist jedoch nicht die Art von Geschichtsbuch, die ein moderner Historiker schreiben würde. Die Bibel gibt Zeugnis von der Geschichte in der Form der *Tradition,* was wörtlich ‚vererben‘, ‚als Erbe hinterlassen‘ oder ‚überliefern‘ bedeutet, mit anderen Worten die Weitergabe von Geschichten von einer Generation zur nächsten, zuallererst mündlich und später mit Hilfe der Schrift. Aus einem anderen Blickwinkel betrachtet, stellt die Bibel das kollektive *Gedächtnis* eines Volkes dar. Und wie das Gedächtnis eines Einzelnen (das ist zumindest seit Freud Allgemeinwissen), so hat auch das Gedächtnis einer Gruppe seine eigenen Gesetzmäßigkeiten, die oft verwirrend sind, wenn man sie vom Standpunkt abstrakter Vernunft oder mathematischer Logik aus betrachtet. Das Gedächtnis verkürzt bestimmte Ereignisse, läßt andere reliefartig hervortreten, läßt bestimmte Schlüsselthemen und Motive auftauchen, interpretiert Vergangenes unbewußt auf neue Weise im Licht eines neuen Zusammenhangs und so fort. Kurz gesagt, seine Gesetze sind nicht die der modernen Rekonstruktion der Vergangenheit nach den heute gebräuchlichen akademischen Methoden.

Nehmen wir ein Beispiel für diesen Prozeß. Zu der Zeit, als die Geschichte von Abraham niedergeschrieben wurde, waren die Israeliten keine Wanderer oder Nomaden mehr. Nun sehen Menschen, die an einem Fleck verwurzelt sind, das Wanderleben auf ganz andere Weise als Nomaden selbst. Die ersteren nehmen die Elemente des Risikos und der Ungewißheit, die solch ein Leben mit sich bringt, viel stärker wahr, da sie es unbewußt mit ihrem eigenen Leben vergleichen. Aber selbst wenn denjenigen, die dieses Leben führen, diese Dimension weniger bewußt ist, weil sie mehr daran gewöhnt sind, läßt sich daraus nicht folgern, die andere Sicht sei falsch. Könnten wir nicht ebensogut sagen: Die neue Perspektive wirft mehr Licht auf eine vergangene Realität und hilft uns, im Licht des Glaubens ihre tiefere Bedeutung zu sehen?

Neben den Neuinterpretationen aufgrund eines veränderten Kontexts gibt es noch ein sehr wichtiges Phänomen, das mit der Offenheit und Dynamik der biblischen Geschichte verknüpft ist. Wenn – aus welchem Grund auch immer – die Vergangenheit weiterhin die Gegenwart beeinflußt, dann bleibt der Kontext offen, und es ist immer möglich, zwischen den Bestandteilen dieser Vergangenheit neue Zusammenhänge wahrzunehmen. Um zum Beispiel die Programme einer politischen Partei oder ihres Führers angemessen beurteilen zu können, brauchen wir genug Distanz, um die direkten und indirekten Konsequenzen dieser Programme sehen zu können. Und doch unterstellen wir mehr oder weniger bewußt, die exakteste Sicht eines Ereignisses sei die, die ihm zeitlich am nächsten steht. Spontan neigen wir zu der Annahme, der früheste Bericht teile uns alles mit, was wir wirklich wissen müßten, und spätere Deutungen betrachten wir als zusätzliche Umhüllungen, die den Kern der Wahrheit, den wir zu erreichen suchen, verdecken.[3] Eine solche Betrachtungsweise ist leicht als fehlerhaft zu erkennen. Nichtsdestoweniger ist sie weit verbreitet und wird sehr oft nicht bewußt erkannt und selbst in seriösen Untersuchungen nicht berücksichtigt.

Ein zeitgenössischer Autor könnte zum Beispiel sagen, der Jahwist habe die Traditionen der Patriarchen ,neu interpretiert' und sie auf das Volk Israel ,angewandt'. In sich ist das sicherlich nicht falsch: Es gibt keinen Grund zu bezweifeln, daß im Verständnis Abrahams Gottes Verheißungen vor allem für seine eigene kleine Sippe galten. Aber wenn diese Aussage so verstanden wird, daß die Ausweitung der Verheißung auf ganz Israel (und darüber hinaus) eine weniger authentische Sicht sei, dann haben wir eindeutig die Grenzen wissenschaftlicher Methodologie überschritten. Im Blick auf das Gesamtzeugnis der Bibel und unter dem Vorzeichen des Glaubens an die Selbstoffenbarung Gottes hat ein Autor, der Jahrhunderte später schrieb, zweifellos einen weiteren und in gewissem Sinne treffenderen Blick als Abraham selbst. Schließlich konnte der Patriarch nicht sehen, wie sich die Bewegung, die er in Gang gebracht hatte, weiterentwickeln würde. In diesem Falle liegt die tiefere Wahrheit darin, sich mit vergangenen Ereignissen im Lichte ihrer Folgen zu befassen. Deshalb hat die spätere Einsicht einen Ehrenplatz in der Bibel. Wir begegnen ihr bemerkenswerterweise an zwei Höhepunkten: im vierten Gottesknecht-Lied (Jes 52,13 - 53,12) und in der Geschichte der Emmaus-Jünger (Lk 24,13-35). Das ist kein Zufall, da die Rückschau einen Schlüssel zum Verständnis der biblischen Botschaft liefert, die sich ständig auf die Zukunft hin bewegt.

Der schwer faßbare Anfang

Wir haben einige allgemeine Faktoren betrachtet, die unser Verständnis der Bibel erschweren können. Darüber hinaus ist der Abschnitt, den wir untersuchen wollen, so beschaffen, daß er wissenschaftlicher Methodik sogar entgegensteht. Die Geschichte von Abraham ist im wesentlichen die Geschichte von einem *Anfang*, nämlich vom Anfang des Glaubens. Und doch ist die Wissenschaft trotz des lebhaften Interesses, das sie für die Ursprünge einer Sache hegt – ja, auch der menschliche Verstand im allgemeinen – weitgehend unfähig, zu entdecken und zu erklären, wie etwas Neues entsteht. Teilhard de Chardin, Priester und Paläontologe, dessen leidenschaftliches Interesse für die Wissenschaft mit einer gleich starken Leidenschaft für Gott gepaart war, sah diesen Umstand ganz klar:

> Anfänge haben eine verwirrende, aber wesentliche Zartheit an sich, die sich alle zu Herzen nehmen sollten, die sich mit Geschichte befassen.
> *Auf jedem Gebiet* ist es das gleiche: Wenn irgend etwas wirklich Neues in unserer Umgebung zu keimen beginnt, können wir es nicht wahrnehmen – aus dem Grund, weil es nur im Licht dessen, was sein wird, erkannt werden könnte. Blicken wir allerdings, wenn es seine volle Größe erreicht hat, zurück, um seinen Ausgangspunkt freizulegen, dann können wir nur feststellen, daß wir ihn inzwischen aus den Augen verloren haben, weil er zerstört oder vergessen ist. So nahe sie uns auch sind – wo sind die ersten Griechen und Römer? Wo sind die ersten Weberschiffchen, Wagen oder Herde? Und wo sind – selbst nach einer so kurzen Zeitspanne – die ersten Automobile, Flugzeuge oder Kinos? In der Biologie, der Zivilisation, der Linguistik, wie in allen Dingen, radiert die Zeit, wie ein Entwurfzeichner mit einem Radiergummi, jede schwache Linie in der Zeichnung des Lebens aus. Durch einen Mechanismus, dessen Details in jedem einzelnen Fall vermeidbar und zufällig scheinen, der aber im großen gesehen einen grundlegenden Zustand unseres Wissens ausdrückt, vergehen und verschwinden Keime, Blütenzweige und alle frühen Wachstumsstufen, während sie in die Vergangenheit entschwinden. Außer den fixierten Höchstwerten, den vollendeten Errungenschaften bleibt nichts, weder Spur noch Zeugnis von dem, was vorausging.[4]

Dem könnten Gründe hinzugefügt werden, die aus der Arbeitsweise des menschlichen Geistes und dem Wesen der Wissenschaft selbst kommen. Wie kompliziert und vielgestaltig sie auch sein mag, die Wissenschaft folgt im wesentlichen einer Methode der *Korrelation:* Sie versucht ein Phänomen zu verstehen, indem sie seine Beziehungen zu anderen, bereits bekannten Realitäten aufdeckt. Etwas vereinfacht können wir sagen, die Wissenschaft erklärt Neues und Unbekanntes dadurch, daß sie es mit dem, was bereits bekannt ist, in Beziehung setzt. Aber das bedeutet, unsere Intelligenz kann mit etwas Neuem bis zu genau dem Maß umgehen, in dem sein Neusein verschwindet, und es sich in die gewohnte Struktur unseres Wissens einfügt. Die menschliche Wissenschaft ist in ihrem Element, wenn es um das Reguläre, das Vorhersagbare, das Wiederkehrende geht; mit dem Ursprünglichen, Unberechenbaren, Einzigartigen kann sie nicht umgehen.

Wenn wir das auf unser Gebiet übertragen, sollte klar werden, daß solch eine Methode für das Verständnis der Abrahams-Geschichte überhaupt nichts nützen würde. Sie würde der Geschichte ihren wichtigsten Aspekt nehmen: das Neue, die Offenheit gegenüber dem Unbekannten, das Gottes eigene Handschrift trägt. Der Gott der Bibel ist Leben, mit all den dynamischen und unberechenbaren Nuancen dieses Wortes. Müßten wir auf einen Text wie Genesis 12,1-4 wissenschaftliche Interpretationsmethoden anwenden und dabei stehenbleiben, würden wir alles mögliche finden, nur nicht den Kern der Geschichte, ihre wahre und tiefste Bedeutung. Wir würden den lebendigen Gott durch die Götzenbilder unserer eigenen Selbst-Analyse ersetzen.

Verheißung und Aufbruch

Nach dem diese lange Einführung bis zu einem gewissen Grad den Hintergrund geklärt hat, sind wir in der Lage, auf die Geschichte Abrahams zu hören und zu versuchen, ihre Bedeutung zu erfassen. Dieser Bericht über eine Berufung ist eine komprimierte Fassung der ganzen biblischen Botschaft. Hier wie überall enthalten die Ursprünge der Wirklichkeit wie in einer Nußschale die Leitlinien ihrer künftigen Entwicklung. Obwohl die ersten Christen im Blick auf jüdische Institutionen und Praktiken eher zurückhaltend waren, nahmen sie bereitwillig das Vorbild Abrahams als Leitfigur für ihr eigenes Dasein auf. Nach seiner Bekehrung auf der Straße nach Damaskus verkündete ein junger Pharisäer namens Saul: „Was mir damals ein Gewinn war, das habe ich um Christi willen als Verlust erkannt" (Phil 3,7). Derselbe Mann, den wir besser unter dem Namen Paulus kennen, zögerte nicht zu schreiben, daß alle, die aus dem Glauben leben, Kinder Abrahams sind und den Segen empfangen, der Abraham, dem Mann des Glaubens, verheißen wurde (vgl. Gal 3,6-9). Wenn Abraham das erste Vorbild für einen ‚Mann des Glaubens' ist, dann deshalb, weil sein Leben im wesentlichen eine lange Pilgerfahrt ist, eine Reise mit Gott.

Betrachten wir den Abschnitt über Abrahams Berufung etwas näher. Eines Tages erlebt ein Mensch wie du und ich eine Begegnung, die den Rest seines Lebens, ja sogar die Geschichte unseres Planeten umgestaltet. Er begegnet nicht einem Mitmenschen, sondern einem Gott – ein Ereignis, das an sich in den Geschichten jener Zeit nicht außergewöhnlich ist. Aber ein Punkt unterscheidet diesen Gott von den Gottheiten, die man damals praktisch überall fand. All diese Götter waren mit bestimmten Orten verbunden – mit Bergen, Flüssen, Städten, Regionen – während der Gott, der zu Abraham spricht, nicht an einen Fleck gebunden ist. Dieser Gott ist ein Gott der Pilger.[5] Und deshalb hat er für seinen Erwählten Pläne, die weit über seine gegenwärtige Lage hinausgehen. Ein Pilger-Gott bricht in das Leben Abrahams ein und lädt ihn ein aufzubrechen; und er tut das nicht in Form eines Befehls, sondern indem er ihm eine Verheißung gibt, deren Dimension so groß ist wie die Welt.

Kommentatoren haben diesen Text üblicherweise als Beschreibung des Übergangs von einem seßhaften zu einem nomadisierenden Leben interpretiert, als Beschreibung der Bekehrung von den alten Göttern Mesopotamiens zu dem Gott der Bibel. Die zeitgenössische Exegese (Schriftauslegung) weist neuerdings auf die Kontinuität hin und bemerkt, daß das Buch Genesis bereits im Zusammenhang mit Abrahams Vater von Wanderungen spricht (Gen 11,31). Darüber hinaus macht das Studium der literarischen Formen die Hypothese wahrscheinlich, daß die ursprüngliche Fassung von Genesis 12,1-4 eine Weissagung war, die eine Gruppe von Nomaden von ihrem Gott erhielt und die sie in einer Krisenzeit dazu brachte, neues Weideland zu suchen.[6] In diesem Falle schiene es, als ob die Familie Abrahams bereits eine Nomadengruppe gewesen wäre, und die fragliche Verheißung wäre dann nicht ihre erste Begegnung mit Gott gewesen.

Hier laufen wir wieder Gefahr, uns von der Brillianz kritischer Methoden blenden zu lassen. Wir haben bereits gesehen, daß die wissenschaftliche Methode – und eigentlich jede Sprache, die sich auf das ‚Objektive' und ‚Vernüftige' beschränkt – im wesentlichen nicht die Fähigkeit besitzt, uns etwas völlig Neues vorzustellen. Und in dem Maße, in dem der biblische Schreiber eine *schablonenhafte* Form der Weissagung, eine vorgegebene literarische Form einsetzt, können wir es nicht im wörtlichen Sinne mit einem brandneuen Anfang zu tun haben. Auf jeden Fall aber versucht der inspirierte Autor mit diesen schablonenhaften Elementen auf indirekte Weise einen Punkt zu erreichen, zu dem er keinen direkten Zugang hat. Er versucht, den Ursprung des Glaubens zu beschreiben. In einer Welt, in der Spaltung und Zerstreuung überhandnehmen, will er uns den völligen Neuanfang zeigen, den das Auftreten Gottes herbeiführt. In dieser Hinsicht waren die traditionellen Kommentatoren trotz ihrer methodischen Unzulänglichkeiten und ihres begrenzteren Wissens der Wahrheit näher.[7]

Wenn wir all die Hypothesen über die Ursprünge Abrahams außer acht lassen, dann sehen wir den Neubeginn in der Weissagung selbst klar angezeigt durch die Einladung an Abraham, er solle seine Familie und sein Vaterhaus verlassen (Gen 12,1). In der endgültigen Fassung des Buches Genesis folgt die Berufung Abrahams unmittelbar auf die Geschichte vom Turmbau zu Babel (Gen 11,1-9), die als Beispiel menschlicher Überheblichkeit und Selbstanmaßung dargestellt wird. Diese Haltung ist es, die zur Spaltung und Zerstreuung der menschlichen Rasse führt. Folglich sind die Wanderungen von Abrahams Vater ein Teil dieser Zerstreuung und des ziellosen Umherziehens, was sie wesentlich von Abrahams Berufung unterscheidet. Gott lädt den Patriarchen ein, einem neuen Land *entgegen* zu gehen, um seinen Segen zu erhalten, und verspricht, mit ihm zu ziehen. Der Neubeginn wird durch diesen Übergang vom *Weg*gehen zum *Hin*gehen angezeigt – den Übergang von dem Fluch, der die Ablehnung Gottes begleitet, zu einem neuen Segen. Gott findet sich niemals mit der Tatsache ab, daß seine Schöpfung sich abquält. Er betritt die Welt, um für verirrte und umhertappende Füße einen Weg zu bahnen.

Der Pilger-Gott tritt so in das Leben eines gewöhnlichen Menschen ein mit dem Ergebnis, daß die Horizonte dieser menschlichen Existenz bis zur Unendlichkeit erweitert werden. Der Autor drückt diese Ausweitung in Raum und Zeit durch die Begriffe *Verheißung* und *Segen* aus. Aller Wahrscheinlichkeit nach waren diese beiden Begriffe zur Zeit der Patriarchen bereits in Gebrauch und sind durch die aufeinanderfolgenden Stufen der Überlieferung hindurchgegangen, wenn ihre Bedeutung sich auch im Laufe der Jahrhunderte weiterentwickelt haben mag. Da eine Verheißung von ihrem eigenen Wesen her zur Zukunft hin offen ist, kann man sagen, daß sie bereits den Keim ihrer künftigen Entwicklung in sich trägt. In der endgültigen Textfassung wird die Verheißung in der Gabe von Land und Besitz ausgedrückt, aber gleichzeitig zielt sie über diese vorläufige Erfüllung hinaus. Der Segen – mit anderen Worten das Geschenk eines erfüllteren und tieferen Lebens – nimmt bereits deutlich unbegrenzte Ausmaße an: „Durch dich sollen alle Geschlechter der Erde Segen erlangen." Durch Abraham nimmt die wahrhaft allumfassende Quelle des Lebens und des Glücks zum ersten Mal in der Geschichte unseres Planeten Gestalt an.

Auf diese Weise begegnet ein wandernder Gott einem Menschen, um ihm, und anderen durch ihn, eine Zukunft voller Verheißung zu eröffnen. Die Geschichte enthält jedoch noch eine andere, genau so wichtige Aussage in dem allererersten Wort, das Gott spricht: „Zieh weg..." Gottes Verheißung und Segen sind unauflöslich an einen Aufbruch gebunden. Der Berufene muß mit seiner vertrauten Welt brechen, um sich zu einem Abenteuer mit Gott aufzumachen. Die erste Tat des Pilger-Gottes in seiner Begegnung mit menschlichen Wesen besteht darin, ihnen ein Leben ähnlich dem seinen anzubieten – ein Leben unterwegs, ein Leben auf Wanderschaft.

Die Verheißung eines erfüllteren Lebens und die Einladung, seine Heimat zu verlassen, sind also die beiden untrennbaren Bestandteile der Begegnung Abrahams mit dem Herrn. Es wäre jedoch ein Fehler, das Bindeglied zwischen den beiden vorrangig im Sinne von Bedingung und Belohnung zu sehen: „Wenn du dies tust, werde ich dir das dafür geben." Glauben wir etwa an einen Gott, der niemandem so sehr ähnelt wie einem Geschäftsmann, der seine Waren gegen menschliches Leiden eintauschen will, oder einem Geizhals, der sich nicht eher von seinem Schatz trennt, als bis er den letzten Pfennig aus dem Käufer herausgequetscht hat? Mit solch kommerziellen Bildern projizieren wir eher unseren eigenen Schatten auf Gott, als daß sie uns helfen würden, sein Wesen zu verstehen.

Wenn wir noch tiefer über diese Tatbestände nachdenken, entdecken wir, daß Verheißung und Aufbruch zwei Seiten derselben Münze darstellen, zwei Haltungen, die sich auf der göttlichen und auf der menschlichen Ebene genau entsprechen. Gott teilt seinen Segen frei aus. Er läßt sich nicht durch die Annahme oder Verweigerung des Empfangenden beeinflussen. Gott gibt einfach. Er wird verletzlich, denn so kann er am besten ausdrücken, wer er ist. Aus diesem Grunde besteht die einzig angemessene Erwiderung seines Partners in einer Tat, in der er (oder sie) sich selbst hingibt und ebenfalls verletztlich wird. Es ist sinnlos zu versuchen, die Gabe Gottes von außen zu begreifen, sozusagen als Zuschauer, und nach Garantien zu suchen, bevor man sich selbst hingegeben hat. Der einzige Weg, um überhaupt etwas zu verstehen, besteht darin, einen Schritt zu tun, Gottes Risiko durch ein eigenes Risiko zu erwidern und ohne Zögern aufzubrechen. Aber wenn es hier eine Entsprechung gibt, dann gibt es auch einen Unterschied – denn das Risiko, das Gott eingeht, schließt all das mit ein, was ein Mensch in seiner Erwiderung wagen kann, und übertrifft es unendlich weit. Im Bericht von Abrahams Berufung wird der göttliche Segen weit mehr betont als die Aufforderung, die Heimat zu verlassen. Für diese beiden Haltungen gibt es keinen gemeinsamen Maßstab. Gottes Gabe ist die Grundlage und der Beweggrund der menschlichen Erwiderung: „Von dir kommt ja alles; und was wir dir gegeben haben, stammt aus deiner Hand. Denn wir sind nur Gäste bei dir, Fremdlinge, wie alle unsere Väter" (1 Chr 29,14 f.).

Das Ende des Abschnittes zeigt uns, wie Abraham in aller Einfachheit das Angebot des Herrn annimmt. Von da an wagt er es, sein Dasein in dieser Verheißung zu verwurzeln, und lebt in völligem Vertrauen auf den Einzigen, der sie erfüllen kann (vgl. Röm 4,20 f.). Dieser existentielle Akt des völligen Vertrauens auf einen anderen – eine Haltung, die nichts Theoretisches oder Verstandesmäßiges an sich hat – ist eine Art vorläufiger Definition dessen, was die Bibel mit dem Begriff *Glauben* meint. Glaube ist mit anderen Worten ein „Wandern mit Gott" (vgl. Gen 5,24; 6,9; 48,15). Hier sehen wir keine Spur jener sterilen Gegenüberstellung von „Glauben" und „Werken", die die Christenheit im Westen so sehr entstellt hat. Abrahams Glaube ist eine umfassende Haltung des Vertrauens, und sie wirkt sich durch einen konkreten Schritt in seinem Leben aus, ohne den man von seinem Glauben gar nicht sprechen könnte (vgl. Jak 2,21-23). Es ist dieses konkrete, vom Glauben erfüllte Dasein, das für die gesamte menschliche Familie zum Segen wird. Hier gibt es keinen Bruch zwischen ‚innen' und ‚außen', dem Geistlichen und dem Sozialen oder Politischen. Abrahams Pilgerfahrt stellt die Verwirklichung seiner Beziehung zu Gott dar. Sie ist ein Gleichnis für die Gemeinschaft mit Gott.

Das neue Leben Abrahams ist auf das Vertrauen zu Gott allein gegründet, und gleichzeitig ist es etwas außerordentlich Sicheres und sehr Zerbrechliches. Indem er es wagt, dem Herrn zu folgen, wird ihm etwas von Gottes eigener Stärke verliehen. Er braucht sich nicht länger auf seine eigenen begrenzten Kräfte zu verlassen, auf sein nie ganz vollkommenes Wissen. Er kann sich auf den Fels der göttlichen Verheißung stützen, die sich – egal, was geschieht – erfüllen wird (vgl. Jes 55,10f.). Trotz seiner unvermeidlichen Wechselfälle hat sein Leben von da an eine Richtung, eine Bedeutung, die bereits vorgegeben ist.

Aus diesem Grunde ist es wichtig, Abrahams Pilgerreise von anderen Formen des Wanderlebens zu unterscheiden. Sie ist das genaue Gegenteil einer Reise ohne Ziel oder Sinn; sie besteht in einem ‚Hingehen‘, ‚Entgegengehen‘, was das genaue Gegenteil des ‚im Kreise Gehens‘ ist. Im Buch Genesis werden die Reisen der Patriarchen sorgfältig von ziellosem Wandern unterschieden. Das letztere wird als Fluch angesehen, als die unvermeidliche Folgewirkung eines Lebens, das von seiner Quelle abgeschnitten ist. Nachdem zum Beispiel Kain seinen Bruder Abel getötet hat, wird er ein „rastloser und ruheloser Wanderer auf der Erde" (Gen 4,9-14). In gleicher Weise werden die Erbauer des Turms von Babel nach ihrer Sünde über die ganze Erde verstreut (Gen 11,8f.). Und noch etwas später wird Hagar, die Magd Saras, von Abraham fortgeschickt und dazu verurteilt, in der Wüste umherzuwandern (Gen 21,14). In diesem letzten Fall steht keine Sünde zur Debatte, die die Frau begangen hätte, und doch hat ihre Trennung von der Familie der Verheißung ein rastloses Leben zur Folge. Aber in allen drei Fällen ist der Fluch der Rastlosigkeit noch nicht das letzte Wort. Jedes Mal folgt ihm ein neues Eingreifen Gottes, der ein Zeichen seines Schutzes setzt (Gen 4,15) oder eine neue Verheißung gibt (Gen 12,1-4; 21,17-20). Unermüdlich folgt der Pilger-Gott den Wanderern, um sie auf den geraden Weg der Verheißung zurückzubringen.[8]

Obwohl das Leben des Pilgers so in dem Grundstein der göttlichen Verheißung verankert ist, bleibt es doch – menschlich gesprochen – ein unsicheres und ungewisses Dasein. Abraham bricht aus dem Kreislauf der gewohnten Routine aus und steuert auf unerforschten und oft gefährlichen Wegen auf das Unbekannte zu.[9] Schließlich bleibt der Gott, der ihn einmal in eine bestimmte Richtung gewiesen hatte, geheimnisvoll verschleiert. Er enthüllt sein Geheimnis nur in flüchtigen Augenblicken, und auch dann nur andeutungsweise. Es ist unmöglich, ihn fest an die Erde zu binden, und er scheint immer gerade außer Reichweite zu sein. Kein Wunder also, daß Abrahams Vertrauen in die Verheißung zuweilen ins Wanken kommt. Sehr schnell beginnt er, auf seinen eigenen Verstand und seine Fähigkeiten zu setzen, um vorwärts-zukommen. Und so lesen wir unmittelbar nach der Berufungsge-schichte, daß Abraham in Ägypten der Sorge nachgibt und versucht, seine Frau Sara als seine Schwester durchzuschmuggeln (Gen 12,10-20). Gott benützt selbst den Pharao dazu (wie ironisch für den Leser!), um Abraham zu verstehen zu geben, wie töricht es ist, sich auf seine eigene Klugheit zu verlassen. Sein Versuch, die Magd Hagar auszunut-zen, um Nachkommen zu zeugen (Gen 16), ist ein weiteres Beispiel dieser Art.

Die verwirrende Logik des Glaubens

Wir haben bisher die Berufung Abrahams als Anfang des Glaubens beschrieben wie auch als Samenkorn, das die ganze Entwicklung der Pflanze in sich birgt. Dieses Bild von Samen und Pflanze ist sehr hilf-reich als Zugang zu dem tiefsten und wichtigsten Aspekt der biblischen Logik und so auch zu dem Aspekt, der am schwierigsten zu erfassen ist. Wenn man ihn in menschlicher Sprache ausdrückt, führt das unweiger-lich zu paradoxen Formulierungen, so als ob die Zunge zwei verschie-dene Dinge gleichzeitig sagen wollte und sich dazu nicht imstande sieht. Auf der einen Seite ist die Berufung Abrahams der Anfang einer Reise, die Tausende von Jahren dauern wird, und auf der anderen Seite ist in diesem Anfangspunkt bereits alles gegenwärtig – ungefähr so wie beim Samenkorn, das schon den Bau der Pflanze, die Blüte und die Frucht in sich trägt, die eines Tages erscheinen werden. Der Vergleich ist auch deshalb treffend, weil eine wachsende Pflanze eine äußerst dynamische Wirklichkeit ist. Die Tatsache, daß sie ihr ganzes Sein in sich trägt, führt nicht dazu, daß sie sich eitel nach innen kehrt in einer Art selbstzufriedener Unbeweglichkeit. Im Gegenteil, die Vollkom-menheit ihres Wesens ist der eigentliche Grund für ihre Fruchtbar-keit.[10]

Vielleicht ist es am einfachsten, auf indirekte Weise etwas Verständ-nis für diese biblische Logik zu gewinnen, indem man sie mit einer anderen, „nur zu menschlichen" Art vergleicht. Im Hinblick auf die Geschichte von Abraham, und auch wenn es um die Vorstellung vom Glauben als Pilgerfahrt insgesamt geht, gerät man ständig in Versu-chung, den Weg zugunsten des Ziels abzuwerten. Wenn tatsächlich das Ende der Straße das Wichtigste ist, dann versteht es sich von selbst, daß die Reise nur ein unvollkommener Übergang ist, den man so schnell wie möglich durchschreiten sollte. Solch eine Betrachtungs-weise wird durch eine pessimistische Sicht dieses irdischen Lebens unterstützt, die die Welt „hier unten" lediglich als „Jammertal" ansieht. Paradoxerweise kann dieses Herunterspielen der Reise selbst auch verstärkt werden durch die moderne Auffassung eines nicht umkehrbaren, linearen Fortschritts, die in manchen Fällen zu einer Flucht nach vorne führt in dem vergeblichen Versuch, eine gegenwärtige Leere zu füllen.

Warum sind im Lauf der Jahrhunderte so viele Autoren, wenn sie vom Christenleben als Pilgerreise sprachen, in diese Falle gegangen? Zweifellos deshalb, weil diese Vorstellung von der menschlichen Reise – obwohl sie theologisch unzulänglich und sogar irreführend ist – eine grundlegende Wahrheit der menschlichen Lage ausdrückt. Menschen sind in der Tat sehr oft unzufrieden. Auf zahllosen Wegen suchen sie nach einem besseren Leben. In sich selbst können sie die Fülle, nach der sie sich sehnen, nicht finden. Manche pflegen von einer Verletzlichkeit oder grundlegenden Unvollkommenheit zu sprechen, die die Menschen dazu drängt, zu einer Reise nach innen aufzubrechen in der Hoffnung, ihren Begrenzungen zu entfliehen und ihren Durst nach Erfüllung zu stillen. Solche Überlegungen sind wichtig und natürlich ebenso auf die Welt der Bibel anwendbar. Im wesentlichen ist hier festzuhalten, daß diese anthropologische Vorstellung vom *homo viator* (der Mensch als Wandernder) keineswegs der ursprüngliche Beweggrund für die Pilgerreise des Glaubens ist, die mit Abraham ihren Anfang nahm. Denn je genauer wir hinsehen, desto klarer erkennen wir, daß wir es mit einer anderen Logik als die der menschlichen Welt zu tun haben, die auf die Befriedigung ihrer Bedürfnisse zugewiesen ist.

Auf der Grundlage von Genesis 12,1-4 können wir nicht den Schluß ziehen, daß das Ziel (die versprochenen Gaben) vor dem Weg (der Verheißung und der Aufforderung, die Heimat zu verlassen) Vorrang hat. Statt dessen ergänzen die beiden Dimensionen sich gegenseitig. Zusammen bilden sie eine einzige Wirklichkeit, in der jeder Teilaspekt seinen rechten Platz hat. Es ist zum Beispiel bezeichnend, daß die versprochenen Gaben so knapp umrissen werden: ein Land, Nachkommenschaft, ein Segen, der weltumfassend werden wird... Anstatt Zeit damit zu vergeuden, die vielen guten Dinge aufzulisten, die irgendwann in der Zukunft kommen sollen, legen die Worte des Herrn Nachdruck auf das, was diesen Dingen ihre Beständigkeit gibt: Gottes Handeln und Gegenwart. Verben in der ersten Person mit Gott als Subjekt sind reichlich vorhanden: Ich werde dir zeigen, ich werde dich machen, ich werde segnen... Diese Gegenwart Gottes und sein Handeln werden nicht für irgendeine unbestimmte Zukunft aufgespart. Die Zukunft hat bereits mit dem allerersten Wort, das Abraham hörte, begonnen – mit der Aufforderung, sein Heim zu verlassen! Ein ähnlicher Text, an den Erzvater Jakob gerichtet, ist in dieser Hinsicht sogar noch deutlicher:

Ich bin der Herr, der Gott deines Vaters Abraham und der Gott Isaaks. Das Land, auf dem du liegst, will ich dir und deinen Nachkommen geben... Ich bin mit dir, ich behüte dich, wohin du auch gehst, und bringe dich zurück in dieses Land. Denn ich verlasse dich nicht, bis ich vollbringe, was ich dir versprochen habe. (Gen 28,13b.15)

Und noch einmal: „Ich selbst ziehe mit dir hinunter nach Ägypten, und ich führe dich auch selbst wieder herauf" (Gen 46,4; vgl. 26,3; 31,3).

Diese Texte zielen genau auf die Mitte der biblischen Botschaft und zeigen ihre einzigartige Logik, die für unsere menschlichen Begriffe so verwirrend ist. Als Ergebnis der Begegnung mit Gott treten Menschen in ein zielgerichtetes Dasein ein. Sie befinden sich nunmehr auf dem Weg in eine Zukunft jenseits aller Hoffnungen, eine Zukunft voller Verheißung. Sie müssen fortwährend in dieser ‚Unterwegs'-Spannung bleiben, sonst kommt die Pilgerreise zu einem Stillstand, und sie befinden sich nicht mehr im Kräftefeld der Verheißung, lassen sich nieder oder ziehen orientierungslos umher. Aber gleichzeitig ist das Ziel der Pilgerreise durch Gottes begleitende und rufende Gegenwart schon auf dem Weg, ja genaugenommen schon ganz am Anfang erfahrbar in der wirklichen und wahrhaftigen Begegnung mit *Gott*.

So stellt sich die Frage: Wenn alles schon am Anfang gegeben ist, wozu dann die Notwendigkeit, zu einer Reise aufzubrechen, sich vorwärts zu bewegen? Fehlt da nicht noch etwas, gibt es da nicht noch eine Lücke, die geschlossen werden muß? Ja, aber diese Lücke existiert seit Abraham *innerhalb* der menschlichen Geschichte, zwischen dem, was Gott mit seinen Geschöpfen tut, und ihrem Bewußtsein dafür. Die Hefe im Teig geht insgeheim schon auf. Das Wort traf auf einen Hörer und hat eine Erwiderung hervorgerufen, aber bisher ist an der Oberfläche der Geschichte erst wenig zu sehen. Die eigentliche Vorwärtsbewegung geschieht sozusagen im rechten Winkel zur sichtbaren Pilgerreise. Sie besteht in einer Bewegung nach innen, einer freiwilligen und immer bewußteren Aufnahme dessen, was Gott von Anfang an angeboten hat; und Gott wird für seinen Teil nicht untätig bleiben. Nach alldem ist eines klar: Abraham konnte nicht alles erfassen, was Gott mit ihm vorhatte. Deshalb bewirkt die Begegnung mit Gott den Aufbruch zu einer Pilgerfahrt, und das ist auch der Grund dafür, daß es zu einem bestimmten Zeitpunkt nötig ist zurückzublicken. Diese beiden Bewegungen wiederholen sich übrigens haargenau in der Geschichte der Emmaus-Jünger und in ihrem Ausruf am Ende, der aufklingt wie der Ruf der versöhnten Menschheit am Tag der endgültigen Erfüllung: „Brannte uns nicht das Herz in der Brust, als er unterwegs mit uns redete und uns den Sinn der Schrift erschloß?" (Lk 24,32)

Die Christen der ersten Jahrhunderte begriffen fast instinktiv diese verwirrende Logik des Glaubens.[11] Wenn uns ihre Interpretationen manchmal wunderlich erscheinen, liegt es vielleicht daran, daß unsere eigenen zu einseitig sind. Die Art und Weise, wie Abraham zum Beispiel das Eintreten Gottes in sein Leben empfand, unterschied sich sicherlich sehr von dem, was künftige Generationen darunter verstanden haben – und darin hat die moderne Kritik mit ihrer Neigung zum Analysieren und ‚Entlarven' recht. Aber in dem ersten Gläubigen war trotz seiner eigenen Unzulänglichkeiten und seiner begrenzten Sichtweise das Wesentliche schon gegenwärtig, und das haben die Kirchenväter ganz klar (und in anderer, aber analoger Weise auch die jüdische Tradition[12]) gesehen. So schrieb Irenäus, Bischof von Lyons zum Beispiel schon im zweiten Jahrhundert:

> Billigerweise also verließ er seine irdische Verwandtschaft und folgte dem Wort und wanderte mit ihm in die Fremde aus, um mit dem Worte zu wohnen.
> Demgemäß verließen auch die Apostel, die von Abraham abstammten, ihr Schiff und ihren Vater und folgten dem Worte Gottes. Ebenso nehmen auch wir demgemäß, die wir denselben Glauben empfangen haben, den Abraham hatte, unser Kreuz auf uns nach dem Beispiel Isaaks und folgen ihm nach. Denn in Abraham hatte der Mensch zuerst gelernt und sich gewöhnt, dem Worte Gottes nachzufolgen.[13]

In einem anderen Kapitel nennt Irenäus Abraham den „Vater aller, die dem Wort Gottes folgen und die in dieser Welt ein Pilgerleben führen, das heißt, die Gläubigen ... diejenigen aus beiden Bünden, die für den Bau des Reiches Gottes geeignet sind."[14]

Maximus Confessor, ein Mönch des siebten Jahrhunderts, formuliert in einem Kommentar zu einem neutestamentlichen Abschnitt über das Forschen der Propheten (1 Petr 1,10f.) eine Interpretationsregel, die das Wesen des Pilger-Glaubens wunderbar zum Ausdruck bringt. Sie hält dem meditativen Nachdenken aller stand, die in der Welt der Bibel vorwärtskommen möchten:

> Nachdem der Mensch durch seinen Ungehorsam seinen eigenen Ursprung hinter sich gelassen hatte, war er unfähig, ihn wiederzufinden; denn er hatte ihm den Rücken zugekehrt. Aber auf der Suche nach seinem eigenen Ende begegnet er dem Anfang, der wirklich im Ende gegenwärtig ist. Indem er die Suche nach dem Ursprung hinter sich läßt, kommt er zu der Suche nach demselben Ursprung insofern, als er im Ende wahrhaftig gegenwärtig ist. (Denn in keinem Fall konnte er der Umschließung durch den Ursprung entgehen, der ihn von allen Seiten umgab und seiner Fortbewegung die Grenzen setzte.) Auf diese Weise war es nicht die Frage des Suchens nach

dem Ursprung hinter ihm, wie ich bereits sagte, sondern eher nach dem Ende, das vor ihm liegt, damit der Mensch durch das Ende den Anfang erkennen möge, der zurückgelassen worden war, da er das Ende nicht von Anfang an kannte . . .

Denn nach der Übertretung kann das Ende nicht mehr vom Ursprung abgeleitet werden, sondern nur der Ursprung vom Ende.[15]

Der Autor denkt zweifelsohne an die biblische Geschichte vom Fall des ersten Menschenpaares und von der Vertreibung aus dem Paradies (Gen 3, bes. Verse 23 und 24), aber er leitet daraus eine Regel ab, die für die Menschheit im Allgemeinen genauso gilt wie für den einzelnen Gläubigen. Sie setzt auf einer anderen Ebene die Erkenntnis von Teilhard de Chardin fort, die bereits zitiert wurde (Anm. 4). Es ist zwecklos, die Richtung umzukehren und gegen den Strom der Geschichte zu schwimmen. Wenn wir uns dessen bewußt werden, sind wir bereits unterwegs. In dem Maß, wie wir unsere eigene Reise zum endgültigen Ziel weiterführen, werden wir ein besseres Verständnis unseres Ursprungs gewinnen, da er beides ist, Anfang und Ende (vgl. Offb 22,13).

Die Bedeutung einer solchen Anschauung ist äußerst weitreichend. Sie sagt uns, daß wir das Gewicht eines Lebens im Glauben in dem Augenblick, in dem es gelebt wird, nicht beurteilen können. In dem Maße, wie es eine Erwiderung auf einen Ruf Gottes ist, ist menschliches Dasein notwendigerweise in Bewegung und sich selbst ein bißchen voraus. Deshalb müssen wir annehmen, daß wir die Gegenwart erst später, vielleicht erst viel später, voll verstehen werden. Wenn man alle Antworten haben will, und zwar sofort, bedeutet das, die Welt des Vertrauens zugunsten der Welt menschlicher Berechnung zu verlassen. Und das läßt uns das vervollständigen, was bereits an früherer Stelle über das Wandern gesagt wurde. Wie viele von denen, die ziellos umherzuwandern scheinen, werden eines Tages entdecken, daß ihre Wanderschaft in Wirklichkeit Gehorsam gegen einen verborgenen Ruf war, den der Pilger-Gott in ihr Herz gesprochen hatte – ein Ruf, so intim, daß er als solcher gar nicht erkannt wurde, nicht einmal von der betroffenen Person?

Ein letzter Grund gibt dem Aufbruch zur Pilgerfahrt seine wesentliche Bedeutung. Er ist mit dem Inhalt der Verheißung, mit ihrer Allgemeingültigkeit verbunden und betrifft schließlich „alle Völker auf Erden". Auch wenn der Same schon alles Notwendige in sich birgt, um eine ausgereifte Pflanze hervorzubringen, muß er immer noch mit all dem, was Luft und Erde liefern können, ernährt werden, um zur vollen Reife heranwachsen zu können. Wasser und Erde, Sauerstoff und Mineralien wandelt der Same auf diese Art in einen prachtvollen Organismus um. In ähnlicher Weise wird der Same im Leben Abrahams eine sehr lange Zeit brauchen, um all das zu assimilieren und aufzunehmen, was die menschliche Geschichte zu seiner Entfaltung zu bieten hat.

Ein Dasein im Vertrauen auf Gott

Ende und Ziel der Pilgerfahrt sind eigentlich bereits während der Reise, ja schon an ihrem Ausgangspunkt gegenwärtig. Gleichzeitig kann der Pilger diese Wahrheit nur in dem Akt des Vertrauens erkennen, der seinen Aufbruch motiviert. Er kann die verheißenen Gaben niemals hier und jetzt in gelassener Unbeweglichkeit genießen. Mit anderen Worten, wir können niemals ohne Glauben und Hoffnung auskommen. Wir lesen natürlich, daß Abraham von Gott *Zeichen* erhält, die seinen Glauben stärken und ermutigen sollen – zum Beispiel das Feuer, das zwischen den Tieropfern hindurchfährt (Gen 15), den Brauch der Beschneidung (Gen 17) und besonders die Geburt seines Sohnes Isaak, als alle Hoffnung auf Nachkommenschaft menschlich gesprochen unmöglich scheint. Doch wenn alles gesagt und getan ist, sind diese Zeichen sehr klein im Vergleich zu dem, was von Abraham verlangt wird: Er soll sie mit Freude und Dankbarkeit annehmen, aber wenn wir den Fußstapfen des Patriarchen folgen, stellen wir fest, daß er allmählich dazu gerufen wird, sich einem Klärungsprozeß zu unterziehen. Abraham muß lernen, weniger Vertrauen auf die Zeichen der Liebe Gottes zu ihm und mehr Vertrauen auf Gott selbst zu setzen, jenseits aller greifbaren Manifestationen seiner Gegenwart.

Um Abrahams Gottvertrauen geht es in besonderer Weise in der Geschichte von der Opferung Isaaks (Gen 22). Aus diesem Grunde war sie immer ein beliebtes Thema für Predigten und Kommentare. Nachdem Gott Abraham und Sara im hohen Alter unerwarteterweise einen Sohn geschenkt hat – dadurch wird die Verheißung von Nachkommen endlich füllt – erscheint Gott von den Eltern das Leben des Sohnes zurückzufordern. Welch eine Versuchung für den Vater, sich eine Karikatur von Gott zu machen, dagegen zu rebellieren und diesen Gott abzulehnen, der nur scheinbar Hoffnungen erweckt in der abartigen Freude, sie später zu zerschmettern! Abrahams Vertrauen, das zuvor mehr als einmal geschwankt hatte, versagt in diesem äußerst kritischen Augenblick jedoch nicht: „Gott wird sich ersehen..." (Gen 22,8 LÜ) Kein Kommentar kann die Intensität der Geschichte voll erfassen. Wenn wir über ihre eindringliche Aussage nachdenken, beginnen wir zu begreifen, warum nur unbedingtes Vertrauen uns an das Geheimnis Gottes heranführt.

Bis zum Ende ihrer Tage führen Abraham und die anderen Männer und Frauen, die die Seiten des Buches Genesis füllen, ein Leben, das in

Glaube und Hoffnung, im Vertrauen auf Gott verwurzelt ist. Ihre Pilgerreise kommt nie zum Stillstand. Und so bleiben sie „Fremde und Pilgrime" (vgl. Gen 23,4), selbst in dem Land, das Gott ihren Nachkommen verheißen hat (Gen 12,5-9; Ex 6,4). Das wird am deutlichsten in den Berichten über Begräbnisse: Als seine Ehefrau Sara stirbt, hat Abraham keinen Platz, um sie zu begraben. Er ist ein Fremder, ein Gast und muß mit den Einwohnern des „verheißenen Landes" verhandeln, um das Begräbnis durchführen zu können (Gen 23). Jakobs Frau Rachel wird „an der Straße" in der Nähe von Bethlehem begraben, ebenfalls im Land Kanaan (Gen 48,7). Diese Überlieferungen geben den Nachkommen der Patriarchen ein Anrecht auf das verheißene Land – sie sind die erste Erfüllung der Verheißung.

Auch Jakob will nicht in Ägypten begraben werden (Gen 49,29-32). So ist sein Sohn Josef nach Jakobs letztem Willen verpflichtet, mit den Gebeinen seines Vaters eine lange Reise anzutreten (Gen 50). Im Blick auf seinen eigenen Tod gibt Josef dem Volk die Anweisung, seine Gebeine mit sich zu führen, falls sie wieder ins verheißene Land hinaufziehen (Gen 50,24f.). Mose hatte diese Aufgabe begonnen (Ex 13,19), und Josua führte sie fort (Jos 24,32). Josefs Gebeine dienen als so dazu, eine Kontinuität zum Ausdruck zu bringen, die das Selbstverständnis des Volkes bezeichnet – ein Bindeglied zwischen den Geschichten der Erzväter (Genesis), der Befreiung aus Ägypten (Exodus) und dem Einzug ins verheißene Land (Josua).

Diese Erzählungen von Gebeinen und Begräbnissen, die dem modernen Leser auf den ersten Blick ziemlich unbedeutend – um nicht zu sagen grotesk – erscheinen, bekommen eine ganz neue Wirkung, wenn wir über die Tragweite der ‚Ahnenverehrung' in der alten Welt nachdenken. Ihre Bedeutung war so groß, daß manche Gelehrte der Ansicht sind, nach dem Bedürfnis nach Sicherheit und neben materiellen Vorteilen sei der Wunsch, nahe bei den Gebeinen der Vorfahren zu bleiben, einer der tiefsten Ursachen für die Gründung von Städten auf unserem Planeten gewesen: „Die Stadt der Toten geht der Stadt der Lebenden voraus. In gewissem Sinne ist die Stadt der Toten tatsächlich der Vorläufer, fast der Kern, jeder lebendigen Stadt."[16] Und doch folgt der Tod der Patriarchen nicht einfach diesem allgemeinen Gesetz – er ist keine wohlverdiente Ruhe nach der langen, harten und anstrengenden Reise des Lebens. Sogar nach ihrem Tod sind diese Männer und Frauen immer noch unterwegs. Aus Solidarität mit ihrem Volk nimmt auch ihre eigene Pilgerreise noch kein Ende.

Wir haben die Tatsache, daß in Abrahams Leben alles bereits gegenwärtig ist, ausführlich behandelt.[17] Aber (in unseren Augen) widersinnigerweise verleiht gerade dieses ‚schon gegenwärtig' einem Leben Offenheit und Dynamik. Das ‚schon da' ruft das ‚noch nicht' hervor, und dieses ,noch nicht' mit seiner Offenheit für die Zukunft gibt an Hand von Abrahams Lebenslauf die unbegrenzten Ausmaße der Verheißung Gottes zu erkennen. Deshalb ist sowohl in der ältesten jüdischen als auch in der christlichen Überlieferung die durchaus legitime Tendenz zu beobachten, die Ausmaße der Abrahams-Verheißung auszuweiten und zu vertiefen. Schon in den Büchern der griechischen Bibel, den sogenannten deuterokanonischen Schriften, wird der Gegenstand der Verheißung nicht nur ,das Land Kanaan' oder ,jenes Land' genannt, sondern es kann einfach als ,das Land' und auch ,die Erde' übersetzt werden. (Tob 4,12 „das Land/die Erde"; Sir 44,21 "bis zu den Enden der Erde").[18] Für den Apostel Paulus ist es so offensichtlich, daß Abraham der Erbe der Welt ist (Röm 4,13: *cosmos*), daß er es im Vorbeigehen ohne besondere Betonung erwähnt. Aber zum Schluß lassen wir den Hebräerbrief zu Wort kommen, dessen Schreiber die Dynamik der göttlichen Verheißung und ihre Verbindung zu der Pilgerreise des Glaubens so bewundernswert erfaßte:

> Aufgrund des Glaubens gehorchte Abraham dem Ruf, wegzuziehen in ein Land, das er zum Erbe erhalten sollte; und er zog weg, ohne zu wissen, wohin er kommen würde. Aufgrund des Glaubens hielt er sich als Fremder im verheißenen Land wie in einem fremden Land auf und wohnte ... in Zelten; denn er erwartete die Stadt mit den festen Grundmauern, die Gott selbst geplant und gebaut hat. ... Voll Glauben sind diese alle gestorben, ohne das Verheißene erlangt zu haben; nur von fern haben sie es geschaut und gegrüßt und haben bekannt, daß sie Fremde und Gäste auf Erden sind. Mit diesen Worten geben sie zu erkennen, daß sie eine Heimat suchen ... nun aber streben sie nach einer besseren Heimat, nämlich der himmlischen. Darum schämt sich Gott ... nicht, ihr Gott genannt zu werden; denn er hat für sie eine Stadt vorbereitet. (Heb 11,8-16)

Fragen zum Nachdenken

1. Das Leben Abrahams enthält wie in einer kleinen Nußschale alles, was Männer und Frauen des Glaubens auszeichnet (vgl. Gal 3,6-9). In welcher Weise spricht Genesis 12,1-4a mich an? Wo und wie wirkt Gottes Verheißung in meinem eigenen Leben? Welche Rolle spielt der Ruf, die ,Heimat zu verlassen', in meiner Lebenssituation? Was bedeutet es für mich, als Pilger ,unterwegs' zu sein? Wo finde ich die Kraft, das zu verwirklichen?
2. Auch andere Aussagen der Schrift lassen sich von der so grundlegenden Abrahamsgeschichte her deuten. Lies Genesis 2,24 mit der Berufung Abrahams als Hintergrund. Was sagt uns der Text in bezug auf eine Theologie oder christliche Ethik der Ehe?

2. KAPITEL *Exodus: Die Straße in der Wüste*

Empfohlene Lektüre
Exodus (2.Mose) 2,23-3.20; 12,1-17.7; 19 und 20; 32,1-14
Deuteronomium (5.Mose) 6

Mein Vater war ein heimatloser Aramäer. Er zog nach Ägypten, lebte dort als Fremder mit wenigen Leuten und wurde dort zu einem großen, mächtigen und zahlreichen Volk. Die Ägypter behandelten uns schlecht, machten uns rechtlos und legten uns harte Fronarbeit auf. Wir schrien zum Herrn, dem Gott unserer Väter, und der Herr hörte unser Schreien und sah unsere Rechtlosigkeit, unsere Arbeitslast und unsere Bedrängnis. Der Herr führte uns mit starker Hand und hoch erhobenem Arm, unter großem Schrecken, unter Zeichen und Wundern aus Ägypten, er brachte uns an diese Stätte und gab uns dieses Land, ein Land, in dem Milch und Honig fließen. Und siehe, nun bringe ich hier die ersten Erträge von den Früchten des Landes, das du mir gegeben hast, Herr. (Dtn 26,5-10a)

Dieses alte Glaubensbekenntnis stammt von einem Bauer, der die ersten Erträge seiner Ernte zum Altar brachte. Beim Lesen bemerken wir, daß das Leben Abrahams und der anderen Erzväter lediglich die eigentliche Geschichte vorbereitet, anstatt im Mittelpunkt zu stehen. Und das gilt für alle Schriftstellen im Alten Testament, wo das Glaubensbekenntnis Israels überliefert wird. Um den Kern dieses Glaubens herauszuschälen und die Ereignisse darzustellen, denen das Volk der Bibel seine besondere Identität verdankt, wenden wir uns jetzt den Büchern zu, die auf das Buch Genesis folgen, und zwar besonders dem Buch Exodus.

Beim ersten Lesen erkennen wir, daß in diesen Büchern viele relativ verschiedene Überlieferungen vereinigt und um ein Gerüst gruppiert worden sind, das dem am Anfang dieses Kapitels zitierten Abschnitt ähnelt. Im wesentlichen haben wir es mit der Geschichte eines Auszugs zu tun, einer Befreiung aus der Sklaverei, auf die ein langer Marsch durch die Wüste unter der Leitung eines Mannes namens Mose folgt, einem verheißenen Land entgegen, in dem „Milch und Honig fließen". Wieder stoßen wir auf den Bericht einer Pilgerreise. Zusammen mit der Erzvätertradition – und noch mehr als sie – wird diese Pilgerreise das

33

zentrale Gerüst liefern für die Glaubensäußerungen des hebräischen Volkes im Lauf seiner jahrhundertelangen Reise durch die Geschichte. Der Vergleich dieser neuen Pilgerfahrt mit der Abrahams und seiner Familie wird uns all die Hintergründe eines Lebens unterwegs mit Gott noch klarer aufzeigen[1].

Israels Theologie der Befreiung

Als Gott dem Mose im brennenden Dornbusch auf dem Berg erscheint, sagt er zu ihm: „Ich habe das Elend meines Volkes in Ägypten gesehen, und ihre laute Klage über ihre Antreiber habe ich gehört. Ich kenne ihr Leid. Ich bin herabgestiegen, um sie aus der Hand der Ägypter zu entreißen und aus jenem Land hinaufzuführen in ein schönes, weites Land, in ein Land, in dem Milch und Honig fließen…" (Ex 3,7f.; vgl. 2,23-25). Wiederum ergreift Gott die Initiative, auch wenn es hier weniger deutlich erscheint als bei Abraham. In der Abraham-Geschichte konnte es keinen Zweifel geben, daß Gott von sich aus den ersten Schritt unternahm, während wir hier die „laute Klage" der Kinder Israels finden. Dieser Aufschrei ist jedoch kein ausdrückliches, an Gott gerichtetes Gebet, sondern eher ein spontaner Ausruf der Menschen, die verwundet, zerschmettert und entmenschlicht wurden. Er setzt das göttliche Handeln in Gang; und die einfache Tatsache, daß Gott die Not sieht und diesen Schrei hört, ist ein wertvoller Hinweis, sein Wesen zu entdecken. Gott ist nicht verpflichtet, diese spontane Klage aufzunehmen und zu handeln, und doch tut er es, einfach deshalb, weil er der ist, der er ist (vgl. Ex 3,14). Wenn wir hier von einer Zusammenarbeit zwischen Gott und den Menschen sprechen, dann beruht das nicht auf den Leistungen, die die Menschheit zu bieten hat – ihren Eroberungen, ihrer Kultur oder Weisheit. Es beginnt vielmehr bei ihren Wunden. Der spontane Aufschrei, der der verletzten Würde des Menschen entspringt, erreicht Gottes Ohr. Dieser Schrei ist es, der zu einem Dialog, ja sogar zu einer Zusammenarbeit führt.

So ist es also Gottes Initiative – wie in Genesis 12 sind Verben in der ersten Person reichlich vorhanden – und in Exodus 3,8 beschreibt eine Folge von drei Verben das Einschreiten Gottes: „Ich bin herabgestiegen … um sie … zu entreißen und … hinaufzuführen." Als erstes *steigt* Gott *herab*: Frei und uneigennützig wendet Gott sich den Unterdrückten und Verwundeten zu. Das Verb ‚herabsteigen' und seine Synonyme finden sich in einer Anzahl biblischer Theophanien*, die archaische Elemente enthalten, auch wenn sie von späteren Generationen überar-

* Theophanie: Ein Ereignis, bei dem Gott in Erscheinung tritt, oft begleitet von Bildern der Gewalt (Krieg), Naturerscheinungen (Sturm) oder kosmischen Umwälzungen.

beitet worden sind. Zum Beispiel steigt Gott in Form von Feuer auf den Sinai herab (Ex 19,1-18.20; vgl. Numeri=4.Mose 11,17-25; Neh 9,13; Jes 31,4). „Er neigte den Himmel und fuhr herab" (2.Sam 22,10; Ps 18,10; vgl. Ps 144,5); „der Herr kam hervor aus dem Sinai" (Dtn 33,2; vgl. Hab 3,3; Ps 68,18); der Herr „zog aus" (Ri 5,4; Ps 68,8). Wiederum begegnen wir dem Pilger-Gott, dem Gott, der kommt. Der Gott der Bibel ist das Gegenteil einer Gottheit, die in einem Elfenbeinturm sitzt und Gegenstand philosophischer Betrachtungen ist, die aber nicht in der Lage ist, Leib und Seele des Menschen anzurühren.

Wenn der Herr auf die Erde herabsteigt, geschieht es, um zu *retten*. Im Gegensatz zu den Patriarchen sind die Israeliten hier unterdrückt und gefangen. So fordert Gott sie nicht nur auf, ihr Heim zu verlassen, sondern er kommt, um die Ketten zu lösen, die sie gefangenhalten. In der Geschichte vom Auszug nimmt der göttliche Ruf die Form einer *Befreiung* an: Gott muß einschreiten, um einen Widerstand zu brechen, der hier durch die Figur des Scheingottes Pharao verkörpert wird. Gott öffnet die Türen der Gefangenschaft, die menschliche Macht nicht aufschließen kann. Die Verben ‚retten', ‚befreien' (Ex 5,23; 18,10 etc.) und – noch mehr – ‚erlösen' (Ex 15,13; Ps 77,16 etc.) werden zu Kennworten für das Handeln Gottes und die Identität der Menschen, die zu seinem Volk gehören. Gott ist ihr Retter und Erlöser (Ps 78,35; 19,15), und sie sind Menschen, „die vom Herrn erlöst sind, die er von den Feinden befreit hat..." (Ps 107,2).

Für Israel ist Gott also zuallererst der Befreier. Diese einfache Wahrheit kann dazu beitragen, uns vor der üblichen (und irrigen) Vereinfachung zu bewahren, die zwischen dem Gott des Alten Testaments (gewalttätig und grimmig, Feuer und Schwefel sprühend) und dem Gott Jesu Christi (voller Güte und Liebe) unterscheidet. Solch eine Unterscheidung, die jahrhundertelang für Christen eine gewisse Versuchung darstellte, hält nicht einmal einer oberflächlichen Nachprüfung stand. Es muß noch einmal betont werden, für Israel ist Gott vor allem der Befreier. Und für die Menschen dieses Volkes ist das nicht Theorie oder Hypothese, da sie sich immer bewußt waren, daß ihr bloßes Dasein ganz und gar von den gnädigen Taten Gottes abhängt, durch die er ihnen eine Identität und eine Geschichte gab. Als sie ein Nichts waren, eröffnete ihnen der Pilger-Gott neue Perspektiven; er bot ihnen die Fülle des Lebens an.

Sobald die Ketten der Gefangenschaft zerbrochen sind, führt der Pilger-Gott die Erlösten auf ihren Weg. Er *führt sie heraus* aus Ägypten und *führt sie hinauf* in das Land, das er ihren Vorfahren versprochen hatte. Diese beiden die Bewegung begründenden Verben werden ebenfalls Kennworte in der Beschreibung des Auszugs.[2] ‚Herausführen', auch für die Befreiung eines Sklaven oder Gefangenen gebraucht, ist ein

Synonym, ein anderer Ausdruck für ‚retten, erlösen'; er findet sich unzählige Male im Bericht über den Auszug, oft auch in Gesetzesformeln. Er wird sogar Bestandteil des göttlichen Namens. Der Dekalog (die Zehn Gebote), die Mitte des von Gott am Berg Sinai gegebenen Gesetzes, beginnt mit diesen Worten: „Ich bin Jahwe, dein Gott, der dich aus Ägypten geführt hat; aus dem Sklavenhaus. Du sollst neben mir keine anderen Götter haben..." (Ex 20,2f.; vgl. Levitikus=3.Mose 22,31-33; 25,55; Gen 15,7 [Abraham!]). Das andere Verb, ‚hinaufführen', betont das Bindeglied zwischen dem Auszug und dem Geschenk des verheißenen Landes; es findet sich vorrangig bei den frühen Propheten und in liturgischen Texten.

Die zweite Version der Berufung des Mose setzt mehrere der soeben untersuchten Ausdrücke parallel nebeneinander:

> Ich bin Jahwe. Ich führe euch aus dem Frondienst für die Ägypter heraus und rette euch aus der Sklaverei. Ich erlöse euch mit hoch erhobenem Arm und durch ein gewaltiges Strafgericht über sie. Ich nehme euch als mein Volk an und werde euer Gott sein. Und ihr sollt wissen, daß ich Jahwe bin, euer Gott, der euch aus dem Frondienst in Ägypten herausführt. Ich führe euch in das Land, das ich Abraham, Isaak und Jakob unter Eid versprochen habe. Ich übergebe es euch als Eigentum, ich, der Herr. (Ex 6,6-8)

Ein kriegerischer Gott?

Aus der Gefangenschaft befreit, ist das Volk nicht sich selbst überlassen, um seinen Weg allein zu finden, sondern es wird von Gott geführt. Wieder hören wir das Echo der alten Theophanien: „Gott, als du deinem Volk voranzogst, als du die Wüste durchschrittest, da bebte die Erde..." (Ps 68,8f.); „durch das Meer ging dein Weg, dein Pfad durch gewaltige Wasser, doch niemand sah deine Spuren. Du führtest dein Volk wie eine Herde..." (Ps 77,20f.). Und das Lied des Mose nimmt dieses Motiv auf: „Du lenktest in deiner Güte das Volk, das du erlöst hast, du führtest es machtvoll zu deiner heiligen Wohnung" (Ex 15,13).

In vielen Schriftstellen, in denen der Gott Israels als Befreier dargestellt wird, geschieht das mit Bildern der Gewalt oder Berichten von Krieg und Triumph. Ein alter Name Gottes, obwohl er sich nicht in der Exodus-Geschichte findet, lautet „der Herr der Heerscharen" (*Jahwe Zebaoth*), eine Anspielung entweder auf die Heere des Himmels oder auf die Kämpfer Israels. Und zwei der ältesten Dichtungen in der Bibel sind Siegeslieder: das Deborah-Lied (Ri 5: „So gehen alle deine Feinde zugrunde, Herr") und der Kern des Liedes von Mose oder Mirjam (Ex 15,1.21: „Ich singe dem Herrn ein Lied, denn er ist hoch und erhaben. Rosse und Wagen warf er ins Meer"). Gegenüber dieser kriegerischen Gesinnung erscheinen die Väter-Geschichten idyllisch in ihrer ländlichen Unschuld. Ist das wirklich derselbe Gott? Und was noch wichtiger ist: Was können wir heute mit solchen Texten anfangen in einer Welt, die vom atomaren Selbstmord bedroht ist, wo der Krieg sich mehr denn je als äußerster Wahnsinn offenbart?

Der einfachste Ausweg aus diesem Dilemma bestünde darin, jedes Einverständnis mit einem Gott, der kriegerisch und gewalttätig handelt, kurzerhand abzulehnen und sich nur an den Gott des Friedens zu halten. Obwohl das immer wieder versucht wurde, sogar in akademischen Schriften[3], müssen wir zugeben, daß ein solches Vorgehen die authentische Botschaft der Bibel verstümmelt.[4] Kein Weg führt an der Erkenntnis vorbei, daß die Exodus-Geschichte als einen ihrer wesentlichen Bestandteile das Handeln eines Gottes einschließt, der die Unterdrückung zunichte macht, indem er für sein Volk kämpft. Die Bibel ist weit davon entfernt, den Herrn in einen Gott des Friedens und einen Gott des Krieges aufzuspalten; vielmehr zeigt sie uns vom Anfang bis zum Ende einen Gott, der nur eines ersehnt, nämlich sein Volk zu einem erfüllten Leben im Frieden zu führen – und das enthält notwendigerweise einen Kampf gegen alles, was einer solchen Vorstellung entgegensteht.

Wenn wir nicht alle Stellen, die eine gewaltsame Sprache verwenden, ausschließen können, wie sollen wir diese Bilder dann verstehen? Wir müssen uns darüber im klaren sein, daß die Bibel uns Gott zeigt, wie er sich in und durch die alltäglichen Gegebenheiten der menschlichen Existenz offenbart, ohne sich jemals mit dieser Wirklichkeit zu identifizieren. Die Tatsache zum Beispiel, daß der biblische Autor die Hand Gottes in den düsteren Kriegsereignissen auf dem Schlachtfeld sah, läßt auf keinen Fall den Schluß zu, es gäbe eine göttliche Rechtfertigung des Krieges allgemein oder eines bestimmten Krieges. Warum sollten Gläubige in einer weit zurückliegenden Zeit, in der Krieg als etwas Selbstverständliches hingenommen wurde, davon abgehalten werden, selbst inmitten dieser bitteren Realitäten eine Botschaft von Gott zu entdecken? Oder um es anders auszudrücken: Warum sollte Gott daran gehindert werden, sogar dieses Ausdrucksmittel zu benutzen, um Menschen zu einem besseren Verständnis seines Wesens zu führen? Die Christen der ersten Jahrhunderte verstanden sehr gut den pädagogischen Aspekt der Heilsordnung: Gott spricht zu jeder Generation in ihrer Sprache, um die Menschen zu einer tieferen Schau seiner Pläne des Friedens und der Liebe zu führen.

Darüber hinaus sehen wir in der Bibel nirgends, daß Krieg oder Gewalt als Selbstzweck gepriesen oder auch nur als Mittel zum Zweck gerechtfertigt würde. Statt dessen zeigt uns die Schrift in bestimmten gewaltsamen Taten das Handeln eines Gottes, der eine ungerechte Situation beseitigt und so unterdrückten und notleidenden Menschen einen Neuanfang anbietet. Krieg (oder irgend etwas anderes) interessiert den biblischen Autor prinzipiell nur als ein Mittel, das Wesen Gottes besser zu verstehen. Am Schilfmeer zum Beispiel ist das Eingreifen Gottes ein Beweis seiner Treue, dem Mangel an Vertrauen und der Schwachheit des Volkes zum Trotz: „Der Herr wird für euch streiten, und ihr werdet stille sein" (Ex 14,14 LÜ; vgl. Dtn 20,1-4). Was die archaischen Theophanien in Worten der Gewalt beschreiben, indem sie die Bildsprache der Schlachten heranziehen, wird eine spätere Zeit in eher nüchterne Begriffe übersetzen: Gottes Heiligkeit, Gottes Allmacht, Gottes Transzendenz. Aber diese mehr philosophische Sprache gewinnt so viel an Genauigkeit, wie sie an plastischer Anschaulichkeit verliert. Ist Gott nicht auch für uns ein „verzehrendes Feuer" (Hebr 12,29)? Und doch wissen wir, daß damit nur das Feuer seiner Liebe gemeint sein kann.

Um dieses einfache Gerüst herum – das wir mit Hilfe der Verben ‚herabsteigen', ‚retten/erlösen', ‚herausführen/hinaufführen' untersuchten – ordnen die biblischen Bücher von Exodus bis Josua eine riesige Menge an Material, dessen viele verschiedene Überlieferungen sich um das Herzstück ranken. Viele davon haben mit der Figur des *Mose* zu tun: Gottes befreiendes Handeln – selbst wenn es unendlich weit über alle menschlichen Möglichkeiten hinausgeht – klammert ja nicht jede menschliche Mitarbeit aus. Das Gegenteil ist öfter der Fall, da sich die Pläne Gottes nur in und durch menschliches Dasein verwirklichen können. Hier sehen wir, wie Gott in eine Beziehung eintritt – nicht, wie in der Genesis, mit Familienoberhäuptern, sondern mit einer großen Anzahl von Einzelpersonen, aus denen er ein Volk formen will. Und doch wählt Gott innerhalb dieser umfassenden Beziehung zu seinem Volk bestimmte Einzelpersonen als Mitarbeiter aus, um seinen Willen mitzuteilen und zu verwirklichen. Auf diese Weise wird Mose (und in bestimmten Überlieferungen Aaron) ausgewählt, um in Gottes Namen zum Volk und im Namen des Volkes zu Gott zu sprechen. Weil er zuvor geprüft worden ist und seine Widerstände gegen Gottes Handeln ans Licht gebracht und überwunden worden sind (vgl. Ex 2-6), kann er seinen Brüdern und Schwestern überzeugender helfen, inmitten der sich unweigerlich erhebenden Schwierigkeiten vorwärts zu gehen.[5]

Der erste Teil des Buches Exodus stellt das Leben und die Berufung des Mose dar, seine Verhandlungen mit dem Pharao um die Erlaubnis, daß die Israeliten Ägypten verlassen dürfen. Schließlich berichtet es vom Auszug aus Ägypten bei Nacht auf eine Reihe von Plagen hin, die als befreiendes Eingreifen Gottes verstanden werden (Ex 7-13). Dann folgt der Durchzug durch das Schilfmeer (Ex 13-15). Zu einem frühen Zeitpunkt wurden diese Traditionen des Auszugs um das Passahfest herum angeordnet, das ursprünglich anscheinend eine Feier der Hirten-Nomaden gewesen war, um den Schutz der Herde zu sichern. Für die Israeliten wurde es jedoch zur Gedächtnisfeier ihrer Befreiung aus der Sklaverei durch das „Vorübergehen" des Herrn, der sie verschonte und befreite (Ex 12,24-27.42). Durch diese Feier wird die Erfahrung des Auszugs für jede Generation in Israel aktuell. Sie ist niemals nur ‚vergangene Geschichte', etwas, das vorbei und erledigt ist. Jeder Gläubige durchlebt diese Pilgerreise neu, seinen eigenen Lebensbedingungen entsprechend. Das Ritual für das Passahmahl, das im jüdischen Volk noch heute in Gebrauch ist, enthält folgende Worte:

In jeder Generation soll jeder Mensch sich so betrachten, als ob *er* selbst aus Ägypten käme. Wie geschrieben steht: „An diesem Tag erzähle deinem Sohn: Das geschieht für das, was der Herr an mir getan hat, als ich aus Ägypten auszog" (Ex 13,8). Es waren nicht nur unsere Väter, die der Heilige – gepriesen sei er – erlöste, sondern auch uns erlöste er zusammen mit ihnen. Wie geschrieben steht: „Uns aber hat er dort herausgeführt, um uns in das Land, das er unseren Vätern mit einem Schwur versprochen hatte, hineinzuführen und es uns zu geben". (Dtn 6,23).[6]

Durchzug durch die Wüste

Nachdem die Israeliten Ägypten verlassen haben, ist ihre Bedrängnis noch längst nicht zu Ende. Zwischen dem Land der Unterdrückung und dem Land der Verheißung liegt eine Wüste, die durchquert werden muß. Das ist ein Aspekt des biblischen Glaubens, dem wir in der Vätergeschichte nicht begegneten: die Wildnis mit der ihr eigenen Gesetzmäßigkeit. Mit diesem besonderen Ort war Abraham nicht vertraut. Es ist wichtig, daß wir innehalten und diese neue Erfahrung im einzelnen untersuchen, da sie die Erfahrung Abrahams vervollständigt und demzufolge einen wichtigen Aspekt jeder Reise in den Fußspuren Gottes darstellt.

Zuallererst ist die Wüste ein *Durchgangsort*, ein „Land ... das ... niemand bewohnt" (Jer 2,6). So ist sie also niemals selbst ein Ziel. Wie könnte Gott Gefallen daran finden, die leiden zu sehen, die er erlöst hat? Im Gegenteil, ein Text erklärt, warum Gott diese Marschroute für sein Volk aussuchte: paradoxerweise deshalb, weil der scheinbar längere Weg in Wirklichkeit der einfachste und direkteste war:

Als der Pharao das Volk ziehen ließ, führte sie Gott nicht den Weg ins Philisterland, obwohl er der kürzere war. Denn Gott sagte: Die Leute könnten es sonst, wenn sie Krieg erleben, bereuen und nach Ägypten zurückkehren wollen. So ließ sie Gott einen Umweg machen, der durch die Wüste zum Schilfmeer führte. (Ex 13,17f.)

Die Wahl der Wüstenroute ist demnach ein weiteres Zeichen der Liebe Gottes. Die Gläubigen als Volk unterwegs – das bringt die Wüste als Ort des Übergangs am besten zum Ausdruck.

Durch die harten Lebensbedingungen vermittelt die Wüste die *Erfahrung menschlicher Verwundbarkeit*. Unter brennender Sonne wandernd, durch „ein Land der Steppen und Schluchten, im dürren und düsteren Land" (Jer 2,6), „durch Feuernattern und Skorpione, durch ausgedörrtes Land, wo es kein Wasser gab" (Dtn 8,15), erkennt ein Mensch noch tiefer: Seine „Tage sind wie Gras, es blüht wie die Blume des Feldes. Fährt der Wind darüber, ist sie dahin; der Ort, wo sie stand, weiß von ihr nichts mehr" (Ps 103,15 f.; vgl. Ps 39,5-7; Ps 90; Jes 40,6 f.). In der Sprache des Buches Deuteronomium lernen wir Demut als grundlegende Armut vor Gott zu begreifen (Dtn 8,2 f.). Aber für die Bibel ist das niemals das letzte Wort. Der Psalm fährt fort: „Doch die Huld des Herrn währt immer und ewig für alle, die ihn fürchten und ehren" (Ps 103,17; vgl. Jes. 40,8). Und Deuteronomium: „Durch Hunger hat er dich gefügig gemacht und hat dich dann mit dem Manna gespeist, das du nicht kanntest und auch deine Väter nicht kannten. Er wollte dich erkennen lassen, daß der Mensch nicht nur von Brot lebt, sondern daß der Mensch von allem lebt, was der Mund des Herrn spricht" (Dtn 8,3). Die Erfahrung unserer eigenen Verletzlichkeit ist eine notwendige Durchgangs-Stufe, um dem Herrn noch tiefer zu vertrauen und noch mehr über das zu staunen, was Gott uns jeden Tag neu gibt.

Die Wüste ist auch eine *Schule der Solidarität*. Aus seinem Leiden in Ägypten und in der Wüste entwickelt Israel ein Gemeinschaftsgefühl und ein tiefes inneres Verständnis für alle Opfer von Unterdrückung – dieses Verständnis schlägt sich sogar in seinen Gesetzen nieder. So wird der Fremde beschützt: „Der Fremde, der sich bei euch aufhält, soll euch wie ein Einheimischer gelten, und du sollst ihn lieben wie dich selbst; denn ihr seid selbst Fremde in Ägypten gewesen. Ich bin der Herr, euer Gott" (Lev 19,34). „Einen Fremden sollst du nicht ausbeuten. Ihr wißt doch, wie es einem Fremden zumute ist; denn ihr selbst seid in Ägypten Fremde gewesen" (Ex 23,9; vgl. 22,20; Dtn 23,8). Das gleiche gilt für die, die zur Sklaverei erniedrigt sind: „Denn sie [die Israeliten] sind meine Knechte; ich habe sie aus Ägypten herausgeführt; sie sollen nicht verkauft werden, wie ein Sklave verkauft wird" (Lev 25,42; vgl. 25,54 f.). Ebenso muß Israel lernen, daß es strenggenommen keine Rechte hat, nicht einmal auf das Erbe, das seinen Vorfahren versprochen wurde – es ist nichts als das Geschenk der Güte Gottes: „Das Land darf nicht endgültig verkauft werden; denn das Land gehört mir, und ihr seid nur Fremde und Halbbürger bei mir" (Lev 25,23; vgl. Ps 39,13). Daher ist Israels Mitgefühl mit anderen das genaue Gegenteil von selbstzufriedener Herablassung; es entspringt der

Erfahrung eigener Verwundbarkeit und dem großen Erbarmen Gottes.

Dieses Bewußtsein der eigenen Verwundbarkeit ermöglicht die vielleicht wichtigste biblische Wüstenerfahrung: Die Wüste ist vor allem der *Ort der Prüfungen*. Um die Bedeutung der Prüfung in der Bibel richtig verstehen zu können, müssen wir unser gewohntes Verständnis dieses Begriffes beiseite lassen und im biblischen Text selbst nachforschen. Tatsächlich ist das Wort ‚Prüfung‘ in unserem gewöhnlichen Sprachgebrauch ein Synonym für ‚Schwierigkeit‘, ‚Unglück‘, ‚Betrübnis‘. In unseren Bibelausgaben wird das gleiche Wort manchmal mit ‚Versuchung‘ übersetzt und nimmt dann eine moralische und negative Färbung an: Das Ziel der Versuchung wäre es, den Menschen zu Fall zu bringen und ihn vom rechten Weg abzulenken. Nun aber entschlüsselt keine der beiden Bedeutungen – weder die der Betrübnis noch die der negativen Versuchung – die biblische Bedeutung des Wortes Prüfung. Unsere Sprache nähert sich dem biblischen Gebrauch des Wortes mehr durch solche Ausdrücke wie ‚leidgeprüft‘ oder ‚Machtprobe‘.

In der Bibel enthüllt die Prüfung im wesentlichen einen Tatbestand, der im menschlichen Herzen verborgen liegt; und dazu kommt es, wenn wir auf Widerstand stoßen. Wir sind gezwungen, auf diesen Widerstand zu reagieren, zu handeln. Dadurch wird das, was lediglich verborgen und unbewußt war, klar und sichtbar. Unsere Prioritäten offenbaren sich und werden deutlicher. Die Schrift befaßt sich insoweit damit, als dadurch unser Vertrauen zu Gott berührt wird: Sind wir wirklich bereit, Gott überallhin nachzufolgen, selbst wenn wir uns scheinbar verirrt haben? Ohne Prüfungen wären wir wahrscheinlich nie in der Lage, diese Frage aufrichtig zu beantworten. Unser Herz würde weiter schwanken oder für immer auf den widersprüchlichen Strömungen des täglichen Lebens dahintreiben. In dieser Hinsicht ist die Prüfung unter dem Zeichen der Not ein Wiederinkraftsetzen unserer grundlegenden Berufung, des Rufes, „alles zu verlassen“, um mit Gott dem Land der Verheißung entgegenzugehen. Die Prüfung bietet uns die Gelegenheit, zu Gott wieder ‚ja‘ zu sagen – ein Ja, das aller Scheintröstungen entledigt ist. Sie zeigt uns inmitten von Kummer und Tränen, daß wir immer noch Pilger auf der Straße der Verheißung sind.[7]

Alles eben Gesagte bietet eine erste Annäherung an die biblische Wirklichkeit der Glaubensprüfung. Aber es ist tatsächlich nur eine Annäherung, da es den Einfluß des Bösen in und um uns sozusagen in Klammern setzt. Mit anderen Worten, in einer Welt des vollkommenen Vertrauens, wo das ‚Ja‘ die einzige Möglichkeit ist, wäre eine Prüfung für uns lediglich eine Möglichkeit, unsere Treue zur Quelle unseres Lebens zu offenbaren. Die Schwierigkeit ergibt sich aus der Tatsache, daß uns in unserem Wesen solche Überschaubarkeit und Transparenz fehlen: beides findet sich in uns, ‚ja‘ und ‚nein‘. Deshalb wird die

Prüfung, die selbst nicht auf Zerstörung abzielt, zum Schauplatz eines inneren Kampfes mit im wesentlichen zwei möglichen Ergebnissen: Verweigerung oder Stärkung des Vertrauens auf Gott.

Man könnte annehmen – und das wird ziemlich oft gesagt – unsere Schwachheit sei der Grund für diesen inneren Kampf. Menschen sind zerbrechliche und furchtsame Wesen – so wird argumentiert–, untauglich für die Härte des Lebens auf der Pilger-Straße, und deswegen würden sie angesichts der Versuchung aufgeben und umkehren. Wenn wir diesem Argument jedoch nachgehen, sehen wir, daß es auf einer Halbwahrheit beruht. Bei endgültiger Untersuchung erweist es sich sogar als gefährlich, da es stillschweigend voraussetzt, der Glaube sei eine Art Kraftakt, eine Heldentat, zu der gewöhnliche Menschen wie wir offensichtlich nicht fähig sind. Nun ist die Schwäche des Menschen natürlich eine unbestreitbare menschliche und biblische Tatsache, und diejenigen, die es völlig aufgegeben haben, sich selbst zu sichern, und ihr Vertrauen allein auf Gott setzen, empfinden dies vielleicht noch stärker. Unsere Schwäche macht uns in einer Prüfungssituation verletzlich, aber sie kann das Ergebnis in keiner Weise vorherbestimmen. So kann unsere menschliche Schwachheit uns Gott näherbringen, da sie uns in die Lage versetzt, uns bedingungslos auf Gott zu verlassen.

Wenn es also auf unserer Seite Verweigerung und Rebellion gibt, dann ist die Schwachheit keine ausreichende Erklärung. Es muß etwas anderes in uns und in der Welt sein, das unsere Schwachheit ausnutzt, um uns von der Quelle unseres Lebens zu trennen. Das erklärt, warum die Bibel das Böse als eine aktive Wirklichkeit betrachtet und manchmal sogar in der Figur des Widersachers (‚Satan‘) personifiziert. Das soll uns nicht entmutigen, noch weniger soll es uns in einen fragwürdigen philosophischen Dualismus einschließen. Es soll uns vielmehr helfen zu verstehen, daß die biblische Glaubensprüfung keine ‚Kraftprobe‘ im üblichen Sinne des Wortes ist. Der wirkliche Kampf findet auf einer Ebene statt, auf der es keine Vorrechte gibt.

Der Tag der Prüfung

Kehren wir nun zur Bibel zurück und untersuchen wir den Bericht einer Prüfung in der Wüste nach dem Auszug aus Ägypten: Exodus 17,1-7, wie Mose das Wasser aus dem Fels schlägt. Dieses konkrete Beispiel wird uns besser als alles andere zeigen, worin die biblische Erfahrung der Prüfung besteht.

Das Drama beginnt, als die Israeliten an einen Ort ohne Trinkwasser kommen. An sich ist das typisch für die Wüste, aber hier stellt es die Notlage dar, die das Volk in eine objektive Prüfungssituation bringt. Auf diesen Umstand kann man unterschiedlich reagieren: entweder die

Geprüften werden Gott nähergebracht, oder sie entfernen sich von ihm. Aber gleich von Anfang an läßt uns der Autor die Richtung ahnen, in die sich die Dinge entwickeln, indem er zwei bezeichnende Begriffe gebraucht: „Sie gerieten in *Streit*..." (Ex 17,2a), und etwas später: „sie *murrten*..."[8] (Ex 17,3a). Schon diese Begriffe des Streits und der Zwietracht zeigen uns, daß die an sich verständliche Forderung nach Wasser nicht aus offenen und vertrauensvollen Herzen kommt. Es ist genaugenommen eine notdürftig verschleierte Drohung, anscheinend gegen Mose gerichtet, aber eigentlich auf Gott abzielend, für den Mose ja nur Sprecher ist. Moses Erwiderung deckt geschickt die Absicht des Volkes auf: „Warum stellt ihr den Herrn auf die Probe?" Eine großartige Formulierung, um die Weigerung, sich der bevorstehenden Prüfung zu unterziehen, aufzuzeigen. Diejenigen, die geprüft werden sollen, sperren sich anscheinend dagegen, Gott ihr Herz zu öffnen, indem sie sozusagen den Spieß umdrehen, nämlich die Initiative ergreifen und die Rollen vertauschen. Während sie sich unter allen Umständen weigern, ihre Schwachheit zuzugeben, versuchen sie aus einer Position der Stärke heraus mit Gott zu verhandeln und fordern ihn auf, sein Handeln zu rechtfertigen.

Hier wird demonstriert, wie die Verweigerung einer Prüfungssituation ablaufen kann: nämlich so, daß der Betroffene – vergeblich[9] – versucht, diese besondere Situation der Verwundbarkeit durch eine Haltung des Rückzugs und der Absonderung zu bewältigen. Diese Haltung kann in einem Anspruch auf Unabhängigkeit oder falsche Selbständigkeit zum Ausdruck kommen oder, wenn diese Position unter keinen Umständen aufrechterhalten werden kann, durch einen plötzlichen Ausbruch äußerster Verzweiflung.

Aber wie kann man eine solche Verweigerung aufrechterhalten, wenn Gott seinem Volk doch nur die Fülle des Lebens geben möchte? Aus welchem Grund können Menschen einen Gott zurückweisen, der sie aus einer unerträglichen Lage befreit hat und nun dabei ist, sie in ein Land der Glückseligkeit zu führen? Die Antwort auf diese Frage ergibt die nächste Stufe der Schilderung (Ex 17,3). Um ihre Verweigerung zu rechtfertigen, müssen die in der Prüfung Stehenden einen Gott nach ihrer eigenen Vorstellung, ein *Zerrbild*, konstruieren. Dieser Vorgang hat etwas Unausweichliches an sich: Wir rechtfertigen unseren schwachen Glauben damit, daß wir die Motivation und das Wesen des anderen karikieren, so daß er zur Zielscheibe wird. Hier ist Mose als Gottes Stellvertreter wieder Gegenstand der Kritik.

In den Auszugsgeschichten ist die Karikatur Gottes oft mit einer wehmütigen, ja trügerischen Sicht des Landes der Sklaverei verbunden, einer Sicht, die darauf angelegt ist, das Volk zum Umkehren zu bewegen: „Wir denken an die Fische, die wir in Ägypten umsonst zu essen bekamen, an die Gurken und Melonen, an den Lauch, an die Zwiebeln und an den Knoblauch. Doch jetzt vertrocknet uns die Kehle, nichts bekommen wir zu sehen als immer nur Manna" (Num 11,5f.).

Der eben beschriebene Vorgang erreicht später in der Geschichte vom goldenen Kalb (Ex 32) einen Höhepunkt. Was wäre leichter im Angesicht eines Gottes, dessen Wege geheimnisvoll verborgen sind, der ein schwieriges und manchmal blindes Vertrauen verlangt, was wäre leichter, als sich einen Gott zu machen, der vor uns herzieht (Ex 32,1), einen Gott nach unserer Vorstellung, der leicht zu sehen und zu verstehen ist?[10] Natürlich wird ein solcher Gott niemals wirklich irgendwohin „gehen": Wenn sich die Menschen von dem lebendigen Gott abwenden, führt das zwangsläufig dazu, daß sie ziellos hinter ihrem eigenen Schatten herlaufen.

Diese traurige Geschichte – zu menschlich, als daß sie nicht glaubhaft wäre – kann uns klar zeigen, daß Gottes Volk bei weitem niemandem moralisch überlegen ist. Der Pilger-Gott erwählt weder Heilige noch Helden zu seinen Wegbegleitern. Erst nach und nach formt Gott mit unermüdlicher Geduld Frauen und Männer, die in der Lage sind, ihn zu verstehen und ihm angemessen zu antworten. Exodus 17 zeigt diese Antwort bereits bei Mose, und die Treue eines einzelnen macht den Umschwung der ganzen Situation möglich. Statt der Wörter ‚streiten' und ‚murren' wird für Mose das Verb ‚schreien, anflehen' gebraucht (Ex 17,4). Mose ist genausowenig ein Held wie alle anderen. Als Ergebnis der unerschütterlichen Geduld Gottes mit ihm hat er gelernt, wohin er sich in einer Lage zu wenden hat, die menschlich gesprochen eine Sackgasse ist. Und gerade mit seinem schwachen Gebet gibt er Gott Raum zum Handeln.

Trotz der Rebellion des Volkes endet die Geschichte – und das ist typisch für alle Exodus-Geschichten und sogar für den ganzen Verlauf der Heilsgeschichte – nicht damit, daß sich das Volk in der Wüste verirrt oder nach Ägypten zu der Strafe zurückkehrt, die entlaufenen Sklaven droht. Statt dieser zu erwartenden Konsequenz nimmt die Geschichte einen ganz anderen Verlauf: Gott erhört den Schrei des Mose und tritt wieder einmal als befreiende Kraft in die menschliche Geschichte ein. Mit Hilfe des Mose läßt er aus einem Felsen Wasser fließen, damit das Volk trinken und seine Reise zum gelobten Land fortsetzen kann. So wird sein Mangel an Vertrauen zwar vergeben, aber nicht vergessen – er wird für immer dastehen als Erinnerung an die Barmherzigkeit Gottes trotz der Undankbarkeit seines Volkes und lebendig bleiben durch seine Eingliederung in den Lobpreis des Volkes:

Ach, würdet ihr doch heute auf seine Stimme hören!
„Verhärtet euer Herz nicht wie in Meriba (Streiten),

wie in der Wüste am Tag von Massa (Prüfen)!
Dort haben eure Väter mich versucht,
sie haben mich auf die Probe gestellt und hatten doch mein Tun gesehen."
(Ps 95,7-9)

Dieser kurze Bericht über eine der Prüfungen in der Wüste faßt die ganze Erfahrung der Israeliten auf ihrer Pilgerreise zusammen. Ständig weigern sie sich, durch die enge Pforte der Prüfung zu gehen, und doch tut Gott alles, was er kann, um ihnen den Weg zu bahnen: rettet sie vor dem Verderben fast gegen ihren eigenen Willen, erlaubt ihnen nicht, in Verzweiflung zu versinken und bricht die Gefängnismauern nieder, die sie immer wieder aufbauen. Gott tut das dem Mose zuliebe, der treu bleibt und fortfährt, für seine Gefährten Fürbitte zu leisten. Aber hat Gott nicht Mose für diese Rolle auserwählt, indem er ihn an die Spitze des Pilgervolkes stellte? Die grundlegende Motivation für Gottes Handeln besteht offensichtlich darin, daß er seinem eigenen Wesen treu bleibt. Gott ist der Befreier, der Eine, der Menschen „aus der Finsternis in sein wunderbares Licht" ruft (1.Petr 2,9), und er kann nur in Übereinstimmung damit handeln.

Unsere Untersuchungen haben uns gezeigt, daß die Erfahrung der Prüfung zu größerem Vertrauen auf Gott führen kann. Sie kann aber auch Anlaß zum Stolpern sein, zum Rückzug in sich selbst oder zum Aufgeben und Umkehren. Aus diesem Blickwinkel gesehen, verdient die Prüfung den Namen Versuchung, und das läßt uns verstehen, was wie eine innere Unstimmigkeit in der biblischen Theologie der Prüfung erscheint. Auf der einen Seite lesen wir, daß Gott Menschen auf die Probe stellt, vor allem die, die er liebt (Gen 22,1; Weisheit 3,5f. etc.; vgl. 1.Petr 1,6f.; Joh 15,2), hingegen versichert uns eine Reihe anderer Texte, daß Gott niemals jemanden versucht (z.B. Jak 1,13f.; Sirach 15,11-22). Unsere Gedanken in diesem Kapitel sollen uns helfen, diese Doppeldeutigkeit zu verstehen. Der biblische Schreiber kann Prüfungen als von Gott gewollt oder zumindest zugelassen betrachten, insofern sie einen wesentlichen Bestandteil der Reise zur Verheißung bilden.[11] Menschlich gesprochen würden wir es eher vorziehen, in der Sklaverei zu verharren, als den Härten des Wüstendurchzugs zu begegnen. Aber Gott, dessen Weitblick auch das Ziel der Reise umfaßt, sieht schon unsere zukünftige Reaktion und bezieht sie in seinen Plan mit ein (vgl. Röm 8,18).

So ist in biblischer Sicht die Erfahrung der Prüfung eine enge Pforte, durch die man hindurchgehen muß, um ein größeres Gut zu erlangen: nämlich ein Teil von Gottes Plan, mit dem er seine Schöpfung zur vollendeten Erfüllung führen will. Ohne den Aspekt der Reise ist sie notwendigerweise absurd, um nicht zu sagen ein Irrweg. Aber wir haben gesehen, daß es in uns und in der Welt auch das ‚Nein' gibt.

Wenn in einer Prüfungssituation unsere Verwundbarkeit stärker zutage tritt, kann dieses ‚Nein' plötzlich aufkommen, das uns dazu verleitet, den uns von Gott gebahnten Weg zu verlassen und irgendwoanders eine trügerische Tröstung zu suchen. So zu handeln („auf die Probe stellen" im Sinne von „versuchen, irreführen, zu Fall bringen"), ist niemals das Werk Gottes, sondern genau das, was er nicht will. Und doch führt das Vorhandensein der Versuchung niemals zum völligen Stillstand der Pilgerreise. Gott hält ständig Ausschau nach neuen Wegen, um den Geprüften zu helfen, damit sie ausharren und weitergehen. Wir können sogar die ganze Heilsgeschichte als die Geschichte der Suche Gottes nach immer geeigneteren Wegen verstehen, um Männern und Frauen zu helfen, die in den Fußstapfen Abrahams die Reise mit Gott angetreten haben.[12]

Die greifbar nahe Gegenwart Gottes

Wir kommen nun zur wichtigsten Erfahrung der Wüste. Obwohl die Wüste tatsächlich ein Ort der Prüfung ist, ist sie als solche noch viel mehr ein *Ort beispielloser Vertrautheit mit Gott*. Im Kern der Prüfung ist die Gegenwart Gottes greifbar nahe. Wenn der Betroffene sich in der kritischen Situation der Prüfung Gott gegenüber öffnet, gewinnt er oft eine tiefere Erkenntnis seines Gottes, die weniger von seinen eigenen vorgefaßten Vorstellungen abhängt. Es ist, als ob ihm durch das Leiden eine Maske von den Augen fiele und seinen Blick schärfte, um diesen Anderen besser wahrnehmen zu können, jenseits der Projektion des eigenen Ich. Dann wird der Ausruf Hiobs, der die Symbol-Figur aller Gerechten ist, die im Glauben ernstlich geprüft werden, zu ihrem eigenen Ausruf: „Vom Hörensagen nur hatte ich von dir vernommen; jetzt aber hat mein Auge dich geschaut" (Hiob 42,5). Dies ist eines der unbegreiflichsten Rätsel der Bibel: genau dann, wenn Gott sich als der ganz Andere offenbart, beginnen wir wirklich, ihn zu erkennen und seine Nähe zu spüren.

Für Gottes Volk ist diese Prüfungszeit auf dem Weg durch die Wüste auch „der Zeitabschnitt ... eines vierzig Jahre dauernden Wunders, eines Daseins, das gänzlich auf die Ebene des Wunderbaren gehoben ist."[13] In den hebräischen Schriften finden wir sonst kaum eine solche Konzentration von Zeichen und Wundern. Das Wasser aus dem Felsen, Wachteln und Manna, die Reinigung des Wassers und so weiter: Die Wüstenstraße ist von aufmerksamen Gesten der liebevollen Güte Gottes durchsetzt, der seinem Volk zu essen und zu trinken gibt.

Die Gegenwart Gottes manifestiert sich in noch deutlicheren Zeichen, die immer dem Charakter der Wanderung entsprechen: die Wolke und die Feuersäule, das Offenbarungszelt und die Bundeslade. Hier schließen sich die ständige Gegenwart Gottes und das vorläufige

Wanderdasein ganz und gar nicht gegenseitig aus. Im Gegenteil, das eine macht das andere möglich. Der Pilger-Gott führt die, die er gerufen und gerettet hat:

> Der Herr zog vor ihnen her, bei Tag in einer Wolkensäule, um ihnen den Weg zu zeigen, bei Nacht in einer Feuersäule, um ihnen zu leuchten. So konnten sie Tag und Nacht unterwegs sein. Die Wolkensäule wich bei Tag nicht von der Spitze des Volkes und die Feuersäule nicht bei Nacht.
>
> (Ex 13,21 f.)

Ein späterer Text aus priesterlichen Kreisen macht die göttliche Gegenwart inmitten des Volkes sogar zum tiefsten Grund für die Befreiung aus Ägypten:

> Ich werde mitten unter den Israeliten wohnen und ihnen Gott sein. Sie sollen erkennen, daß ich der Herr, ihr Gott, bin, der sie aus Ägypten herausgeführt hat, um in ihrer Mitte zu wohnen, ich, der Herr, ihr Gott. (Ex 29,45 f.)

„Ich brachte sie heraus, ... um zu wohnen." Das Verb, das mit „wohnen" übersetzt wird (Wurzel *škn*) ergibt das Substantiv *Shekhinah*, das in der späteren jüdischen Theologie die Gegenwart Gottes in der Welt bezeichnet, oft in der Form von Licht, und immer das auserwählte Volk im Exil begleitend.[14]

Was das Offenbarungszelt und die Bundeslade angeht, ist es äußerst schwierig, ihre ursprüngliche Funktion während des Auszugs zu bestimmen, da spätere Reflexionen über die Gegenwart Gottes die ersten Schichten der Überlieferung in großem Ausmaß überlagerten. Die detaillierte Beschreibung des Offenbarungszeltes Exodus 25-31 und 35-40 scheint z. B. in vieler Hinsicht eine zeitlich zurückprojizierte Beschreibung des Jerusalemer Tempels zu sein. Aller Wahrscheinlichkeit nach war das Offenbarungszelt ein Zelt außerhalb des Lagers, in das Mose ging, um mit Gott zu reden (vgl. Ex 33,7-11), und die Bundeslade war eine Truhe oder ein Podest und repräsentierte den Fußschemel Gottes oder sogar seinen Thron, ein Zeichen dafür, daß Gott sein Volk führt – sicher ist dies weniger problematisch als die Anbetung des Goldenen Kalbs (vgl. Num 10,33-36).[15] Alles künftige Nachdenken über die Gegenwart Gottes wird dazu neigen, sie auf Dauer dingfest zu machen mit dem Risiko, sie übermäßig zu verdinglichen, oder sie vom souveränen Willen Gottes abhängig zu machen, so daß sie dem Menschen niemals völlig zur Verfügung steht. Aus der Einsicht in die Unverfügbarkeit Gottes stammen ‚bilderstürmerische' Impulse, die regelmäßig in der Religion Israels auftauchen; aber wäre das das letzte Wort, dann würde das eine vollständige Verflüchtigung der Gegenwart Gottes und somit das Ende aller Religion bedeuten. Statt dessen ist Israel dazu aufgerufen, seinen Glauben zwischen zwei Polen auszuleben: Gott ist der Heilige, der Unnahbare, aber er führt sein Volk wirklich und wahrhaftig, mehr noch – er vermittelt ihnen etwas von seiner eigenen Heiligkeit.[16]

Genau das geschieht während der Begegnung mit Gott auf dem Sinai, in jenem Augenblick der Wüstenwanderung, in dem die Vertrautheit des Volkes mit seinem Gott ihren Höhepunkt erreicht. Dort treten die Israeliten in eine besondere Beziehung zu ihrem Befreier, und als Ergebnis wird aus dieser bunten Schar früherer Sklaven ein Volk:

> Ihr habt gesehen, was ich den Ägyptern angetan habe, wie ich euch auf Adlerflügeln getragen und hierher zu mir gebracht habe. Jetzt aber, wenn ihr auf meine Stimme hört und meinen Bund haltet, werdet ihr unter allen Völkern mein besonderes Eigentum sein. Mir gehört die ganze Erde, ihr aber sollt mir als ein Reich von Priestern und als ein heiliges Volk gehören.
>
> (Ex 19,4-6)

Gott ist der Heilige, die Quelle aller Heiligkeit, und denen, die er erwählt hat, verleiht er einen Teil seiner Heiligkeit (vgl. Lev 19,2). Er heiligt sie oder – nach der Entstehungsgeschichte des hebräischen Wortes – sondert sie ab, reserviert sie für sich. Von da an sind sie ein Volk, so lange wie diese vertraute Beziehung zu ihrem Gott besteht. Hier greifen die ‚vertikale‘ und die ‚horizontale‘, die ‚geistliche‘ und die ‚politische‘ Dimension eng ineinander. Israel ist keine Nation wie alle anderen. Seine Identität als Volk ersteht aus der freien Erwählung des Pilger-Gottes. Ein alter Bibelabschnitt zeigt das in sehr einfachen Worten auf:

> Von den Höhen aus erblicke ich es:
> Dort, ein Volk, es wohnt für sich,
> es zählt sich nicht zu den Völkern.
> (Num 23,9b; vgl. Dtn 33,28 f.)

Wenn Israel so abgesondert ist, dann ist das in keiner Weise ein besonderes Vorrecht, das zum Ausschluß aller anderen Nationen auf Erden führen würde. Im Gegenteil, genau in dem Augenblick, in dem die besondere Identität Israels herausgestellt wird, artikuliert sich ein universales Gottesverständnis; als erstes durch die Erinnerung daran, daß sich der Befreier Israels nicht auf das Gebiet einer Nation beschränkt, sondern daß er Grenzen überschreitet: „unter *allen* Völkern ... Mir gehört die *ganze* Erde" (Ex 19,5); und zweitens durch den Ausdruck „ein Reich von Priestern" (Ex 19,6). Ein Priester ist jemand, der zwischen Gott und seinen Mitmenschen steht. In gleicher Weise wird Israel, als ein Gott geweihtes Volk, zum lebendigen und greifbaren Zeichen für die Existenz und Gegenwart Gottes in der menschlichen Geschichte (vgl. Ex 33,16).[17] Der heilige Gott, den niemand je gesehen hat (Joh 1,18; vgl. Ex 33,20), erklärt sich bereit, in all die Wechselfälle des menschlichen Lebens einzutreten, indem er sich ein Volk erwählt.

Es ist von äußerster Wichtigkeit, daß hier diese universale Dimension zum Vorschein kommt. Als Abraham berufen wurde, erwähnte der Text in gleicher Weise „alle Völker auf Erden". Das ist ein Kennzeichen der biblischen Offenbarung, das praktisch die Kraft eines Gesetzes hat: Wenn Gott jemanden auserwählt, dann ist nie diese Person allein gemeint, sondern er hat immer noch andere im Sinn. Eine einzelne Berufung erreicht ihre volle Bedeutung erst dann, wenn sie im Zusammenhang der allumfassenden Pläne des Schöpfers gesehen wird. Es ist wahr: Zu bestimmten Zeiten im Leben des Gottesvolkes – gerade so, wie in unserem persönlichen Leben – wird die Kraft dieses ‚Gesetzes' nicht wahrgenommen. Sie wird sozusagen von den Forderungen und Belangen des Augenblicks überschattet. Nichtsdestoweniger bleibt sie lebendig wie eine Glut unter der Asche – bereit, zum richtigen Zeitpunkt aufzuflammen. Die Bibel versichert uns, daß diejenigen, die bereitwillig die Reise in den Spuren des Pilger-Gottes antreten, selbst zu einem lebendigen Ruf an ihre Mitmenschen werden. Von da an sind sie als Männer und Frauen gekennzeichnet, welche – vielleicht unbewußt – eine Botschaft weitergeben, die Gott in ihnen und durch sie an andere richtet (vgl. 2.Kor 3,3).

Das Gesetz als Weg zur Freiheit

Wie können die von Gott Auserwählten „ein heiliges Volk" werden und bleiben? Übereinstimmend mit der gesamten jüdischen Tradition beantwortet das Buch Exodus diese Frage so: durch die Gabe des Gesetzes, die Thora im engsten Sinne dieses Begriffs.[18] Das Gesetz verleiht dem am Berg Sinai geschlossenen Bund zwischen Gott und seinem Volk eine konkrete Form. Heutzutage haben viele Menschen ein bewußtes oder unbewußtes Vorurteil gegen den bloßen Gedanken des Gesetzes. Für uns ruft er leicht Vorstellungen von Gesetzlichkeit, Zwang und Verpflichtungen hervor und scheint der Freiheit entgegen zu laufen, die wir als den größten aller Werte betrachten. Das Evangelium, oder auf jeden Fall gewisse Texte des Apostels Paulus, scheinen diese Gesetzesfeindlichkeit zu bestärken. Lesen wir nicht, „durch Werke des Gesetzes wird niemand gerecht" (Gal 2,16)?

Aber Jesus erklärte seinen Jüngern: „Denkt nicht, ich sei gekommen, um das Gesetz und die Propheten aufzuheben. Ich bin nicht gekommen, um aufzuheben, sondern um zu erfüllen. Amen, das sage ich euch: Bis Himmel und Erde vergehen, wird auch nicht der kleinste Buchstabe des Gesetzes vergehen, bevor nicht alles geschehen ist" (Mt 5,17f.). Und Paulus selbst spricht davon, daß das Gesetz uns in „Zucht" nimmt bis zum Kommen Christi (Gal 3,24). Bevor wir es also hinter uns lassen, wollen wir zumindest innehalten, auf diesen „Zuchtmeister" hören und versuchen, die positive Bedeutung des „Gesetzes" zu erfassen.

Für das Volk der Bibel steht das Gesetz ganz und gar im Gegensatz zu einem Zwang, der die dynamische Kraft des Lebens unterdrücken oder hemmen würde. Es ist vielmehr der Wegweiser, der uns zeigt, wo wir wirkliches Leben finden können. Es beschreibt einen Raum, in dem wahre Freiheit zur Erfüllung kommen kann. In der Bibel wird für menschliches Handeln oder Verhalten oft die Metapher ‚Weg' oder ‚Straße' gebraucht. Aus diesem Grund werden die göttlichen Gebote im allgemeinen als „Gottes Wege" bezeichnet, wobei nicht etwa der Weg *zu* Gott, sondern Gottes eigene Handlungsweise gemeint ist. Die Menschen werden aufgefordert, dieses göttliche Verhalten nachzuahmen, um heilig zu sein, wie Gott heilig ist.[19] Das Buch Deuteronomium gebraucht besonders gern diese Redeweise:

> Daher sollt ihr darauf achten, daß ihr handelt, wie es der Herr, euer Gott, euch vorgeschrieben hat. Ihr sollt weder rechts noch links abweichen: Ihr sollt nur auf dem Weg gehen, den der Herr, euer Gott, euch vorgeschrieben hat, damit ihr Leben habt und es euch gut geht und ihr lange lebt in dem Land, das ihr in Besitz nehmt.   (Dtn 5,32f.; vgl. 10,12f; 11,22; 13,6 etc.)

Das Gesetz stellt natürlich auch Forderungen an uns. Wir haben schon gesehen, daß Gottes Ruf notwendigerweise bestimmte Folgerungen oder Erfordernisse mit sich bringt. Für Abraham bestanden sie in der Aufforderung, seine Heimat zu verlassen und in den Fußstapfen des Pilger-Gottes dem Unbekannten entgegenzuwandern. Hier liegen sie in der Aufforderung, in den Wegen Gottes mit den Geboten zu gehen. Aber ebenso wie bei Abraham ist diese Forderung gleichzeitig eine Verheißung neuen Lebens. In dieser Hinsicht unterstreicht die jüdische Überlieferung die Tatsache, daß die meisten Gebote nicht in der Befehlsform geschrieben sind, etwa „töte nicht", sondern in einer Form, die mit dem ‚Indikativ Futur' (Wirklichkeitsform der Zukunft) identisch ist, nämlich „du wirst nicht töten". Indem wir aus Liebe zu Gott das Gesetz beachten, werden wir nach und nach zu Menschen, die nicht anders handeln *können*, Menschen, die z. B. unfähig sind, Leben zu zerstören. Dann sind wir wirklich Geschöpfe, die nach dem Bild unseres Schöpfers geformt sind, und das, was das Gesetz versprochen hat, wird Wirklichkeit („du wirst nicht töten"). Wo immer auch der wissenschaftliche Wert dieser Interpretation liegen mag, sie führt zu einer geistlichen Wahrheit ersten Ranges: indem das Volk Gottes die Thora, das Gesetz, meditiert und einhält – nicht um des Gesetzes willen oder durch den Versuch der Selbstrechtfertigung, sondern aus Liebe und Freude heraus –, wird das Volk allmählich dahin geführt, seinen

Herrn besser zu erkennen und seinem Wesen näherzukommen. Es wird immer mehr zu einem wirklichen Pilgervolk und kann mit den Worten des Psalmisten singen:

> Ich eile voran auf dem Weg deiner Gebote,
> denn mein Herz machst du weit.
> (Ps 119,32)[20]

Fragen zum Nachdenken

1. Die Pilgerreise des Exodus beginnt mit einem *Befreiungsakt*. In welcher Weise befreit Gott uns heute zu besserem, erfülltem Leben, sowohl als Einzelperson wie auch als Gemeinschaft?

2. Zwischen der Erfahrung der Befreiung und dem „verheißenen Land" liegt die *Wüste*, ein Ort, wo unsere Verwundbarkeit am größten ist, und zugleich auch ein Ort, wo eine einzigartige Vertrautheit mit dem Herrn möglich ist. Welche Wüstenerfahrung habe ich in meinem Leben gemacht? Wie waren diese beiden Elemente der Verwundbarkeit und der Vertrautheit mit Gott darin enthalten?

3. Die Wüste ist auch ein Ort der *Prüfung*. Inwiefern erhellt der biblische Bericht einer Prüfung wie Exodus 17,1-7 meine eigene geistliche Reise? Was kann man im Licht der Exodus-Geschichte über die Versuchung Jesu in der Wüste (z. B. Lk 4,1-13) sagen?

4. Inwiefern kann uns die Auszugsgeschichte helfen, die Sakramente, insbesondere die Taufe und die Abendmahls- bzw. Eucharistiefeier, zu verstehen?

3. KAPITEL *Widerstand oder Kompromiß*

Zusammen mit Berichten über Abraham und die anderen Patriarchen prägt die Überlieferung vom Auszug aus Ägypten die grundlegende Struktur für den Pilger-Glauben des biblischen Volkes. Aber von dem Augenblick an, wo diese Überlieferung der sich formierenden Nation als kollektives Gedächtnis dient, haben die Menschen ihr Dasein als Reisende (Nomaden) schon hinter sich gelassen. Die Israeliten sind keine Wanderer in der Wüste mehr; und darin besteht die Herausforderung für die kommende Epoche ihrer Geschichte: Das ist die Zeit von der Besiedelung des Landes Kanaan bis zum Babylonischen Exil mehr als 500 Jahre später. Israel muß jetzt, wo es ein mehr seßhaftes Dasein führt, lernen, die Erinnerung an die Lektionen seiner Pilgerreise wachzuhalten. Mit anderen Worten: Das Volk ist dazu aufgerufen, inmitten eines Lebens, wie es alle anderen führen, sein ‚Pilgerherz' zu bewahren. In seiner Gesamtheit kann es sich jedoch dieser Herausforderung nicht stellen, und später wird Israel noch die schmerzliche Erfahrung von Unterdrückung und Exil machen müssen. Gleichzeitig ermöglicht diese Situation ein neues und vertieftes Verständnis seiner Identität als ein „Volk von Priestern", als „heiliges Volk", als ein Volk, das Gott erwählt hat, um seine universalen Pläne zu verwirklichen.

Rückkehr zu den Wurzeln

Das Buch DEUTERONOMIUM (= 5.Mose) unterstreicht bereits die Herausforderung des mehr seßhaften Daseins, indem es die damit verbundenen Gefahren am Vorabend des Einzugs ins verheißene Land Mose in den Mund legt. Genaugenommen stammt das Buch aus einer späteren Zeit und ist an Menschen gerichtet, die nie ein Wanderleben geführt haben. Der Autor profitiert von der Erfahrung, die er während der Jahre des Lebens in Kanaan gesammelt hat, und sein rückschauender Blick versucht, die Wurzeln der Probleme seiner Zeit im Übergang vom Wanderleben zum seßhaften Dasein zu entdecken. Er spricht zu seinen Zeitgenossen mit ermutigenden und mahnenden Worten und präsentiert seinen Bericht in Form einer von Mose selbst gehaltenen Predigt.

Der Anfang von Deuteronomium 8 z. B. erklärt die Bedeutung der Reise durch die Wüste: Das Volk sollte Demut lernen, d. h. seine grundsätzliche Armut und Bedürftigkeit vor dem Herrn erkennen; die Menschen sollten geprüft werden, damit zum Vorschein kommt, was wirklich in ihren Herzen steckt (Dtn 8,2). Somit war die Pilgerreise eine Art Erziehung, wie ein Mann seinen Sohn erzieht (Dtn 8,5), damit das Volk einsieht, worin sein wahres Glück besteht. In gleicher Absicht ließ der Herr sein Volk Hunger erfahren, nicht um es zu quälen, sondern um in ihm ein noch tieferes Verlangen zu wecken und es mit Nahrung vom Himmel zu sättigen, nämlich mit Manna: „Er wollte dich erkennen lassen, daß der Mensch nicht nur von Brot lebt, sondern daß der Mensch von allem lebt, was der Mund des Herrn spricht" (Dtn 8,3). Jetzt, fährt der Autor fort, führt der Herr dich in ein Land des Überflusses, wo du dich sattessen kannst und wofür du deinen Gott preisen wirst (Dtn 8,7-10).

Aber diese Situation der mühelosen Behaglichkeit und des Überflusses schließt eine verborgene Gefahr ein – nämlich den Herrn zu vergessen und naiv oder überheblich zu glauben, „ich habe mir diesen Reichtum aus eigener Kraft und mit eigener Hand erworben" (Dtn 8,17). Das hieße, den Reichtum als wohlverdiente Belohnung anzusehen, statt als die reine Gabe der Großzügigkeit Gottes.

Das Kapitel bietet dann zur Behebung dieser Schwierigkeit eine Art Gedächtnisübung zur „Rückkehr in die Wüste" an: „Du sollst an den ganzen Weg denken, den der Herr, dein Gott, dich während dieser vierzig Jahre in der Wüste geführt hat..." (Dtn 8,2). Indem er die Bedrängnisse der Wüste und die barmherzigen Taten Gottes in den vergangenen Jahren auflistet (vgl. Dtn 8,2-5.14-16), will der Autor den späteren Generationen helfen, ihre Wurzeln wiederzuentdecken und ihnen die Erfahrung der Pilgerschaft nahebringen. Er möchte ihnen verständlich machen, wer Gott für sie ist, und folglich wer sie sind. Sie sollen ‚Pilger-Herzen' bekommen, auch wenn ihre tatsächliche Lage nicht mehr die von Pilgern ist.

Diese ‚Rückkehr zu den Wurzeln' scheint auch die Ur-Form der Anbetung Israels zu sein, viel authentischer als alle Praktiken oder Handlungen, die von anderen Religionen übernommen wurden. Die drei zentralen Feste – Fest der ungesäuerten Brote (Passah), Erntedankfest (Wochenfest, Pfingsten) und Laubhüttenfest (vgl. Ex 23,14-17; Dtn 16,1-17) – verloren nach und nach ihren bäuerlichen Charakter und wurden zu ‚Gedenkfeiern‘ für die wichtigsten Stationen des Exodus: Auszug aus Ägypten, Verleihung des Gesetzes auf dem Sinai und Wanderschaft in der Wüste. Alle diese Feiern schlossen eine Pilgerfahrt zu einem heiligen Ort ein. Im allgemeinen versucht man, dieses Phänomen lediglich mit den Kategorien der vergleichenden Religionswissenschaft zu erklären, z. B. den Impuls, zu einem heiligen Ort zu wandern, um Gott zu begegnen. Aber würde es dem biblischen Glauben nicht besser entsprechen, wenn man ihn als den Versuch interpretierte, etwas von der ursprünglichen Exodus-Erfahrung zu wiederholen, etwas vom Aufbruch in den Fußstapfen der Väter?[1]

Die Tatsache, daß der ‚Deuteronomist‘ die Gefahren des seßhaften Lebens so betont, zeugt von den tatsächlichen Schwierigkeiten, ein unerschütterliches Vertrauen auf den Pilger-Gott lebendig zu erhalten. Allein von der Natur der Sache her ließ das Leben in der Wildnis keinen anderen Ausweg, als sich an Gott zu wenden. Im Land Kanaan, „wo Milch und Honig fließen“, war die Lage weniger aufregend, die menschlichen Möglichkeiten dagegen waren reichhaltig und mannigfaltig. Es konnte geschehen, daß man sich von Gott weiter entfernte, weil er weniger gebraucht wurde. Überdies waren die Israeliten dort nicht allein. Sie waren von einheimischen Bewohnern umgeben mit einer völlig anderen Kultur und Religion. Ein gewisses Maß an Durchdringung war unvermeidlich, besonders weil Teile dieser Bevölkerung infolge von Verträgen oder Kriegen Israel einverleibt wurden.[2] Diese Kontakte gereichten dem biblischen Glauben nicht nur zum Nachteil. Im Gegenteil, die Verehrung des Pilger-Gottes besaß ein erstaunliches Vermögen, die verschiedensten Elemente in sich aufzunehmen und zu einer neuen, reicheren Einheit zu verschmelzen. Aber dieser Assimilationsvorgang vollzog sich nicht ohne das Risiko, die entscheidenden Merkmale des Väter-Glaubens aufs Spiel zu setzen; und das rief die ‚traditionalistischen‘ Reaktionen hervor, die regelmäßig dann auftraten, wenn eine neue historische Situation offensichtlich eine weitere Anpassung notwendig machte.

Es gibt einen letzten Grund dafür, warum Eroberung und Einnahme des Landes Kanaan den Wüsten-Glauben in eine Krise führten. Wir haben schon gesehen, daß ein grundlegendes Kennzeichen dieses Glaubens seine Offenheit auf eine zukünftige Erfüllung hin war, was sich in der Landverheißung konkretisiert hatte. Diese Offenheit für die Zukunft verlieh dem Glauben seine Dynamik – aber jetzt stand diese kreative Spannung durch den Einzug ins verheißene Land in der Gefahr, sich zu verflüchtigen. Bis dahin hatte der Glaube an den Pilger-Gott niemals einen *status quo* verteidigen müssen. Er hatte es immer mit einem Aufbruch ins Unbekannte zu tun. War er nun dabei, in unbeweglicher Zufriedenheit zu versinken, oder konnte er über den Buchstaben der Verheißung hinaus eine neue Dynamik entwickeln, die Kraft, sich nochmals auf den Weg zu machen?

So wundert es uns wohl kaum, daß diese Jahrhunderte der biblischen Geschichte zu den entscheidensten gehörten, was die Ausformung des Glaubens anbelangt. Die einzige Alternative, die sich anscheinend darbot, war „eine immer stärkere Synkretisierung, oder ... eine oppositionelle Isolierung".[3] Langsam wird sich jedoch ein dritter Weg eröffnen, nicht wegen, sondern trotz menschlicher Bemühungen. Die Wüstenerfahrung wird sich wiederholen, und Gott wird – durch die Indienstnahme einiger weitblickender Männer und Frauen – inmitten der massiven Verweigerung des Volkes einen neuen Ansatzpunkt finden: Was nach Zusammenbruch aussieht, ist voller Verheißung für die Zukunft.

Der lange Weg zur Monarchie

Die Situation der Israeliten in der ersten Zeit nach dem Einzug in Kanaan scheint sich nicht allzusehr von der Lage davor zu unterscheiden. Die Bücher JOSUA und RICHTER beschreiben ein Volk, das sich mit der Notwendigkeit des Kampfes gegen die einheimischen Bewohner auseinandersetzen muß, die die Israeliten daran hindern wollen, sich niederzulassen. Das soziale Gefüge der Neuankömmlinge befand sich mit ihrem Glauben an den Pilger-Gott noch weitgehend im Einklang. Denn zu dieser Zeit war Israel kein zentralistisches Königreich mit bäuerlicher Religion wie die kanaanäischen Stadt-Staaten, die sich über die Ebenen ausbreiteten, sondern eine Ansammlung grundverschiedener Sippen und Volksgruppen (die „zwölf Stämme"). Diese Gruppen wurden durch ein Verwandschaftsgefühl (das Andenken gemeinsamer Vorfahren) und besonders durch ihren Glauben an den Pilger-Gott vereint. Die Familien oder Familiengruppen lebten im Grunde nebeneinander, trafen sich mit den anderen aber regelmäßig auf Wallfahrten zu zentralen Heiligtümern, um ihre Bindung an den Herrn und auch untereinander zu erneuern.[4]

Vielleicht erinnern wir uns an eine Zusammenkunft bei der Versammlung des Volkes in Sichem (Jos 24), als die Glaubensgemeinschaft um neue Gruppen erweitert wurde, die am Sinai nicht selbst dabeigewesen waren.[5] Der Bericht betont den ausschließlichen Herrschaftsanspruch des „eifersüchtigen Gottes" (Jos 24,19), „der uns und unsere Väter aus dem Sklavenhaus Ägypten herausgeführt hat... Er hat uns beschützt auf dem ganzen Weg, den wir gegangen sind..." (Jos 17). Dieser Abschnitt betont: Die Identität des Volkes beruht weder auf Blutsbanden noch auf dem Wohnort, sondern auf Gottes großzügiger

Erwählung und der freien Erwiderung derer, die er ruft (Jos 24,15.21-24). Das, was wir den Wüsten-Glauben genannt haben, ist hier in seiner ganzen Reinheit vorhanden.

Trotzdem – als Folge der Kontakte mit den Ortsansässigen und der Ausweitung des Bundes weit über die ursprüngliche Exodus-Gruppe hinaus – muß wohl sehr früh ein gewisser Austausch zwischen dem jüdischen Glauben und den in Kanaan ausgeübten Religionen stattgefunden haben. Dieser Prozeß war insgesamt nicht nur nachteilig, zweifellos konnten viele Elemente in den Exodus-Glauben integriert werden, ohne ihn zu verfälschen. Vielleicht wurden auf diese Weise Teile der Väter-Überlieferung mit der Exodus-Tradition verbunden. Das würde erklären, warum Heiligtümer wie Bethel und Sichem für die Neulinge sehr schnell an Bedeutung gewannen. Auf der anderen Seite gab es auch Praktiken, die einen verderblichen Einfluß auf den neuen Glauben ausübten – Praktiken, die der Religion der kanaanäischen Stadt-Staaten entsprangen, mit Fruchtbarkeits-Göttern, kultischer Prostitution und magischen Handlungen. Der Sichem-Bericht (Jos 24,14b.23) äußert diese Sorge und im Buch der Richter kommt sie noch deutlicher zum Ausdruck, wo sie auch die Mentalität des späteren Redaktors der deuteronomistischen Schule widerspiegelt (zum Beispiel Ri 2,11-13).

Solange jedoch die Identität des Volkes deutlich in seiner einzigartigen Bindung an den Pilger-Gott bestand, war die Gefahr des Auseinanderdriftens gering. Vom Gesichtspunkt der sozialpolitischen Struktur aus gesehen, war der starke Zusammenhalt zwischen den Familien und Stämmen begrenzt auf die Verehrung desselben Gottes um zentrale Heiligtümer herum, und auf das Bedürfnis, sich gegen gemeinsame Feinde zu vereinigen. Dieser letztere Gesichtspunkt kam in der Tradition der „Kriege des Herrn" (1.Sam 18,17) zum Ausdruck. Man glaubte, daß Gott selbst für sein Volk kämpfte, um es durch die Vermittlung eines charismatischen Führers zu befreien, wie er es in Ägypten getan hatte.[6] Diese zeitweiligen Führer, die in Krisenzeiten aufstanden, waren als *shophetim* bekannt, was etwas irreführend mit „Richter" übersetzt wird. Sie waren wahrscheinlich begabte lokale Führer, die in der Lage waren, mehrere Sippen zu mobilisieren und sie dann zu vereinigen, wenn ihre Existenz bedroht war. Sobald die Gefahr vorüber war, pflegte der *shophet* zu seiner gewöhnlichen Tätigkeit zurückzukehren. Das Fehlen einer zentralen Autorität und ständiger Einrichtungen zur Vereinigung und Leitung der Stämme begünstigte in gewissem Sinne die Reinheit des Glaubens, weil die Alternative in diesen Krisensituationen mit radikaler Klarheit zum Vorschein kam: entweder auf den Ruf des Herrn hören und das ganze Vertrauen auf Gott setzen, oder aufhören, als Volk zu existieren.

Dieser Tatbestand sollte sich als äußerst gefährlich erweisen. In relativ kurzer Zeit entwickelte Israel sich von einem losen Zusammenschluß verschiedener Stämme zu einer Monarchie weiter, die erfolgreich mit denen der Nachbarstaaten konkurrieren konnte: ein vollständiges Königtum mit Hauptstadt, Hof, Beamten, Armee, Frondienst und Steuersystem. Und, was noch überraschender ist, die königliche Dynastie nahm die Unterstützung desselben Gottes in Anspruch, der nicht lange zuvor noch persönlich sein Volk geführt und in souveräner Freiheit seine Diener ausgewählt hatte. Dieser Übergang zur Monarchie sollte sogar noch weitreichendere Konsequenzen für den Glauben haben, als die ursprüngliche Besiedelung des verheißenen Landes. Wie konnte ein Königtum mit all seinen Begleiterscheinungen und seinen ideologischen Rechtfertigungen neben einem Glauben bestehen, der in der Wildnis geboren und im Sinai-Bund formuliert worden war, ohne als Fremdkörper zu wirken und ohne die Glaubensgemeinschaft in zwei sich gegenseitig ausschließende Richtungen zu spalten, die beide die Unterstützung desselben Gottes beanspruchen?

Wenn die Idee einer Monarchie allmählich von allen Stämmen angenommen wurde, dann muß es offensichtlich ernsthafte Gründe gegeben haben, die sie wünschenswert machten. Dennoch – jeder, der über diese schnelle und überraschende Entwicklung nachdenkt, wird unweigerlich feststellen, daß der Übergang zu einer dynastischen Monarchie eine soziopolitische und religiöse Krise ersten Ranges dargestellt haben muß. Es ist nicht die Frage persönlicher Vorurteile für oder gegen eine bestimmte Regierungsform. Gott kann schließlich fast alles dazu benutzen, um sein Wesen zu vermitteln. Das Erstaunliche ist, daß ein System, das in so vielfacher Hinsicht dem Wüsten-Glauben zuwiderläuft, sehr schnell zu einem bevorzugten Ausdruck dieses Glaubens wird. Denn der König ist nicht nur der politische Herrscher der Nation, er ist der Erwählte Gottes, der Gesalbte des Herrn.

Um den Hintergrund dieser Krise und dieser Entwicklung voll und ganz zu erkennen, reichen die biblischen Quellen nicht aus. Denn größtenteils wurden sie zu einer Zeit niedergeschrieben, als die Monarchie bereits ein Teil der gewohnten sozialen Struktur war; dazu entstammen sie oft Kreisen, die dem Hof sehr nahestanden. Manchmal ist es sogar die ausdrückliche Absicht der Erzählung, die Autorität des Königs und seinen Machtanspruch zu rechtfertigen. Aus der gleichen Zeit sind andere Schriften mit einer der Monarchie feindlich gesinnten Theologie erhalten. Solche Schriften fielen in späteren Zeiten auf fruchtbaren Boden, als die Könige die Erwartungen des Volkes enttäuscht hatten, besonders im Norden, der der davidischen Dynastie nicht mehr untertan war, oder auch während des Babylonischen Exils, nachdem die Monarchie verschwunden war. In der Endfassung der biblischen

Bücher steht die ‚anti-monarchistische' Tendenz oft weniger im Mittelpunkt und wird häufig von der monarchistischen verdrängt, und doch ist ihr Fortbestand bei näherer Betrachtung erstaunlich.

Im Buch der Richter sehen wir bereits einige Zeichen der kommenden Krise. Nach Gideons siegreichem Feldzug gegen Midian soll er auf Drängen des Volkes König werden. Auch wenn er am Ende zu einem gewissen Ausmaß königliche Macht innehat, ist Gideons Auffassung charakteristisch: „Ich will nicht über euch herrschen, und auch mein Sohn soll nicht über euch herrschen; der Herr soll über euch herrschen" (Ri 8,23). Sein Sohn Abimelech geht weiter, indem er sich selbst zum König über die Stämme der Region um Sichem ausruft (Ri 9). Seine Herrschaft nimmt ein unglückliches Ende und hat ein antimonarchistisches Gedicht zur Folge, das sicherlich sehr alt ist; eine kleine sarkastische Parabel, die die Abneigung gegen das Königtum weniger aus streng religiösen Gründen zum Ausdruck bringt, als vielmehr deshalb, weil es der natürlichen Ordnung zu widersprechen scheint (Ri 9,7-15).

„Gib uns einen König, wie ihn die anderen Völker haben"

Den klarsten Ausdruck der Feindseligkeit gegen das Königtum können wir in den Büchern SAMUEL finden, im Bericht über die Salbung Sauls, des Mannes, den die Weltgeschichte als ersten König Israels kennt. In dieser Erzählung kann man zwei nebeneinandergestellte Tendenzen erkennen, eine dem Königtum wohlgesonnene und eine feindselige. Im Augenblick sind wir an der letzteren interessiert, und selbst wenn diese Tendenz eher in den Hintergrund tritt, haben wir kein Recht, sie als weniger wichtig oder als sekundäre Entwicklung zu betrachten.[7] Im Gegenteil, das Auseinanderlaufen zweier Stränge in der Erzählung kann die bereits erwähnte Spannung zwischen der Institution des Königtums auf der einen Seite und dem in einer traditionellen Sozialstruktur ohne zentrale Autorität verwurzelten Wüsten-Glauben auf der anderen Seite gut widerspiegeln.

Die anti-monarchistische Beschreibung über die Anfänge des Königtums (1.Sam 8; 10,17-24; 12) beginnt in charakteristischer Form: Die Ältesten Israels kommen zu Samuel, der auf das Ende seiner Tage zugeht, und fordern ihn auf: „Setze jetzt einen König bei uns ein, der uns regieren soll, *wie es bei allen Völkern der Fall ist*" (1.Sam 8,5b). Mit überraschendem Scharfsinn richtet der Autor der Erzählung sein Augenmerk auf die hauptsächliche Gefahr, die das Volk seit dem Einzug in Kanaan bedroht hat und sich in der Forderung nach einem König konzentriert. Die große Gefahr für Israel besteht darin, wie alle anderen Völker sein zu wollen, obwohl es doch von seinem Ursprung und seiner Geschichte her ein Volk ist, das für sich wohnt (Num 23,9), ein Volk, das allein zu Gott gehört, ein Volk, dessen Identität sich aus seiner Erwählung durch Gott und aus seiner freien Erwiderung dieses Rufes ableitet (siehe nochmals Jos 24).

Einen König haben zu wollen, bedeutet in den Augen des Autors, daß dieses Volk seine Besonderheit, seine Identität und folglich seinen Gott aus den Augen verliert. Aus diesem Grund wird einige Verse später der Wunsch nach einem König gleichgesetzt mit dem Abfall von Gott und mit Götzendienst, einem Verhalten, das schon lange zuvor in der Wüste begonnen hatte (1.Sam 7; 8). Und bald danach wird die Forderung nach einem König dem Glauben an den Pilger-Gott deutlich entgegengesetzt; denn er hat in der Vergangenheit sein Volk auf seinem Weg geführt und es niemals versäumt, es vor seinen Feinden zu retten:

> So spricht der Herr, der Gott Israels: Ich habe Israel aus Ägypten heraufgeführt, ich habe euch aus der Gewalt der Ägypter befreit und aus der Gewalt all der Königreiche, die euch bedrängt haben. Ihr aber habt heute euren Gott verworfen, der euer Retter in allen Nöten und Bedrängnissen war, und ihr habt gesagt: Nein, du sollst einen König bei uns einsetzen.
>
> (1.Sam 10,18f.)

Schließlich wiederholt 1.Samuel 12 den Bericht über das damalige Leben in der Begleitung Gottes, des Befreiers (1.Sam 12,6-11), worauf der Wunsch nach einem König folgt, „obwohl doch der Herr, euer Gott, euer König ist" (1.Sam 12,12). Aber hier nötigt Samuel dem Volk das Eingeständnis ab, daß ihr Wunsch völlig falsch sei: „... wir haben all unseren Sünden noch die Bosheit hinzugefügt, einen König für uns zu verlangen" (1.Sam 12,19). Dann willigt er ein, im Namen seiner Landsleute zu beten und um Vergebung zu bitten.

Beim Lesen dieser Kapitel fällt uns ein Widerspruch auf. Denn trotz der harten Kritik an der Monarchie wird die Bitte um einen König nie wirklich zurückgezogen, ja, am Ende wird sie sogar ausdrücklich vom Herrn erfüllt. Wir wissen, daß es wichtige Gründe für das Königtum gab, vor allem die Gefahr durch die Philister. Gegen die gut organisierten Truppen dieser Nation wäre ein festes Heer wesentlich günstiger gewesen als das alte System der Einberufung aller Wehrfähigen. Selbst wenn einige das als Mangel an Gott-Vertrauen betrachteten, konnte ihre Ansicht sich in der Praxis immer weniger durchsetzen – sie stellte keine wirkliche Alternative mehr dar. Nach der Tragik Sauls und nach der Thronbesteigung Davids war die Monarchie zu einem selbstverständlichen Teil des Lebens der Nation geworden,[8] obwohl es sicherlich eine Weile dauerte, bis sie im ganzen Land akzeptiert war, während sie von kleinen Gruppen von „Puristen" weiterhin ignoriert oder kritisiert wurde. Nun mußte die alte Wüsten-Tradition diese neue Institution von innen heraus aufnehmen und umgestalten.

Indes sollte uns das aufmerksame Lesen des biblischen Zeugnisses daran hindern, das Königtum in Israel ausschließlich negativ zu sehen. Wir dürfen nicht vergessen, daß Gott schließlich auf die Bitte des Volkes hörte und, nach Sauls tragischem Abgang, seinen Knecht David zu einer Quelle des Segens für das Land machte (2.Sam 7). In den politischen und sozio-kulturellen Bereichen brachte das Königtum der Nation beträchtlichen Fortschritt. Es ermöglichte die Modernisierung und Zentralisierung des Staates und sicherte damit die Einheit Israels, seine historische Kontinuität und die Stärkung seiner Traditionen. Die Herrschaft König Davids und besonders seines Sohnes Salomo war eine Zeit intensiver literarischer Kreativität, der wir den Kern unserer Bibel verdanken. Darüber hinaus führten historische Umstände (die Gefahr der Philister, die Tragödie Sauls), zusammen mit der besonderen Begabung Davids, zwangsläufig zu dieser Entwicklung. Zweifellos war David ein großartiger Mann: Sein tiefer Glaube, seine Intelligenz und Gefühlsstärke ließen ihn vollenden, was einen geringeren Mann zerbrochen hätte, nämlich dem Leben des Pilgervolkes eine Institution aufzupfropfen, die seiner inneren Dynamik so entgegengesetzt war: Gerade dadurch half er seinem Volk, einen äußerst kritischen Moment seiner Geschichte zu bewältigen.

Ein Schritt des Königs David sollte ungeahnte Folgen für den Glauben Israels haben: die Eroberung Jerusalems und die Wahl dieser Stadt als Hauptstadt (2.Sam 5,6-12). Jerusalem war eine Jebusiter-Stadt auf dem Berg Zion, der sich zwischen den Stämmen des Südens und denen des Nordens befand. Für David hatte Zion den Vorteil, sowohl ein Zeichen der Einheit für das Volk zu sein als auch ein Ort, wo die Traditionen, die anderswo in Israel schon tief verwurzelt waren, noch nicht vorherrschten. Da der Hintergrund Jerusalems kanaanäisch war, konnte es leichter die „Stadt Davids" werden und seine eigenen Traditionen entfalten. Auf der anderen Seite stand David aufrichtig in dem traditionellen Glauben an den Pilger-Gott und betonte den ununterbrochenen Zusammenhang seiner Herrschaft mit diesem Glauben. Deshalb brachte er die Bundeslade, das Symbol des Wüsten-Glaubens, nach Jerusalem und stellte sie dort auf (2.Sam 6). Sein Sohn Salomo sollte später einen Tempel bauen, um sie zu beherbergen. Diese Handlung Davids ist äußerst wichtig und erklärt, warum Jerusalem selbst nach der Teilung des Reiches auch im Norden immer noch als religiöser Mittelpunkt des Landes verehrt wurde.

Jeder Versuch, die Monarchie in Israel zu verstehen, muß diese Ambivalenz in Betracht ziehen, die sich schon in den Berichten ihrer Entstehung widerspiegelt. Sie hat immer etwas Geheimnisvolles an sich: Seit ihren Anfängen umstritten, ist sie dennoch ein Bestandteil von Gottes Heilsplan. Ebenso müssen wir die radikalen Anpassungsschwierigkeiten berücksichtigen, mit denen diese Institution in Israel von Anfang an fertig werden mußte. Zu keiner Zeit – weder unter David noch später – war Israels Monarchie identisch mit dem göttlichen oder halbgöttlichen Königtum der anderen Staaten des Mittleren Ostens. Diese Tatsache ist die klare Folge der einzigartigen Geschichte dieses von dem Pilger-Gott geformten und geleiteten Volkes.[9]

Auf rein politischer Ebene stellt die Monarchie nur eine kurze Episode in den Jahrtausenden jüdischer Geschichte dar. Ihr Anfang war praktisch schon ihr Höhepunkt: Obwohl die Herrschaft Salomos die seines Vaters an Glanz und Würde übertraf, enthielt sie doch schon den Keim der Uneinigkeit und Ausschweifung, was zur Spaltung des Königreichs nach seinem Tod führte. Im Gegensatz zu Davids ziemlich einfachem Herrschaftsstil wurde das Jerusalem Salomos wirklich zum Hof eines orientalischen Herrschers. Der König umgab sich mit hauptberuflichen Ratgebern nach dem Vorbild der Ägypter, begann ein riesiges Bauvorhaben und unterhielt einen internationalen Harem: „Er hatte siebenhundert fürstliche Frauen und dreihundert Nebenfrauen" (1.Kön 11,3). All das gab seinem Königtum einen kosmopolitischen Stil, der das kulturelle und religiöse Leben der Nation bereicherte, aber er war weit von dem einfachen Glauben der Väter entfernt. Darüber hinaus machte Salomos Politik ein Steuersystem und Fronarbeit notwendig und muß so bei einem wesentlichen Teil der Bevölkerung unbeliebt gewesen sein, vor allem bei den Landbewohnern, die weit von der Hauptstadt entfernt lebten. Auf jeden Fall kam mit Salomos Tod auch schnell der Zusammenbruch des Königtums (1.Kön 12).

Ein kleiner Teil der Nation, von da an als das Königreich Juda oder das Südreich bekannt, blieb nach der Spaltung dem Haus Davids treu. Die meisten Stämme wählten sich andere Könige und schlossen sich zusammen, bildeten das Nordreich und behielten den Namen Israel bei. Diese beiden Königreiche bestanden etwa zweihundert Jahre lang nebeneinander, bis die assyrische Invasion im Jahre 721 v.Chr. dem Nordreich ein Ende setzte. Eineinhalb Jahrhunderte später, im Jahr 587, traf Juda das gleiche Schicksal. Die Hauptstadt wurde von den Neubabyloniern zerstört, die führende Schicht flüchtete oder wurde nach Mesopotamien verschleppt. Die Periode der Monarchie fiel zeitlich mit einer Ära zusammen, in der die großen Mächte im Niedergang oder anderswo gebunden waren. Israel konnte sich nur so lange unabhängig halten, bis sich diese Lage änderte. Im Jahre 587 v.Chr. verschwand das Volk Israel als politische Größe von der Weltbühne.

Aber das wirkliche Drama des Gottesvolkes in dieser Zeit bleibt nicht auf die politischen und äußerlichen Umstände beschränkt. Die Wurzel des Problems lag viel tiefer. Wir haben bereits gesehen, was es war: der Wunsch des Volkes, in allen Lebensbereichen „ein Volk wie all die anderen" zu sein. Das ging weit über die Wahl eines politischen Führers hinaus, was bestenfalls ein besonders deutliches Symptom für eine viel ernstere Krankheit war.

Ein Volk wie alle anderen zu sein, bedeutete für Israel, seine Identität als ein Volk auf der Wanderschaft mit dem Vertrauen auf Gott als einziger Sicherheit zu vergessen. Es bedeutete, sich nicht nur äußerlich niederzulassen, indem man sich an die Annehmlichkeiten eines seßhaften Daseins gewöhnte, sondern mehr noch, das Herz von diesen Annehmlichkeiten verführen zu lassen. Die Wurzel des Übels bestand nicht darin, daß sie ihre Nomadenzelte zugunsten befestigter Städte aufgegeben hatten, sondern darin, daß sie Gottes Art, die Dinge zu sehen, vergessen hatten; denn der Pilger-Gott und die in seiner Nachfolge Lebenden machen grundsätzlich keinen Unterschied zwischen diesen befestigten Städten und der bescheidensten Wohnung: „Wenn nicht der Herr das Haus baut, müht sich jeder umsonst, der daran baut. Wenn nicht der Herr die Stadt bewacht, wacht der Wächter umsonst" (Ps 127,1). Langsam aber sicher verlor Israel sein Pilgerherz, und sein seßhaftes Dasein wurde zu einem Nährboden, auf dem eine ganze Reihe von Übeln leicht sprießen konnte.

Die biblischen Texte aus der Zeit der Monarchie beschreiben diese Übel in aller Genauigkeit, und die Liste scheint in vieler Hinsicht ziemlich modern zu sein: Synkretismus und Formalismus in der Religion, Individualismus und Materialismus im täglichen Leben. Der Baalskult, der den Fruchtbarkeitsgöttern Kanaans galt, wurde neben der Verehrung des Pilger-Gottes praktiziert („da man nie wissen kann..."). Die Religion wurde gleichzeitig auf Fragen des Ritus und des Brauchtums beschränkt und versuchte nicht mehr, dem Herrn auf seinen Wegen nachzufolgen und seine Gebote zu halten. Die Solidarität aller, die für das Leben der Stämme so charakteristisch gewesen war und ihre besondere Legitimation in dem gemeinsamen Glauben hatte, ging zugunsten eines wachsenden Individualismus, der Einteilung in soziale Klassen und der Ausbeutung der Unterschicht durch die Mächtigeren und Neureichen verloren. In politischen Krisenzeiten hatten diese letzteren Gruppen viel zu verlieren, deshalb suchten sie mit großem Zeit- und Kraftaufwand nach einer Lösung durch Verträge mit mächtigen Nachbarn oder durch Verschwörungen und Intrigen. Israel war damals nicht besser oder schlechter als andere Nationen, aber das ist nicht die Frage. Der äußere Schein des Wohlstands und Erfolgs verbarg den wahren Zustand eines Volkes, das sich in einer tiefgreifenden Identitätskrise befand; denn es tat alles, um den Faden zu verlieren, der Vergangenheit und Zukunft verband: nämlich das Vertrauen auf einen Pilger-Gott, der das Volk berufen und ihm seinen ständigen Schutz zugesichert hatte.

Daß dieser Faden nicht völlig abriß, haben wir jenen feurigen Seelen zu verdanken, die wir im allgemeinen Propheten nennen. In den dunkelsten Zeiten der Geschichte Israels gelang es ihnen, die Lichtspuren wiederzuentdecken, die unter dem Schutt menschlicher Vergeßlichkeit vergraben waren. Diese Entdeckung versetzte sie in die Lage, das Volk davon zu überzeugen, wie vollkommen verloren es war und wie der notwendige Weg zurück aussah. Die Tatsache, daß ihre Botschaft sehr oft ignoriert, ja sogar verachtet wurde, mindert keineswegs die Aussagekraft dieser Männer: Nachfolgende Generationen sollten ihre Worte wiederentdecken und sie zum Prüfstein für das eigene Verständnis von Vergangenheit und Zukunft machen. Ihre Stimme, die in eine Menschenwüste hineinrief, sollte diese Wüste eines Tages zum Blühen bringen.

Die prophetische Linie in Israel reicht sehr weit zurück. Man ist fast versucht zu sagen, sie habe zur gleichen Zeit wie das Volk selbst begonnen. Wenn wir in der Berufung durch Gott das wesentliche Merkmal eines Propheten sehen – das heißt, daß Gott einen Menschen aus seiner gewöhnlichen Umgebung herausreißt, damit er seine Pläne vermittelt –, dann können wir Abraham als den ersten Propheten bezeichnen, in jedem Fall aber Mose (vgl. Dtn 34,10; 18,14; Hos 12,14): Denn Abraham und den anderen Patriarchen war es nicht bewußt, daß sie Gottes Botschaft übermittelten. Nach dem Auszug hatten die „Richter" prophetische Eigenschaften, weil ihre Autorität sich auf ein Charisma gründete, eine besondere Gabe, die durch einen Ruf in einer Krise des Stämmebunds zum Leben erweckt wurde.

Aber die ersten, die in der Bibel den Namen Prophet *(nabi)* erhielten, waren Gruppen von reisenden Sehern, die unter dem Einfluß geistlicher Musik in Trance gerieten (1.Sam 10,5). Diese Gruppen waren arm (2.Kön 4,1.38), man sah auf sie herab (2.Kön 9,11) und verfolgte sie sogar (1.Kön 18,4). Sie machten zweifellos einen etwas unzeitgemäßen Eindruck, als ob sie versuchten, den Abglanz des Wanderlebens vergangener Tage an eine Gesellschaft zu vermitteln, deren Schwerpunkt sich mittlerweile anderswohin verschoben hatte.

Diese „Prophetensöhne" waren nicht die einzigen, die auf radikale Weise ihre Ablehnung eines seßhaften Daseins zum Ausdruck brachten.[10] Es gab auch den Stamm der Rechabiter, dem wir im Buch Jeremia begegnen. Nach mehreren Jahrhunderten des seßhaften Daseins und der Monarchie in Israel führte diese Familie noch immer ein Wanderdasein: Sie tranken keinen Wein, bauten keine Häuser, bestellten keine Saat, pflanzten keinen Weinberg, sondern lebten immer in Zelten (Jer 35,6f.). Jeremias positive Haltung diesen Leuten gegenüber, die sich in so vieler Hinsicht von ihm unterschieden, ist ein Anzeichen dafür, daß es über alle Unterschiede hinweg etwas wirklich Vereinendes gab: eine Haltung radikalen Gehorsams, die im Lauf der Zeit nicht nachließ. Dann gab es auch jene, die die Bibel Nasiräer nennt – Einzelpersonen, die sich für eine bestimmte Zeit oder für ihr ganzes Leben durch einen Eid Gott geweiht hatten. Während dieser Zeit waren sie dazu verpflichtet, nichts zu tun, was sie kultisch unrein machen würde, und zusätzlich war es ihnen verboten, sich das Haar zu schneiden und Wein oder andere starke Getränke zu sich zu nehmen (vgl. Ri 13,2-7; Num 6). Dies waren anscheinend Zeichen der völligen Hingabe an den Geist Gottes, und das verband sie sowohl mit den charismatischen Führern (vgl. Simson, Ri 13) als auch mit prophetischen Kreisen. Samuel, den seine Mutter sogar schon vor seiner Geburt auf diese Art Gott geweiht hatte, (1.Sam 1,11), wird manchmal als der letzte „Richter" dargestellt (1.Sam 7,15) und manchmal als Prophet (1.Sam 9,9; 15,10-31). Drei Jahrhunderte später kritisierte der Prophet Amos Israel, weil es die Propheten und Nasiräer abgelehnt hatte, die doch von demselben Gott gesandt waren, der lange zuvor sein Volk durch die Wüste geführt hatte (Am 2,10-12). Diese Männer waren lebendige Zeugen für den Pilger-Gott in einer Welt, die sich von den Quellen ihres Lebens immer weiter entfernte.[11]

Trotz ihres Zeugnisses wurden Gruppen wie die Rechabiter, die Nasiräer und die prophetischen Bruderschaften schnell zu Randerscheinungen in Israel, gerade deshalb, weil sich ihr Lebensstil so sehr von der Entwicklung der Nation insgesamt unterschied. Wären sie als einzige in der damaligen Lage des Volkes für den Wüsten-Glauben aufgestanden, dann hätte sich dieser Glaube schnell verflüchtigt. Zum Vorteil für Israel erhob sich gleichzeitig mit der Monarchie eine andere Schar von Männern, die die Geschichte des Volkes prägte – die Männer, die die Vergangenheit besser mit der Gegenwart versöhnen und so dem Glauben eine Zukunft sichern konnten. Es sind die „klassischen" Propheten, die, nach Übergangsgestalten wie Nathan, Elia und Elisa, ihre Prophetien in Schriftform hinterließen. Diese neueren Propheten distanzierten sich immer deutlicher von den alten Prophetengruppen (vgl. Am 7,14). Bei ihnen traten die ekstatische Dimension, die Verzückung und die Visionen in den Hintergrund zugunsten des Wortes und der Botschaft, die im Namen des Herrn verkündet werden sollte.

Durch das Denken und Sprechen der großen Propheten Israels zieht sich ein Thema: ihre Bindung an den Wüsten-Glauben, den Glauben ihrer Vorfahren – eine Bindung, die so tief war, daß sie sie mit einem inneren Feuer erfüllte. Sie waren von der Überzeugung durchdrungen, daß der Gott Israels – um ihre eigene leidenschaftliche und plastische Sprache zu gebrauchen – ein „eifersüchtiger Gott" ist, daß seine Liebe zu seinem Volk etwas Ausschließliches an sich hat und nach einer ähnlichen Haltung als Antwort verlangt. In den wirklich wichtigen Dingen darf es keinen Kompromiß geben. Ein „ja, aber..." kommt in ihren Augen einem glatten „nein" gleich. Das erklärt, warum sie so aggressiv auf die bequeme Gesellschaft ihrer Zeit reagierten, eine Gesellschaft, die stolz war auf ihre Frömmigkeit, während sie überall sonst nach Glück und Sicherheit suchte, nur nicht bei Gott. Wir sollten uns vom Ungestüm dieser Männer nicht täuschen lassen, die von der modernen Denkweise so leicht mißverstanden werden, obwohl uns unsere Psychologen erklären, daß Leidenschaft der Liebe näher steht als Gleichgültigkeit. Und die Propheten hatten nichts Gleichgültiges an sich: Das, was sie in ihrem tiefsten Inneren zum Glühen brachte, war eine Liebe, die man fast gequält nennen könnte – eine Liebe zum Herrn und zu seinem irregeleiteten Volk. Ihr verzweifelter Versuch, diese beiden Pole zusammenzuhalten, erklärt recht gut das Leiden und die Leidenschaft dieser geplagten Männer.

Diese Einstellung der Propheten erklärt ihr Interesse an der Exodus-Tradition und an der Reise durch die Wüste. Sie legten vor allem auf die positive Seite Gewicht: Obwohl es auch eine Zeit der Prüfung und der Untreue war, war die Wüste für sie zuallererst eine Erfahrung der Offenheit und der Vertrautheit mit Gott. Gleichzeitig – und hier liegt ihre besondere Stärke – waren die Propheten weit davon entfernt, Reaktionäre zu sein oder wehmütig einer vergangenen Ära nachzutrauern. Sie versuchten, die Gültigkeit des Wüsten-Glaubens für ihre eigene Zeit zu entdecken, und das nötigte sie zum Widerstand gegen den König und seine Untertanen, die es sich mit ihrem Unglauben gemütlich gemacht hatten und die von den Ungerechtigkeiten der Gegenwart profitierten.

Die Vorläufer

Diese Einstellung wird schon bei den Vorläufern der großen Propheten deutlich. Wir haben gesehen, wie Samuel zögerte, dem Wunsch des Volkes nach einer Monarchie nachzugeben. Einige Zeit später hielt der Prophet Nathan dem König David unerschrocken die Sünde vor, die David begangen hatte, indem er sich die Ehefrau eines anderen Mannes genommen und ihn getötet hatte (2.Sam 11-12). Persönlich ist Nathan dem König sehr zugetan, doch seine Botschaft ist unmißverständlich: Selbst der Herrscher des Landes steht nicht über Gott und seinem Gesetz. Nachdem David die Bundeslade nach Jerusalem gebracht hat, kommt ihm die Idee, für Gott einen Tempel zu bauen, wie andere Völker das für ihre Götter tun: „Ich wohne in einem Haus

aus Zedernholz, die Lade Gottes aber wohnt in einem Zelt" (2.Sam 7,2). Am folgenden Tag spricht Nathan in Gottes Auftrag Worte von großer Tragweite:

> Du willst mir ein Haus bauen, damit ich darin wohne? Seit dem Tag, als ich die Israeliten aus Ägypten heraufgeführt habe, habe ich bis heute nie in einem Haus gewohnt, sondern bin in einer Zeltwohnung umhergezogen. Habe ich in der Zeit, als ich bei den Israeliten von Ort zu Ort zog, jemals zu einem der Richter Israels, die ich als Hirten über mein Volk Israel eingesetzt hatte, ein Wort gesagt und sie gefragt: Warum habt ihr mir kein Haus aus Zedernholz gebaut? (2.Sam 7,5-7)

Es ist nicht Davids Sache, dem Herrn ein Haus zu bauen, sozusagen Gott festzunageln. Es ist vielmehr Gottes Sache, über David zu wachen und *ihm* ein Haus zu bauen. Und so schließt diese Weissagung mit den Worten: „Dein Haus und dein Königreich sollen durch mich auf ewig bestehen bleiben; dein Thron soll auf ewig Bestand haben" (2.Sam 7,16). Davids Sohn Salomo wird einige Jahre später den Bau des großen Tempels von Jerusalem in Angriff nehmen, und anders als man vielleicht erwarten würde, sagen unsere biblischen Quellen kein einziges Wort über Widerstand aus prophetischen Kreisen.

Nathan unterstützte die Herrschaft Davids, und doch schreckte er im richtigen Augenblick nicht davor zurück, dem König die Forderungen des Herrn vorzuhalten. Der König seinerseits achtete Nathans Auftrag und seine Botschaft.[12] Als der große Prophet Elia eineinhalb Jahrhunderte später auf der Bildfläche erscheint, ist die Lage verändert. König Ahab sitzt auf dem Thron des Nordreiches, und die Bündnispolitik seiner Familie verlangt von ihm, Isebel, die Tochter des Königs von Tyrus, zu heiraten, die mit allen Mitteln den Baalskult im Königreich ihres Vaters fördert. Elia ist ein unerbittlicher Verfechter der Rechte des Gottes Israels, und so kann er Isebel und ihren Ehemann nur als Todfeinde und Plage Israels betrachten (vgl. 1.Kön 21,20-24). Sein Kampf gegen Baal gipfelt in der Auseinandersetzung auf dem Berg Karmel, während der die Baalspropheten besiegt werden und ihr Ende finden – hier werden Erinnerungen an die heiligen Kriege längst vergangener Zeiten wach (1.Kön 18,20-40).

Die eigentliche Bewährungsprobe in der Berufung des Elia hat mit diesem eindrucksvollen Sieg erst begonnen. Hat er gerade noch seinen Exodus erlebt, seinen siegreichen Auszug aus der geistlichen Sklaverei, muß er sich nun an die schwierige Durchquerung einer geistlichen und buchstäblichen Wüste machen (1.Kön 19). Die Königin, bleich vor Zorn, droht ihm mit dem Tod. Elia erschrickt und flieht in die Wüste, die traditionelle Zuflucht vor menschlicher Bosheit (1.Kön. 19,3f.; vgl. Gen 16,6-8). Zutiefst entmutigt, bleibt ihm nur die Hoffnung auf den

Tod. Aber gerade dann, als der Prophet am Ende seiner Weisheit ist und nicht mehr weiter kann, nimmt Gott selbst die Dinge in die Hand und speist Elia mit „Brot ... und einem Krug mit Wasser" (1.Kön 19,6). Das erinnert uns an die Wunder des ersten Exodus, an das Manna und das Wasser aus dem Felsen. In der ganzen Bibel gibt es kaum eine bewegendere Szene als diese, in der der Engel des Herrn diesen hitzköpfigen und kantigen Mann wie ein kleines Kind betreut. Gott bietet ihm diese Mahlzeit an, damit er sich wieder auf die Reise machen kann, und Elia „wanderte, durch diese Speise gestärkt, vierzig Tage und vierzig Nächte bis zum Gottesberg Horeb" (1.Kön 19,8). Horeb ist ein anderer Name für Sinai, den Ort, an dem Gott vor langer Zeit einen Bund mit seinem Volk geschlossen hatte.

In der äußersten Krise seines Amtes macht der Prophet Elia also eine Pilgerreise zu den Quellen des Glaubens. Er wiederholt gleichsam die Pilgerreise, die seine Vorfahren Jahrhunderte zuvor nach ihrer Befreiung aus Ägypten gemacht hatten. Auch für ihn ist der Weg genauso wichtig wie das Ziel: Die Zahl vierzig ist ein eindrucksvolles Zeichen dafür. Wie jeder Glaubende, der zutiefst seine Berufung lebt, findet Elia die wesentlichen Aspekte der Geschichte des Gottesvolkes in seinem eigenen Leben bestätigt. So kann diese Geschichte vergegenwärtigt werden. Das Vertrauen auf den Herrn kann man nicht ein für allemal lernen. Es ist etwas ganz anderes, als etwa ein Familienerbstück, das passiv von einer Generation zur anderen weitergegeben wird. Nichts kann die harte Lehrzeit einer Pilgerreise mit Gott ersetzen, die jede Generation neu durchleben muß, als sei es das erste Mal.

Als er den Gottesberg erreicht, erlebt Elia eine besondere Begegnung mit dem Herrn an der gleichen Stelle, wo Mose den brennenden Busch sah (Ex 3), und wo er in Begleitung des Israeliten dem Herrn begegnete (Ex 19). Hier haben wir die vielleicht eindrucksvollste Theophanie aller hebräischen Schriften vor uns. Zuerst ziehen all die gewohnten Zeichen der Gegenwart Gottes aus früheren Zeiten der Reihe nach an Elia vorbei: Sturm, Erdbeben und Feuer (1.Kön 19,11f.). Und jedesmal heißt es: Doch der Herr war nicht darin. Schließlich folgt das Flüstern eines sanften Säuselns, und die Reaktion des Propheten zeigt uns, daß Gott auf diese Weise, in erstaunlicher Zurückhaltung, anwesend war (1.Kön 19,12f.). So sehr Elias Reise mit der Vergangenheit in Einklang steht, so sehr bringt sie auch das Brandneue, das Unerwartete mit sich – hier in der Verheißung einer neuen Gemeinschaft mit dem Herrn. Der Prophet erfährt, daß inmitten des wachsenden Unglaubens ein Bruchteil des Volkes treu bleiben wird (1.Kön 19,18). Zum ersten Mal begegnen wir hier dem Thema vom ‚heiligen Rest', einem Zeichen göttlicher Treue. Auf diese Weise macht die Pilgerreise Elia fähig, sein Versagen zu relativieren, indem er sich auf den unerschütterlichen Felsen der Liebe Gottes stellt. Nachdem Gott dem Propheten Anweisungen für seinen weiteren Auftrag gegeben hat, schickt er ihn zurück zu seinem Volk.

Elias Pilgerreise zeigt uns, in welchem Ausmaß die Exodus-Tradition für Gläubige späterer Zeiten als Urquell lebendig bleibt, aus dem man immer den Mut ziehen kann, um in der Gegenwart als Pilger zu leben. Wieder einmal sehen wir, daß Geschichte in der Bibel nicht etwas Vergangenes und Erledigtes ist. Im Gegenteil – in dem Maße, wie sie von der Gegenwart des lebendigen Gottes durchdrungen ist, der schon seinem Namen nach für sein Volk „immer da" ist, in dem Maße ist die Vergangenheit in Wirklichkeit eine Gegenwart, die immer wieder neu entdeckt werden muß, eine Gegenwart voller Verheißung für die Zukunft. Während verzagte oder abgestumpfte Menschen dazu neigen, die „goldenen Zeiten" in eine endgültig vergangene Ära zu verbannen, lassen Menschen des Glaubens, die ihr Vertrauen auf den lebendigen Gott setzen, sich niemals mit solchen Mythen einlullen. Sie können nicht umhin, die Bedeutung dessen, was in der Vergangenheit äußerst wichtig war, wiederzuentdecken – oder um es anders auszudrücken, sich wieder aufzufüllen an den unerschöpflichen Quellen, die uns von Gott an unserem Weg zugänglich gemacht werden.

Amos und Hosea

Die klassischen Propheten hielten ebenfalls die Erinnerung an den Exodus wach und betrachteten mißtrauisch die Bequemlichkeiten und Anpassungen einer Nation, die von ihren Wurzeln abgeschnitten ist. Amos und Hosea waren die ersten, deren Weissagungen niedergeschrieben und zu „Büchern" gemacht wurden. Sie lebten in der Mitte des achten Jahrhunderts v. Chr. im Nordreich, kurz bevor die assyrische Invasion diesem Königreich ein Ende setzte. AMOS, ein im Süden geborener Ziegen- und Schafzüchter (Am 1,1f.; 7,14f.), begann mit seiner Wirksamkeit in einer Zeit des augenscheinlichen Friedens und Wohlstands für Israel, und das verleiht den äußerst harten Worten, die er zu sprechen berufen war, noch größere Wucht. Amos verstand, daß seine Gesellschaft trotz des beruhigenden äußeren Scheins ernsthaft krank war, von innen dadurch ausgehöhlt, daß sie anderswo als bei Gott Sicherheit und Glück suchte. Schonungslos deckte der Prophet die Symptome der Krankheit des Volkes für jedermann sichtbar auf: den skandalösen Luxus einer winzigen Minderheit von Neureichen (Am 3,12-15; 6,4-6), die wachsende Ausbeutung der Armen (Am 4,1; 5,5.10-12; 8,4-6) und den zur Formsache und zur Selbstrechtfertigung degradierten Gottesdienst (Am 4,4f.; 5,21-24). Unter diesen Umständen wird die Art und Weise, wie man im Volk von Gottvertrauen und Erwählung Israels redete, als falsche Sicherheit entlarvt, die sich als grausamer Irrtum erweisen wird (Am 5,17), „es ist, wie wenn jemand einem Löwen entflieht und ihn dann ein Bär überfällt; kommt er nach Hause und stützt sich mit der Hand auf die Mauer, dann beißt ihn eine Schlange" (Am 5,19). Die besondere Berufung Israels ist keineswegs ein Privileg. Im Gegenteil, sie bringt einen höheren Grad an Verantwortung mit sich (Am 3,2). Mit anderen Worten: Unbegrenztes Vertrauen auf den Pilger-Gott ist die lebenswichtige Haltung eines Menschen, der unterwegs ist. Aus diesem Vertrauen Nutzen zu ziehen, während man sich bequem vergräbt, ist der sicherste Weg, nichts von Gott und der Liebe, die er beständig anbietet, zu verstehen.

Amos vergleicht diese beklagenswerte Situation mit der Zeit des Exodus – nicht, weil das Volk damals besser gewesen wäre, sondern weil Israel völlig in der Hand des Herrn war, der es führte (Am 2,10; 3,1). Wenn es in der Wüste keine ausgearbeiteten Liturgien gab, dann lag das daran, daß „Israel Gott nichts anzubieten hatte und alles von ihm empfangen mußte".[13]

Im Augenblick hat der Prophet jedoch fast keine Hoffnung, daß das Volk aufwachen und das Schlimmste verhindern wird. Er sieht am Horizont bereits die nahende Katastrophe. Das bedrückende Bild, das er zeichnet, läßt nur einen kleinen Spalt offen – für den Fall, daß Israel tatsächlich zu Gott zurückkehren und in Rechtschaffenheit leben will: „Ja, so spricht der Herr zum Haus Israel: Sucht mich, dann werdet ihr leben" (Am 5,4); „Sucht das Gute, nicht das Böse; dann werdet ihr leben, und dann wird, wie ihr sagt, der Herr, der Gott der Heere, bei euch sein" (Am 5,14). Andernfalls müßte das Volk noch einmal die Durststrecke der Prüfungen und der scheinbaren Verlassenheit zurücklegen, „dann wanken die Menschen von Meer zu Meer, sie ziehen von Norden nach Osten, um das Wort des Herrn zu suchen, doch sie finden es nicht" (Am 8,12). Ohne die Begleitung Gottes wird Israel der sichere Boden entzogen, und es wird gezwungen werden, ins Exil zu gehen: Dann vielleicht (obwohl Amos das nicht sagt) wird es seine erste Liebe wiederentdecken.

Das Buch Amos wäre eine unerträgliche Lektüre[14], wäre nicht unter der Heftigkeit seines Zorns der herzzerreißende Schrei einer verschmähten Liebe spürbar. Es ist die gequälte Traurigkeit eines Menschen, der sieht, wie seine Landsleute ihr wahres Glück und den eigentlichen Sinn ihres Lebens verfehlen und Hirngespinsten nachlaufen. Wenn die Zeit kommt, wird der Prophet ohne zu zögern vor Gott für sein Volk eintreten (Am 7,1-6), und doch kann er das Gericht Gottes auf Dauer nicht verschweigen. Scheint in der Predigt des Amos der Zorn die Liebe fast völlig zuzudecken, so bringt HOSEA ein paar Jahre später deutlich zum Ausdruck, was bei seinem Vorgänger weitgehend unter der Oberfläche verborgen war. Hosea tut dies in Bildern von einer Zartheit und Menschlichkeit, wie es in Israel bis dahin unbekannt war: Er vergleicht die Beziehung zwischen Gott und seinem Volk mit der eines Ehemannes zu seiner untreuen Ehefrau (Hos 1-3), und mit der eines Vaters zu seinem undankbaren Sohn (Hos 11). Nicht, daß dieser Prophet in der Beurteilung der gegenwärtigen Lage der Nation weniger scharfsinnig wäre – in mancher Hinsicht geht seine Analyse sogar weiter als die des Amos – aber durch diese Bilder will er zeigen, daß die Treulosigkeit des Volkes Gott nicht gleichgültig ist, sondern ihn im Gegenteil bis ins Mark verletzt. Diese Bilder machen deutlich, daß der „Zorn Gottes" genauer betrachtet nichts anderes ist, als die Kehrseite einer verschmähten Liebe, wie ein aufgestauter Strom, der nicht abfließen kann, was den, der sich verströmen möchte, mehr verletzt als den, der sich weigert zu empfangen: „Mein Herz wendet sich gegen mich, mein Mitleid lodert auf (wörtl. ‚meine Eingeweide werden heiß, kochen')" (Hos 11,8).[15] Es war keineswegs üblich, solche anthropomorphen (vermenschlichten) Bilder auf den „Heiligen Israels" zu übertragen. Das ist ein weiteres Anzeichen dafür, daß die großen Propheten keinesfalls engstirnige Traditionalisten waren, sondern als Folge ihrer Vertrautheit mit Gott eine erstaunliche Kreativität und Freiheit besaßen.

Das Amt des Propheten Hosea fällt in die letzten Jahre des Nordreiches, unmittelbar vor der assyrischen Invasion von 721 v. Chr., der Eroberung der Hauptstadt Samaria und der Deportation ihrer Einwohner. Wie Amos sieht Hosea, daß die Nation unheilbar krank ist, was er mehr im Sinne von Untreue als von Ungerechtigkeit versteht. Seit dem Vorabend des Einzugs in Kanaan (Hos 9,10) hat Israel immer wieder den Pilger-Gott verlassen, um seinen „Liebhabern zu folgen" (Hos 2,7), den örtlichen Fruchtbarkeitsgöttern. Das Volk hatte oder wollte vergessen, daß der Herr der Ursprung aller Güter ist. Deshalb, sagt der Prophet, wird ihnen alles, was sie haben, weggenommen werden (Hos 2,11-15), und niemand wird sie vor dem drohenden Unheil retten können – weder Baal (Hos 2,9; 13,1-3), noch die Priester (Hos 4,9), weder Schlachtopfer (Hos 8,11-13) noch Bündnisse mit mächtigen Nachbarstaaten (Hos 5,13; 7,11-12; 8,8-10), weder Festungen (Hos 8,14) noch oberflächliche Reue (Hos 6,1-6; 7,14), nicht einmal ihre Könige. Genaugenommen ist Hosea von allen Propheten derjenige, der den Königen, und sogar der Monarchie als solcher, am kritischsten gegenübersteht. Sicherlich ist das vor allem eine Auswirkung der besonderen politischen Verhältnisse dieser schrecklichen Jahre, in denen ein König nach dem anderen durch Streitigkeiten, Intrigen und Morde an die Macht kam (vgl. Hos 7,3-7). Wir sollten uns auch vergegenwärtigen, daß Hosea im Nordreich predigte, wo die Herrscher nicht der davidi-

schen Dynastie entstammten und niemals solche Verheißungen empfangen hatten wie David.[16] Aber jenseits dieser Erwägung nimmt Hosea
die alte antimonarchistische Tradition wieder auf, die sicherlich im
Norden dauerhafter ist und die in der Monarchie einen Versuch sieht,
das Vertrauen auf den Pilger-Gott durch eine abgesicherte menschliche
Existenzform zu ersetzen.

Deshalb können in Hoseas Sicht die Könige das Volk nicht retten; sie
werden in der großen Katastrophe, die der Nation bevorsteht, selbst
umkommen (Hos 3,4; 7,16; 10,7.15). Der Prophet rechnet sie fast
immer zur Kategorie der Götzenbilder und des Kults fremder Götter,
da der Herr sie nicht kennt: „Sie setzen Könige ein, aber gegen meinen
Willen; sie wählen Fürsten, doch ich erkenne sie nicht an. Sie machen
sich Götzen aus ihrem Silber und Gold ..." (Hos 8,4; vgl. 10,1-4). Ein
anderer Abschnitt geht sogar noch weiter und beschwört den antimonarchistischen Bericht von der Salbung Sauls herauf (1.Sam 8). Gott
gibt zu, daß er am Ende gezwungen war, der Forderung des Volkes
nach einem König zuzustimmen, aber lediglich, um ihnen die Torheit
ihres Wunsches zu zeigen:

> Wo ist denn dein König, der dich retten könnte,
> dich und all deine Städte?
> Wo sind deine Regenten, von denen du sagtest:
> Gib mir einen König und Fürsten!
> In meinem Zorn gab ich dir einen König,
> in meinem Groll nahm ich ihn weg.
>
> (Hos 13,10f.)[17]

In der Nachfolge von Amos stellt Hosea der jetzigen Untreue des Volkes die wunderbare Zeit des Auszugs aus Ägypten gegenüber. Damals
ging es wie bei einer Hochzeitsreise zu, als die jung Vermählte bereitwillig ihrem Gatten folgte (Hos 2,17). Es war in der Kindheit des
Volkes, als der Herr Efraim gehen lehrte und ihn auf seine Arme nahm
(Hos 11,1-4); Israel war „wie Trauben ... in der Wüste ... wie die erste
Frucht am jungen Feigenbaum" (Hos 9,10), und ein Prophet behütete
es (Hos 12,14). Die Tatsache, daß die Wüstenzeit ein so starkes Erlebnis darstellt, ist jedoch vornehmlich Gott selber zuzuschreiben und
nicht so sehr dem Volk, denn in seiner Geschichte gibt es wenig
Anlässe, deren es sich rühmen könnte: „Als sie ihre Weide hatten,
wurden sie satt. Als sie satt waren, wurde ihr Herz überheblich, darum
vergaßen sie mich" (Hos 13,6).
Hier geht Hosea einen Schritt weiter als sein Vorgänger. Für ihn ist die
Wüste nicht nur vergangene Geschichte, auf die eine Zeit des Ungehorsams folgt, sondern sie liefert auch den Schlüssel, um angesichts des
nahe bevorstehenden Unheils neue Hoffnung zu entdecken. Daß Israel

nackt ausgezogen werden soll (Hos 2,5), ist paradoxerweise seine einzige Chance der Rettung: Dann wird es genau in der gleichen Situation sein wie damals, als der Herr es erwählte und zum ersten Mal errettete. Das erklärt vielleicht, warum der Prophet so an den Bildern des Exodus hängt, während er die neue Prüfung beschreibt, die die Nation bald durchmachen wird: „Ich mache sie der Wüste gleich" (Hos 2,5); „sie müssen zurück nach Ägypten" (Hos 8,13; vgl. 9,3.6; 11,5); „ich lasse dich wieder in Zelten wohnen" (Hos 12,10). Auf diese Weise wird die Katastrophe als eine notwendige Läuterung dargestellt, die zu einem Neuanfang führen und noch einmal die Liebesbeziehung möglich machen wird, die durch die Untreue des Volkes unterbrochen wurde. Wieder bringt das Bild der Ehe mit einer treulosen Frau am besten die Verwandlung des Zorns in leidenschaftliche Liebe zum Ausdruck. Am Ende wird Gottes eigene Treue das widerspenstige Herz seines Partners umwandeln:

> Darum will ich selbst sie verlocken.
> Ich will sie in die Wüste hinausführen
> und sie umwerben.
> Dann gebe ich ihr dort ihre Weinberge wieder,
> und das Achor-Tal mache ich für sie zum Tor der Hoffnung.
> Sie wird mir dorthin bereitwillig folgen
> wie in den Tagen ihrer Jugend,
> wie damals, als sie aus Ägypten heraufzog ...
> Ich schließe für Israel an jenem Tag einen Bund mit den Tieren
> des Feldes und den Vögeln des Himmels
> und mit allem, was auf dem Erdboden kriecht.
> Ich zerbreche Bogen und Schwert,
> es gibt keinen Krieg mehr im Land,
> ich lasse sie Ruhe und Sicherheit finden.
> Ich traue dich mir an auf ewig;
> ich traue dich mir an
> um den Brautpreis von Gerechtigkeit und Recht,
> von Liebe und Erbarmen,
> ich traue dich mir an
> um den Brautpreis meiner Treue:
> Dann wirst du den Herrn erkennen.
>
> (Hos 2,16-22)

Männer der Versöhnung?

Wir haben gesehen, wie Amos und Hosea sich mit der gegenwärtigen Lage ihres Volkes auseinandersetzten, indem sie sie im Sinne ihrer ältesten Überlieferungen, besonders der Exodus-Tradition, betrachteten. Die Propheten waren weder Konservative, die wehmütig der Vergangenheit nachtrauern, noch Visionäre, die sich nur mit einer fernen

Zukunft befassen; sie lebten vielmehr in tiefer Solidarität mit der gegenwärtigen Not ihrer Zeitgenossen und verkündeten ihnen das ,Wort Gottes für den heutigen Tag'. Um eine Sprache zu finden, die ihre Botschaft angemessen ausdrücken konnte, griffen sie im allgemeinen auf die Ereignisse und Verheißungen der Vergangenheit zurück, stellten diese der aktuellen Situation gegenüber und gaben ihr so eine neue Bedeutung. So ist für diese beiden Propheten der Exodus sowohl eine vergangene als auch eine gegenwärtige Realität: Daraus leiten sich Haltungen und Hoffnungen ab, die für die Gegenwart von größtem Wert sind. In diesem Sinne sind die Propheten im Grunde anti-nostalgisch, da sie die religiösen Überlieferungen ihres Volkes vor dem Vergessen bewahren, aber auch vor dem noch schrecklicheren Schicksal eines Museumsstückes, das unterhaltsam anzusehen ist, vorausgesetzt, man kommt ihm nicht zu nahe und nimmt es nie aus seiner altmodischen, liebenswürdigen und letztlich belanglosen Umgebung heraus.

Die Propheten sind auch in einem anderen Sinn prägend. Obwohl sie mit ihrer ganzen Leidenschaft an Gott hängen und jeder Form von Synkretismus grundsätzlich feind sind, beweisen sie oft eine erstaunliche Freiheit und Kreativität, wenn sie Elemente aus den verschiedensten Quellen gebrauchen. Gerade deshalb, weil sie von Anfang an klar wissen, wo sie stehen, weil ihr Herz allein im Vertrauen auf Gott verankert ist, können sie in der Art, wie sie Gottes Botschaft verkündigen und übermitteln, um so freier sein. Auf diese Weise werden Elemente, die von anderswo kamen, mit neuem Leben erfüllt. Diese Elemente werden umgewandelt und von ihren Zweideutigkeiten befreit, um die Botschaft in ihrer ganzen Frische zum Ausdruck zu bringen.

Bei Hosea zum Beispiel sehen wir diese Freiheit vor allem in der Sprache, die er einsetzt. Obwohl er dem Kult der kanaanäischen Fruchtbarkeitsgötter entschieden feindlich gegenübersteht, schreckt er nicht davor zurück, Ausdrücke dieses Kults für seine eigene Verkündigung zu übernehmen. Es ist, als wolle er die Souveränität des Herrn durch seine Bilder aus der Welt der Natur auch für den Bereich geltend machen, der gewöhnlich den Baalen vorbehalten war (z. B. Hos 2,10; 10,1.12). Und wer außer einer inspirierten Person hätte es gewagt, die Beziehung zwischen Gott und seinem Volk mit einer Ehe zu vergleichen? Dieser Geniestreich löst mehrere Probleme auf einmal: Er untergräbt die Grundlage der kanaanäischen Religion mit ihrem Sexualitätskult und interpretiert diese Symbolik neu im Sinne von Liebe und Treue; dazu erlaubt er ein viel tieferes Verständnis der Begriffe des Zorns und der Eifersucht Gottes, indem er sie in den Zusammenhang ehelicher Liebe stellt und so alle Zweideutigkeit beseitigt. Es ist ein für die Bibel recht typisches Paradox, daß gerade der Prophet, der am unerbittlichsten gegen die Religion der Baale auftritt, die gute Seite an diesem Kult umformt und seinem eigenen Gottesbild eingliedert. Wir sind es nicht gewohnt, die anscheinend so harten und unduldsamen Propheten als Männer der Versöhnung zu sehen – und doch sind sie es wirklich. Aber diese Versöhnung ist genau das Gegenteil eines oberflächlichen Synkretismus oder einer Verwässerung des Glaubens – sie ist vielmehr Ausdruck dafür, daß im Dienst des Pilger-Gottes kein Lebensbereich ausgespart bleibt.

Fragen zum Nachdenken

1. In Deuteronomium 8 werden die Gläubigen ständig gedrängt, zu den Wurzeln ihres Glaubens zurückzukehren. Was sind die grundlegenden Werte, Erfahrungen und Einsichten, nach denen ich immer wieder zurückfragen muß, um Christus treu zu bleiben?

2. Die größte Gefahr für Israel bestand darin, genau wie die anderen Völker sein zu wollen und die besondere Berufung zu vergessen. Welche Form nimmt diese Versuchung in der heutigen Gesellschaft für uns an?

3. Die Propheten waren in Gottes Wort verwurzelt und empfanden zutiefst die Not ihrer Zeitgenossen. Sie fragten nach Gottes Willen für sein Volk in der konkreten Lebenssituation und versuchten, ihre Einsicht anderen weiterzugeben. In welchen Formen ist Prophetie auch heute noch lebendig? Wie leben wir als Christen einen prophetischen Glauben?

4. KAPITEL *Jesaja, der Prophet der Stadt*

Empfohlene Lektüre
Jesaja 1; 6-9; 11,1-9; 30,1-18;
Micha 3,9-12; 5,1-5;

Im vorangegangenen Kapitel sahen wir, wie die prophetische Bewegung den ,Pilger-Glauben' Israels in einer Zeit wachhielt, in der das Nomadenleben nur noch eine blasse Erinnerung an eine fast legendäre Vergangenheit war. Angeregt durch ihre Zwiesprache mit dem Pilger-Gott nahmen die Propheten die alte Exodus-Tradition wieder auf und erfüllten sie mit neuem Leben. Alle Propheten, denen wir bis jetzt nachgegangen sind, lebten entweder vor der Reichsspaltung oder im Nordreich, wo die Exodus-Tradition immer noch lebendig war.[1] Wie stand es aber um das Südreich, wo es noch eine andere Überlieferung gab, die sich um die davidische Dynastie und ihre Hauptstadt Jerusalem gruppierte?

Es gibt kaum Zweifel darüber, daß in Jerusalem frühere kanaanäische Traditionen und Riten auch weiterhin eine Rolle spielten. Diese Jebusiter-Stadt schloß sich dem israelitischen Stämme-Bund erst zu einem ziemlich späten Zeitpunkt an, und wir haben schon gesehen, daß Israel in der Tat lange Zeit mit seinen Nachbarn einen kulturellen und religiösen Austausch pflegte. Die bloße Entdeckung, daß einzelne Elemente entlehnt waren, reicht natürlich nicht aus, um ihnen ihre Ursprünglichkeit abzusprechen. Tatsache ist jedoch, daß einige Glaubensinhalte in Jerusalem Einflüssen ausgesetzt waren, die sich von der Tradition der Patriarchen und des Exodus ziemlich unterschieden. Wir brauchen zum Beispiel nur solche Themen zu betrachten, wie die Unverletzlichkeit der Stadt (Ps 46; 48; 125; vgl. 2.Sam 5,6) oder die Inthronisierung des Königs zur Rechten Gottes (Ps 110).[2]

Außerdem entstand eine weitere ausschließlich südliche Tradition aus der besonderen Geschichte der davidischen Monarchie. In einer berühmten Weissagung bekräftigte der Prophet Nathan, daß das Haus Davids für immer bestehen werde (2.Sam 7), und diese Verheißung beeinflußte alle späteren Äußerungen zur Monarchie. An anderer Stelle spricht die Bibel sogar von einem „ewigen Bund", den Gott mit David geschlossen hat (2.Sam 23,5): Heißt das, daß der Sinai-Bund ergänzt oder ersetzt werden sollte? Nathans Verheißung sicherte der davidischen Dynastie eine im Norden niemals erreichte Beständigkeit zu. Wie war das – über den ideologischen Grundsatz hinaus – mit dem Glauben zu vereinbaren, daß der Pilger-Gott in völliger Freiheit der unbestrittene Herr über seine Handlungen und Beschlüsse blieb? Diese Frage muß während der Herrschaft Salomos besonders akut geworden sein. Er war der König, der das Haus Gottes errichtete, das sein Vater nie zu bauen gewagt hatte, noch dazu nach dem Modell eines heidnischen Tempels (vgl. 1.Kön 5-7).

Indes wäre es jedoch falsch, die vielen gemeinsamen Elemente in den beiden Hälften des geteilten Königreichs herunterzuspielen. Einstimmig verehrten beide ein und denselben Gott. Als König David die Bundeslade, das Symbol der vorköniglichen Tradition, nach Jerusalem brachte, wurde seine Hauptstadt zum religiösen Zentrum der Nation, die Nord und Süd verband, und für viele blieb das selbst nach der politischen Spaltung weiterhin so (1.Kön 12,27; Jer 41,4f.; vgl. Am 1,2). Als schließlich Salomo den Tempel gebaut und die Bundeslade hineingesetzt hatte, lesen wir: „Die Herrlichkeit des Herrn erfüllte das Haus des Herrn. Damals sagte Salomo: Der Herr ... wollte im Dunkel wohnen" (1.Kön 8,11 f.), genau so, wie er es beim Marsch durch die Wüste tat.

Aber wie wuchsen diese beiden Traditions-Blöcke in der Praxis zusammen? Konnte der Pilger-Glaube Israels in der Verkündigung der Propheten im Königreich Juda weiterleben? Diese Frage beantwortet uns glücklicherweise JESAJA, einer der größten Propheten Israels, der sein ganzes Leben lang in Jerusalem wirkte. Seine Berufungsvision im Tempel (Jes 6), in der er den Herrn im Gewand eines großen Königs schaut, umgeben von prachtvollem Glanz und einem Hof himmlischer Wesen, ist ein gutes Beispiel dafür – vom harten Leben der Wüste sind wir hier weit entfernt. Ausdrückliche Hinweise auf den Exodus sind in Jesajas eigenen Weissagungen kaum zu finden.[3] Dennoch ist Jesaja ein Prophet wie Amos und Hosea. Wenn wir untersuchen, wie er die „königliche Ideologie" und die Jerusalemer Tradition gebraucht, werden wir die besondere Eigenart des israelitischen Glaubens besser verstehen. Dieser Glaube findet seine Einheit nicht auf der Ebene einer gemeinsamen Sprache; er ist auch nicht an Bilder oder eine bestimmte Umgebung gebunden. Der Pilger-Glaube kann in einer Vielzahl von Ausdrücken Gestalt annehmen, weil er im Grunde keine Ideologie, Theorie oder Mythologie ist, sondern der immer neue Versuch, die menschlichen Sicherheiten zurückzulassen und dem lebendigen Gott zu folgen.

Wer den Denkansatz des Propheten Jesaja verstehen möchte, wird auf mehrere Schwierigkeiten stoßen. Das Buch, das seinen Namen trägt, ist an sich schon eine ganze Büchersammlung: Es wurde im Lauf der Jahrhunderte mehrere Male neu bearbeitet und enthält Weissagungen, die von 800 v. Chr. bis zu den Jahren unmittelbar nach dem Babylonischen Exil datieren – eine Zeitspanne von ungefähr 250 Jahren. Der erste Teil geht unmittelbar auf den Propheten zurück, ist aber anscheinend von ihm selbst oder von seinen Jüngern überarbeitet worden, um neue Situationen einzubeziehen. Und schließlich wirkte Jesaja besonders lange Zeit als Prophet und wurde Zeuge vieler verschiedener Ereignisse und historischer Perioden, wobei man berücksichtigen muß, daß die Propheten keine systematischen Denker waren. Sie bieten uns keine abstrakte Wahrheit an, die von Raum und Zeit unabhängig wäre. Vielmehr versuchen sie, Gottes Wort in und für eine konkrete historische Situation zu vermitteln: das heißt, die besonderen Umstände der Situation bestimmen die Form des Textes.

All diese Faktoren mahnen zur Vorsicht bei der Textauslegung. Wir wollen dennoch versuchen, wenigstens die Hauptlinien von Jesajas Vision zu erfassen. Auf den ersten Blick zeigt sich, daß dieser Prophet in den Traditionen um den davidischen König, seine Hauptstadt Jerusalem und den Berg Zion, dem Standort des salomonischen Tempels, verwurzelt ist. Aber in seinem Munde dienen diese Traditionen nicht der Rechtfertigung des *status quo,* sondern er benutzt sie, um die damalige Lage und die Tagespolitik der Könige zu kritisieren. Das Problem besteht für Jesaja nicht darin, daß die Herrscher die göttlichen Zusagen *zu* ernst nehmen, sondern vielmehr darin, daß sie *nicht genug* an sie glauben und ihre Sicherheit in Bündnissen mit den Mächtigen suchen, statt im festen Vertrauen auf Gott.

Aus Jesajas Sicht rechtfertigen Gottes Verheißungen an David keineswegs die sorglose Haltung oder oberflächliche Überzeugung, daß „alles gut werden wird", was auch immer geschehen mag. In diesem Sinne macht sich der Prophet die großen Themen von Amos zu eigen: seine Verkündigung gegen eine formalistische Religion (Jes 1,10-20), gegen Ungerechtigkeit und Korruption (Jes 1,21-28; 3,1-15; 5,20-24), gegen den Luxus und die Überheblichkeit der Reichen (Jes 3,16-24; 28,1-4); auch kündigt er die Katastrophe an, die all diesem unvermeidlich folgen wird. Denn in Jesajas Augen ist Gott vor allem der „Heilige Israels", den er einmal in einer majestätischen und erschreckenden Vision im Tempel sah (Jes 6), der „Ganz Andere", dem menschliche Ungerechtigkeit und Arroganz nicht gleichgültig sein können (Jes 2,6-22), und der doch immer bereit ist, denen zu vergeben, die zu ihm umkehren (Jes 1,18). Gott allein ist König (Jes 6,5), und dieser Titel genügt schon, um die absoluten Machtansprüche menschlicher Herrscher zu relativieren.

Jesaja lebte zu einer Zeit, als das von allen Seiten belagerte Jerusalem ständig versucht war, sich an andere Nationen um Hilfe zu wenden. Leidenschaftlich verurteilt der Prophet diese Bündnispolitik als trügerische, falsche Sicherheit, die nicht zum wahren Frieden führen kann (Jes 28,14.15.17b-22; 30,1-5; 31,1-3). Die einzig wahre Sicherheit bestünde in der Umkehr zu Gott und im Vertrauen auf Gott allein:

> Denn so spricht der Herr, der Heilige Israels:
> Nur in Umkehr und Ruhe liegt eure Rettung,
> nur Stille und Vertrauen verleihen euch Kraft.
> Doch ihr habt nicht gewollt.

(Jes 30,15)

Mit Gott hat das Volk bereits alles, es braucht sich nicht nach links oder rechts zu wenden in der fruchtlosen Suche nach einem anderen Retter. Das ist das Zentrum von Jesajas Glauben, der Mittelpunkt seiner Schau, und einzig und allein deshalb interessieren ihn die Verheißungen über Zion und die Dynastie. Für ihn sind die Verheißungen nicht mehr und nicht weniger als *Zeichen* der Gegenwart Gottes in allem, was auch geschehen mag – greifbare Zeichen einer unsichtbaren und doch wirksamen Gegenwart inmitten seines Eigentums. Wir könnten sie fast Sakramente nennen, um einen etwas unzeitgemäßen Ausdruck zu gebrauchen.[4] Das erklärt, warum der Prophet der Monarchie so treu verbunden ist und gleichzeitig den herrschenden Königen so kritisch gegenübersteht. Denn auch diese Männer sind nicht unfehlbar, auch sie stehen unter Gottes Herrschaft und können sündigen (Jes 7,13), auch sie müssen wie jeder andere ihr Vertrauen auf Gott setzen (Jes 7,9). Aber mit den Augen des Glaubens gesehen, haben diese Einzelpersonen eine Bedeutung, die weit über ihre Person hinausgeht. Sie gehören zu den wichtigsten Zeichen, durch die der Heilige Israels seine ständige Gegenwart in seinem Volk zum Ausdruck bringt.

Auch gegenüber Jerusalem und Zion hat Jesaja die gleiche ‚dialektische‘ Einstellung. Unnachsichtig kritisiert er die Fehler der Einwohner der Hauptstadt – die treue Stadt ist zur Hure geworden, der Sitz der Gerechtigkeit zur Mördergrube (Jes 1,21) – und weint über ihren oberflächlichen Optimismus, nachdem die erste Bedrohung abgewendet ist (Jes 22,4); denn er weiß: Das Unheil ist immer noch nahe (Jes 29,1-4). Andererseits schreckt der Prophet nicht davor zurück, öffentlich von seiner Zuversicht zu sprechen: Der Berg Zion ist der Wohnort des Gottes Israels (Jes 8,18); weil Gott ihn begründet hat, sind seine Bewohner sicher (Jes 14,32), und Gott selbst wird seine Stadt wie ein Löwe, wie ein glühendes Feuer beschützen (Jes 31,4-9). Es ist ein Zei-

chen der göttlichen Gegenwart, daß sowohl die heilige Stadt wie auch
die herrschende Dynastie sicher sind; und alle sind aufgerufen, an diesem von Gott gegebenen Zeichen festzuhalten und aufzuhören, ihr Vertrauen in rein menschliches Vermögen zu setzen. Wenn das Volk sich
jedoch weigert, das Wagnis des Glaubens auf sich zu nehmen, ist es
vom Untergang bedroht, und das gilt genauso für den König und seine
Festung:

> Glaubt ihr nicht,
> so bleibt ihr nicht.
>
> (Jes 7,9b)

Dies ist eine Theologie, die ihren Namen verdient; sie ist tiefgründig
und nuanciert. Um sie voll einschätzen zu können, muß man sich klar
machen, wie die zwei Aspekte dieser prophetischen Schau miteinander
verknüpft sind. Sie sind keineswegs nur aufeinanderfolgende Variationen, die verschiedenen äußeren Situationen entsprechen, und noch
weniger sind sie einfach nebeneinandergestellte Gegensätze. Jesaja liefert uns glücklicherweise eine Folge von Bildern, die diese Beziehung
zum Ausdruck bringen und uns dabei das Herzstück seiner Vision
offenlegen.

Eine Theologie in Bildern

Das erste dieser Bilder ist das vom _Rest_. Es ist ansatzweise schon in der
Elia-Geschichte vorhanden (1.Kön 19,18), und ausdrücklich bei Amos
(Am 5,15; vgl. 3,12; 9,8), wo es vorwiegend negative Bedeutung hat.
Dieses Bild wird nun von Jesaja aufgenommen und vermittelt beide
Pole seiner Verkündigung. Die durch die Untreue des Volkes hervorgerufene Katastrophe wird nur einen kleinen Teil überleben lassen (Jes
1,7-9; 6,11-13), aber dieser Rest ist das Zeichen dafür, daß Gott treu zu
seinen Verheißungen steht, und begründet schon die Hoffnung auf eine
Wiedergeburt (Jes 4,2f; 28,5; 37,31f.). Die Bedeutung dieses Themas
für den Propheten wird durch den Namen deutlich, den er für einen
seiner Söhne wählt: Schear-Jaschub, „ein Rest kehrt um" (Jes 7,3). Das
Kind wird zwar vergeblich dem König überreicht, um dessen Vertrauen auf Gott wieder zu wecken, es bleibt aber dennoch ein Zeichen
der Hoffnung für das Volk, ein Zeichen der Hoffnung und des Gerichts;
denn in der Weissagung, die seinen Namen erklärt, sehen wir der Reihe
nach die beiden Seiten des Bildes:

> An jenem Tag wird Israels Rest –
> und wer vom Haus Jakob entkommen ist –
> sich nicht mehr auf den stützen, der ihn schlägt,
> sondern er stützt sich in beständiger Treue auf den Herrn,
> auf den Heiligen Israels.

Ein Rest kehrt um zum starken Gott,
ein Rest von Jakob.
Israel, wenn auch dein Volk so zahlreich ist
wie der Sand am Meer –
nur ein Rest von ihnen kehrt um.
Die Vernichtung ist beschlossen,
die Gerechtigkeit flutet heran.

(Jes 10,20-22)

Dieses erste Bild ist eng verknüpft mit zwei anderen: dem vom *Baumstumpf* und dem vom *Stein*. In Jesajas Berufungs-Vision im Tempel begegnen wir dem Bild vom Stumpf (Jes 6,13). Hier wird das kommende Unheil mit einem großen Baum verglichen, der umgesägt wird, so daß nur ein Stumpf übrigbleibt. Der folgende Satz jedoch, der vielleicht eine spätere Anmerkung ist, aber völlig mit der Auffassung des Propheten übereinstimmt, bringt eine positive Neuinterpretation, indem er die Hoffnung auf Wiedergeburt bietet: „Ihr Stumpf ist heiliger Same." Außerdem kann das Wort, das mit „Stumpf" übersetzt wird, auch „Stele" bedeuten und bezieht sich auf ein dynastisches Symbol im Tempel.[5] Diese Anspielung ist äußerst wichtig, wenn wir uns an das Vertrauen des Propheten in die göttliche Verheißung an David erinnern: Das Motiv des Rests wird so mit der dynastischen Thronfolge verknüpft, die zur Fortdauer bestimmt ist, trotz der historischen Wechselfälle und trotz der Unzulänglichkeiten der Könige als Einzelpersonen. Dieser Zusammenhang wird durch eine andere Weissagung aus einer Spruchsammlung bestätigt, die die falschen Sicherheiten der Nation kritisiert.

Seht her, ich lege einen Grundstein in Zion,
einen harten und kostbaren Eckstein,
ein Fundament, das sicher und fest ist:
Wer glaubt, der braucht nicht zu fliehen.

(Jes 28,16)

Der Stein, der die einzig wahre Sicherheit verkörpert, ruft den Gedanken sowohl an die dynastische Stele als auch an den Tempel selbst hervor.[6] Darüber hinaus enthält die Schlußformulierung ein Wortspiel mit dem Begriff für „Stein", das Jesaja 7,9b ähnelt: Das Wort, das mit „wer glaubt" übersetzt wird, kann genauso „wer sich auf den Stein stützt" bedeuten, das eine Verb hat beide Bedeutungen. Und so weist der Stein über die Institutionen der Nation hinaus auf die Haltung des Glaubens, des Vertrauens auf den Herrn, das allein die Rettung möglich machen kann. Und schließlich scheint der Begriff der „Prüfung" in dem ziemlich unklaren hebräischen Wort für „Stein" enthalten zu sein, was uns auf anderem Wege zu der Vorstellung vom Rest mit seiner doppelten Bedeutung zurückführt: das, was bleibt nach den aufeinanderfolgenden Prüfungen, die die Nation wird erleiden müssen, die geprüfte und solide Grundlage, auf der das Gebäude wieder aufgebaut werden kann. Eine letzte Weissagung betont die andere Seite dieses Bildes: Der Herr selbst ist der Stein, der verworfen wird und der so das Volk stolpern und fallen läßt, ein „Stein des Anstoßes" für die Nation (Jes 8,11-15).

Wir kommen nun zum letzten Bild, das die Vision des Propheten Jesaja zusammenfaßt: das *Kind* – vor allen Dingen die eigenen Kinder des Propheten. Wie schon Hosea (Hos 1,4-9; 2,25) gibt Jesaja ihnen symbolische Namen, und sie werden dem König und dem Volk als „Zeichen und Mahnmale" präsentiert (Jes 8,18). Aber im Gegensatz zu Hosea sind Jesajas Kinder vor allem Zeichen der Hoffnung für das Volk in der dunklen Stunde des Syro-Ephraimitischen Kriegs: Schear-Jaschub („ein Rest kehrt um") und Maher-Schalal-Hasch-Bas („Schnelle Beute – Rascher Raub"), was die Niederlage von Damaskus und Samaria anzeigt (Jes 8,1-4).

Es ist leicht zu verstehen, daß das Bild des Kindes besonders gut die Hoffnung symbolisiert und für einen Neubeginn steht. Das gilt schon vom natürlichen und menschlichen Standpunkt aus, und es gilt noch viel mehr in der Welt der Bibel, in der Unfruchtbarkeit als der größte Fluch gilt. Die Bibel kennt zahlreiche Geschichten, in denen das Eingreifen des Herrn zur Geburt eines Kindes führt, wo menschlich gesprochen alle Hoffnung auf Nachkommenschaft vergeblich schien. Auf diese Weise wird Gottes Treue zu seinen Verheißungen dargestellt, und die große Verletzlichkeit des Kindes ist der Hinweis darauf, daß Gott weiterhin über das Schicksal seiner Erwählten wacht. In ihrer Schwachheit tritt seine Macht ganz deutlich hervor. Wir haben bereits das bezeichnendste Beispiel dafür gesehen: die Geburt Isaaks in Abrahams und Saras Alter (Gen 21). Dieses Motiv zieht sich durch die ganze Bibel hindurch. Am Anfang des Lukasevangeliums kommt es mit der Geburt von Johannes und Jesus zur Vollendung und markiert den Abschluß eines Äons und den Beginn eines völlig neuen Zeitalters.

Messianische Prophetien

Die Bilder im Mittelpunkt von Jesajas Botschaft – Rest, Stumpf, Stein, Kind – helfen uns jetzt, einen Aspekt seiner Aussagen zu behandeln, der wichtige Auswirkungen auf die biblische Botschaft insgesamt gehabt hat und dennoch geheimnisvoll verschleiert bleibt: die sogenannte messianische Prophetie. Dabei sind die verschiedensten, um nicht zu sagen gegensätzlichsten, Interpretationen möglich. Wir können hier keine Lösung umstrittener Fragen bieten, aber wenn wir nun dieses Thema im Anschluß an unsere Ausführung über den Denkansatz und die Bildsprache des Propheten aufgreifen, können wir zumindest den Nährboden klären, der die neue theologische Form hervorgebracht hat, die in den folgenden Jahrhunderten so wirkungsvoll werden sollte.

Von ihrem Denkansatz her bilden die messianischen Passagen in den Schriften des Propheten keineswegs einen Fremdkörper. Man muß nicht in heidnischen Mythologien oder fremden Kulturen nach Erklärungen suchen.[7] Die drei Weissagungen, die allgemein als messianisch betrachtet werden, erscheinen eher als Kristallisierung der prophetischen Schau, als Ausdruck der Verknüpfung der beiden oben schon erwähnten Pole. Diese Texte bringen vor allem die Treue des Herrn trotz, jenseits und nach der Untreue der Nation und ihrer Herrscher zum Ausdruck. In ihrer tieferen Bedeutung stehen die messianischen Prophetien in direktem Zusammenhang mit den Bildworten des Propheten Hosea: Ehemann-Ehefrau, Eltern-Kind, obwohl sie hier in eine andere Tonart übertragen werden und die Anthropomorphismen auf ein Minimum reduziert werden, da in Jesajas Sicht Gott immer der völlig transzendente Andere ist, der Heilige Israels.

Die erste Textpassage, die Geburt des Immanuel (Jes 7,10-25), ist zweifellos die bekannteste. Sie steht in dem gleichen Kontext wie das Erscheinen der beiden Söhne des Propheten mit ihren symbolischen Namen: die Bedrohung Syriens und des Nordreichs (Ephraim), die König Ahas abzuwenden versucht, indem er sich an das mächtige Assyrien um Hilfe wendet, während Jesaja Vertrauen auf Gott allein predigt. Als der König in seinem Unglauben beharrt, fordert der Prophet ihn auf, Gott um ein Zeichen zu bitten. Ahas weicht mit scheinfrommen Worten aus, die Israels Prüfungen in der Wüste heraufbeschwören: „Ich will um nichts bitten und den Herrn nicht auf die Probe stellen" (Jes 7,12), aber diese Worte spiegeln lediglich eine oberflächliche Religiosität wider, die das Fehlen echten Glaubens verschleiert. Also fährt der Prophet fort:

Hört her, ihr vom Haus David!
Genügt es euch nicht, Menschen zu belästigen?
Müßt ihr auch noch meinen Gott belästigen?
Darum wird euch der Herr von sich aus ein Zeichen geben:
Seht, die Jungfrau wird ein Kind empfangen,
sie wird einen Sohn gebären,
und sie wird ihm den Namen Immanuel (Gott mit uns) geben.

(Jes 7,13 f.)

Hier ist das Kind wieder ein Zeichen der Hoffnung. Sein Name selbst bezeugt es: Gott-mit-uns. Über die Identität dieses Kindes in der Sicht des Propheten wird in der gegenwärtigen Theologie gestritten. Die große Mehrheit der jüdischen und christlichen Gelehrten sieht darin die Geburt eines königlichen Erben für das Haus Davids. Dies stünde ganz im Einklang mit Jesajas Schau, für den die Verheißung an David ein Hauptzeichen oder ‚Unterpfand' dafür ist, daß „Gott mit uns" ist und er sein Volk niemals in der Not verläßt, so daß Israel sich folglich nur an ihn zu wenden braucht.

Der Rest des Abschnitts (Jes 7,15-25) ist ziemlich unklar. Wir hören sowohl von Befreiung (Jes 7,16) als auch von schwierigen Zeiten in der Zukunft (Jes 7,18-20.23-25). Auch das ist charakteristisch für Jesaja, für den die göttliche Zusage niemals die nötige Läuterung ausschließt. Eine interessante Einzelheit ist auch die Erwähnung von „Butter und Honig" als Nahrung für das Kind (Jes 7,15) und für „alle, die im Land übriggeblieben sind" (Jes 7,22): Steht das für Glück und Erfüllung (eine Anspielung auf das verheißene Land für die, die in der geistlichen Wüste sind, vgl. Ex 3,8 etc.) oder für Unheil, (die Rückkehr zu einem Nomadenleben nach der Zerstörung des Landes und seiner Wirtschaft)? Oder könnte beides gleichzeitig gemeint sein? Wenn das der Fall ist, bietet uns Jesaja eine außergewöhnliche Parallele zu Amos und besonders zu Hosea, und auch zur großen Exodus-Tradition, die er nicht ausdrücklich erwähnt.

Die beiden verbleibenden Weissagungen (Jes 9,1-6; 11,1-9) sind fraglos messianisch (vom hebräischen *mašiach*, der „Gesalbte"), da sie sich deutlich auf einen königlichen Erben Davids beziehen. Im ersten Fall wird er als „ein Kind ... ein Sohn" vorgestellt (Jes 9,5), und im zweiten als „ein junger Trieb" „aus dem Baumstumpf Isais" (Jes 11,1). Die beiden Verheißungen schmücken ihn mit allen Eigenschaften eines idealen Königs durch die Titel (Jes 9,5) oder den Geist (Jes 11,2), den er empfängt. Der Gegenstand dieser Weissagungen bleibt überraschend passiv verglichen mit dem üblichen Bild eines Monarchen des Nahen Ostens: Er bringt nicht die endgültige Befreiung, sondern scheint eher über ideale Gegebenheiten zu wachen, die Gott bereits geschaffen hat. In Jesaja 9 ist Gott derjenige, der das Land vom Joch der Unterdrückung befreit (Jes 9,1-5) und es dann seinem Gesalbten anvertraut (Jes 9,5 f.). Zum Schluß der Weissagung wird die göttliche Initiative ausdrücklich unterstrichen: „Der leidenschaftliche Eifer des Herrn der Heere wird das vollbringen" (Jes 9,6b). In Jesaja 11 werden Feinde von außen nicht einmal erwähnt. Der König ist im wesentlichen ein Richter, der über die Rechte der Armen wacht (Jes 11,3 f.), mit seinem Wort als einziger Waffe (Jes 11,4b). Gleichzeitig dehnt sich das Herrschaftsgebiet seines friedlichen Königreichs weit über die gegenwärtigen Grenzen des von Feinden belagerten Juda hinaus aus: „Seine Herrschaft ist groß, und der Friede hat kein Ende" (Jes 9,6a). Dieser Friede hat sogar eine ökologische Dimension: Eine neue Harmonie wird auch die Welt der Natur umfassen (Jes 11,6-9).[8]

Sehr viel Tinte wurde verschrieben bei dem Versuch, die Identität der geheimnisvollen Figur festzustellen. Spricht der Prophet von einem direkten Erben des Königs Ahas, zum Beispiel seinem Sohn Hiskia? Oder faßt er eine ferne, fast mythische Figur ins Auge, einen idealen König, der dazu bestimmt ist, am Ende der Welt zu regieren? Oder sagt Jesaja doch bewußt die Geburt Jesu Christi 700 Jahre später voraus? Obwohl diese Fragen nicht vergeblich sind, haben sie den Nachteil, daß sie Kategorien und Maßstäbe anwenden, die dem Propheten selbst fremd sind. Und wenn wir diese Verwurzelung verlieren, verlieren wir auch das Bindeglied zwischen den verschiedenen Auslegungen der Weissagungen in den aufeinanderfolgenden Stufen der Tradition.

Für Jesaja kommt es vor allem auf das Vertrauen an, das durch die Gegenwart des Heiligen Israels inmitten seines Volkes möglich wird. Dieses Vertrauen hat nichts Automatisches oder Magisches an sich: Die Menschen können es verweigern, aber damit bringen sie sich zwangsläufig ins Unglück. Und doch bleibt Gott seinerseits treu; die Stadt und das Haus, die er erwählt hat, sind Zeichen seiner zuverlässigen Gegenwart. Zion-Jerusalem ist der Standort des Tempels, in dem Gott wohnt; es ist auch die Hauptstadt der davidischen Könige. Der Glaube befähigt den Propheten, seine Enttäuschung über die Könige seiner Zeit mit ihren Fehlern und Sünden zu überwinden und um so mehr über Gottes Verheißung für sein Volk nachzudenken. Sein Glaube sagt ihm, diese Verheißung wird todsicher erfüllt werden, denn der Gott Israels beherrscht als einziger die ganze Menschheitsgeschichte; er kann sich auch fremde Nationen zunutze machen, um seine Ziele zu erreichen (z. B. Jes 10,5 f.).

Daher gibt es für den Propheten nichts Sachgemäßeres, als die Geburt oder Thronerhebung eines königlichen Erben mit Gedichten zu feiern, die die aus seinem Glauben entspringende Hoffnung ausdrükken. Aber selbst wenn nach vielen Jahren dieser besondere König kommt und die Erwartungen durch seine Schwächen enttäuscht werden, macht das die Hoffnung nicht zunichte, weil sie nicht auf der Möglichkeit menschlicher Vollkommenheit, sondern auf der göttlichen Verheißung beruht. Was man später den biblischen Messiasglauben nennt, gründet sich nicht auf eine oberflächliche Dialektik menschlicher Psychologie im Sinne von Hoffnungen, die unvermeidliche Enttäuschungen nach sich ziehen – obwohl es ihm gelingt, sogar diese Psychologie zu integrieren. Er stützt sich auch nicht auf irgendeine mythische Vision von der Rückkehr zu einem goldenen Zeitalter.[9] Jesajas messianische Verheißungen entspringen der Beziehung zu dem lebendigen und treuen Gott, und genau diese Treue eröffnet eine neue Zukunft.

Wir können jetzt die Frage beantworten, mit der wir dieses Kapitel begannen, und die Antwort ist von größter Bedeutung. Was Jesaja vorlegt, ist im wesentlichen eine glänzende Übertragung des Abraham- und Wüsten-Glaubens in eine vollkommen andere Sprache. In der Sicht des Propheten bringt die Monarchie diesen Glauben an Gott allein sogar sehr tiefgründig zum Ausdruck und stellt kein Hindernis dafür dar. Die messianischen Weissagungen spielen in dieser Theologie eine entscheidende Rolle, da sie eine unausgesprochene Kritik an der herrschenden Regierung[10] und die Kontinuität auf Seiten Gottes beinhalten. Der König wird also nicht dafür kritisiert, daß er sich selbst zu wichtig nähme, sondern weil er es unterläßt, auf die göttlichen Verheißungen zu achten, die mit seinem Amt verbunden sind. Seid voll und ganz das, was ihr seid, sagt Jesaja sinngemäß den Herrschern. Nicht das Zerstören zählt, sondern das Erfüllen!

Der ur-messianische Aspekt in Jesajas Denken wirkt auch als Korrektiv gegen das übertrieben statische Vertrauen in die Monarchie. Der Glaube Abrahams und der Wüsten-Wanderer war fast ganz auf zukünftige Erfüllung gerichtet, und das gab ihm die große Dynamik eines Volkes, das unterwegs ist. Im Vergleich dazu waren die Traditionen um David, Jerusalem und den Tempel im wesentlichen statisch, selbst wenn sie nicht nur zur Rechtfertigung des status quo dienten. Der Exodus-Glaube enthielt dieses Problem in der Zeit nach dem Seßhaftwerden im verheißenen Land; und wir haben gesehen, daß es viel später in der deuteronomistischen Theologie am klarsten formuliert wurde (vgl. Dtn 8): Wie können wir uns jetzt, da wir angekommen sind, davor bewahren, Leute zu werden, die „angekommen sind", die „es geschafft haben"? Wie können wir uns das Pilger-Herz bewahren, während wir zu Hause ein seßhaftes Leben führen? Jesajas Vision, die so tief in Gottes Heiligkeit und in dem Vertrauen, das man in ihn setzen kann, verankert ist, versöhnt in gewisser Weise die besten Seiten der beiden Richtungen. Sein Vertrauen in die Verheißung an das Haus Davids geht so weit, daß es sich schöpferisch auf die Zukunft auswirkt. Es eröffnet neue Horizonte, die in den kommenden Jahrhunderten bereitwillig ausgelotet werden. Deshalb ist es unnötig, bei Jesaja und seinen Mitarbeitern übersinnliche Kräfte in bezug auf die Zukunft vorauszusetzen. Die wesentlichen Aspekte der Zukunft, die im Keim bereits vorhanden sind, erschließen sich ihnen vielmehr durch Nachdenken über die vergangenen und aktuellen Verheißungen Gottes durch das Fragen nach ihrer tiefsten Bedeutung. Oder noch mehr: Ihre Meditation und ihr Vertrauen auf Gottes Verheißungen *schaffen* die Zukunft, oder lassen sie zumindest in die Geschichte der Nation eindringen und so einen Ausweg aus einer als Sackgasse empfundenen Lage anbieten. Mit den Immanuel-Prophetien eröffnet sich ein Raum, in dem entmutigte und entkräftete Gläubige wieder atmen können. So findet das Exodus-Wunder für den Propheten und seine Schüler unsichtbar ein zweites Mal statt. Das Pilger-Volk ist wieder unterwegs.

Diese Art Neuanfang erklärt den großen Erfolg, den die Messias-Erwartungen seit jener Zeit in Israel hatten. Die Verheißungen wurden im Lauf von Jahrhunderten immer wieder gelesen, kommentiert, neu überarbeitet, erklärt und nuanciert. So wurde die Jesaja-Rolle einer Bibliothek ähnlicher als einem einzelnen Buch. Dieser Prozeß kann sehr wohl schon zu Lebzeiten des Propheten und durch seine eigene Hand begonnen haben.

Die Methode, nach dem ‚authentischen‘ Ausgangspunkt zu suchen und all die ‚späteren Hinzufügungen‘ zurückzulassen wie eine Schlange, die sich häutet, erweist sich wieder einmal als wenig dienlich, mißversteht sie doch die grundlegende Dynamik der Beziehung zwischen Gott und seinem Volk. Hier zum Beispiel werden wir Zeugen eines neubeginnenden Glaubens, der vom Stillstand bedroht war, eines Glaubens, der nach angemessenem sprachlichem Ausdruck sucht. Anfänge sind kaum mehr als Gestammel, sie sind zu nahe an Gottes Unendlichkeit, sie sind noch wie der Ton, aus dem erst das Rohmaterial gewonnen wird. Das Kennzeichen ihrer Echtheit ist nicht so sehr die erste Formulierung, als vielmehr die Entwicklung, die sie ermöglichen, und die Erwartung, die sie wecken.

So brachte der Prophet Jesaja den Wüsten-Glauben in einem veränderten Kontext zu neuem Leben. Darüber hinaus erweiterte und vertiefte er diesen Glauben durch seine schöpferische Treue.[11] Insbesondere verstärkte er durch die Eingliederung der besonderen Tradition Jerusalems den Zeichencharakter eines Glaubens, der das ganze Leben einbezieht. Das geht aus seiner Betonung der konkreten Zeichen von Gottes Gegenwart in seinem Volk klar hervor – deshalb haben wir sie ‚Theologie der Zeichen‘ genannt. Von Anfang an hat Israel natürlich Zeichen von Gott erhalten. Ein ‚reiner‘ Glaube, ohne Bindeglieder zu unserer irdischen Welt, ist pure Abstraktion und in der Realität letztlich unmöglich. Und doch gingen der Glaube Abrahams und der Exodus-Glaube sehr weit in diese Richtung. Abraham erhielt seinen Sohn Isaak, in der Wüste des Sinai hatte das Volk Mose, das Offenbarungszelt und die Bundeslade – aber all das war sehr wenig im Vergleich zu dem Glauben an das Unsichtbare, der ihnen abverlangt wurde. Genau das ist aber für den Pilger-Glauben kennzeichnend, zu dem Gottes Leute gerufen sind: Er kommt so weit wie irgend möglich ohne Absicherungen aus und gründet sich ausschließlich auf das feste Vertrauen zu Gott.

Ebensowenig wie die anderen Propheten veränderte Jesaja den Grundbestand des Glaubens. Aber er hatte die Freiheit, die großen Zeichen der Gegenwart Gottes – den König, die Stadt und den Tempel – hervorzuheben und gleichzeitig ein unverfälschtes und transzendentes Gottesbild beizubehalten. So ermöglichte er seinen Zeitgenossen, den Glauben an Gott auf die konkrete Wirklichkeit zu beziehen, ohne damit dem Götzendienst zu verfallen. Der Glaube an einen unsichtbaren Gott wurde zum ‚Kristallisationspunkt‘, der die Einheit unter den Gläubigen möglich machte,[12] ohne zu einem Ersatz für das echte Gottvertrauen zu werden. Vom Geist Gottes erfüllt, öffnete Jesaja den Glauben Israels für weitreichende Einsichten, so daß gewöhnliche menschliche Sehnsüchte und Erwartungen in geläuterter Form zu einem Mittel werden konnten, um die Absolutheit Gottes auszudrücken. Dadurch bewahrte Jesaja den Glauben seiner Vorfahren vor einer Erstarrung, die mit dem konkreten täglichen Leben nichts mehr zu tun hat. Um lebendig zu bleiben, mußte der Wüsten-Glaube in einer ganz anderen Gestalt wiedergeboren werden.

Das Gleichgewicht in den Aussagen Jesajas war genaugenommen äußerst gefährdet. Aus dem Zusammenhang gerissen, könnten einige seiner Worte den Anschein erwecken, sie rechtfertigten einen engstirnigen Nationalismus und eine siegessichere Zukunft ohne die Notwendigkeit zur Umkehr und zur Auslieferung an Gott, die diesem Propheten so wichtig sind. Der Prophet MICHA, ein Zeitgenosse Jesajas, mußte sich mit solch einer trügerischen Überzeugung auseinandersetzen. Er beantwortete sie mit einer Prophetie, die die völlige Zerstörung Jerusalems als Folge der Sünden seiner Einwohner ankündigte (Micha 3,9-12). Ein Jahrhundert später war diese Weissagung immer noch fest im Bewußtsein des Volkes verankert (Jer 26,17-19), so sehr widersprach sie dem traditionellen Glauben an die Unverletzlichkeit der Stadt. Und Micha, der aus einer Kleinstadt kam, stand den Herrschern seiner Zeit wohl noch kritischer gegenüber als Jesaja. Er war von der Notwendigkeit eines völligen Neuanfangs zutiefst überzeugt. Sein Messias-Glaube ist buchstäblich eine Rückkehr zur Wiege: Die kleine Stadt Bethlehem, „so klein unter den Gauen Judas", wird dem Luxus und der Korruption der mächtigen Hauptstadt stillschweigend gegenübergestellt (Mich 5,1-5).

Zu Lebzeiten stieß Jesaja offenbar auf wenig Verständnis. Jedenfalls gelang es ihm nicht, den Fall des Südreichs und die Katastrophe des Exils zu verhindern. Wir lesen, daß er eines Tages sein Vermächtnis versiegelte und seinen Jüngern anbefahl (Jes 8,16f.), im Vertrauen darauf, daß Gott sein gegenwärtiges Scheitern eines Tages in Fruchtbarkeit verwandeln würde. Er muß vermutet haben, daß seine „Zeichen und Mahnmale" (Jes 8,18) nach seinem eigenen Tod weiterwirken und in der nahen oder fernen Zukunft erfüllt werden können. Und so widersinnig es scheinen mag, erst als König, Hauptstadt und Tempel im Grunde nicht mehr existierten, konnten Jesajas Worte eindeutig und ohne Möglichkeit zum Mißverständnis verstanden werden. Die Existenz der Monarchie und ihre Eingliederung in den Glauben Israels, wie Jesaja sie im Ansatz vollzogen hatte, war zu seiner Zeit noch Fehlinterpretationen ausgesetzt; für die Christen entfaltete sich das angekündigte Ereignis der Inkarnation, der Fleischwerdung, erst zu voller Blüte, als die Niedrigkeit Bethlehems den Einen hervorbrachte, der als König der Juden bejubelt und gekreuzigt werden sollte.

Fragen zum Nachdenken

1. Für Jesaja waren Königtum, Tempel und heilige Stadt Zeichen für Gottes unverbrüchliche Treue zu seinen Verheißungen. Welche Zeichen dieser Art haben wir heute?

2. Was sagen uns Leben und Botschaft Jesajas über das Verhältnis von ‚Glaube‘ und ‚Politik‘? Wie würde Jesaja auf Phänomene wie z.B. die Befreiungs-Theologie oder die kirchlichen Friedensgruppen und -initiativen reagieren?

5. KAPITEL *Jeremia und das innere Exil*

Empfohlene Lektüre
Jeremia 1,1-2,19; 6,6-7,28; 8,21-9,6;
11,18-12,6; 15,15-21;
18; 22; 24; 29,1-14; 31,15-37;
37,1-38,13; 45

Jesajas tiefgründige und ausgewogene Vision beeinflußte nur seine wenigen Anhänger. Den unerbittlichen Abwärtskurs des Doppelreiches konnte er nicht abwenden. Trotz einiger Lichtblicke – die Entmachtung Assyriens am Ende des siebten Jahrhunderts, die Herrschaft des jungen Reformer-Königs Josia (640-609) – schien die Nation den Schicksalsmächten der Geschichte auf Gedeih und Verderb ausgeliefert zu sein. Für das winzige Königreich Juda war das Jahrhundert nach Jesajas Wirken ein langer Abstieg in den Ruin, der mit den beiden Deportationen nach Babylon in den Jahren 598 und 587 v. Chr., der Zerstörung des Tempels und dem Verschwinden des Gottesvolkes als politische Größe endete.

Drei Propheten für eine Krisenzeit

In dieser entmutigenden Periode löst sich das prophetische Wort (NAHUM, HABAKUK, ZEPHANJA) immer mehr von der alltäglichen Lebenswirklichkeit des Volkes ab. Es wird unbeweglicher und ungenauer, es macht nicht den Versuch, in die Gegenwart und die unmittelbare Zukunft zu führen, sondern begnügt sich mit einer allgemeinen, unbestimmten Vision; es kündigt zwar die bevorstehende Katastrophe an, kann aber eine Hoffnung auf der anderen Seite der Umwälzungen kaum sichtbar machen. Nichts geschieht mehr im menschlichen Bereich. Historische Ereignisse liefern Stoff und Hintergrund für die prophetische Botschaft, aber es gibt für menschliches Handeln keine Möglichkeit mehr, den Lauf der Dinge zu ändern. Für die Menschen ist der Spielraum begrenzter als je zuvor, aber sie können zumindest auf Gott vertrauen und zu ihm beten: Nicht umsonst haben diese Bücher deutlich liturgischen Charakter. Was man in der Literatur später *apokalyptisch* nennt, entspringt zweifellos einem ähnlichen Gefühl der Machtlosigkeit angesichts der geschichtlichen Ereignisse.

Die Katastrophe ist für diese Propheten nicht einfach mit einer bestimmten Missetat des Volkes verbunden, wie das zum Beispiel bei Amos der Fall war. Sie nimmt jetzt die Gestalt eines kosmischen Umsturzes an, eines unerbittlichen Verhängnisses mit einer ganz eigenen Zwangsläufigkeit (vgl. Nah 1,2-8; Hab 3; Zeph 1). Wie bei Jesaja wird der Gott Israels als der Herrscher nicht nur seines eigenen kleinen Volkes, sondern aller Nationen der Erde betrachtet. Dieser Gott ist es, der den Fall des großen Assyrien und seiner Hauptstadt Ninive bewirkt (Nah 2,2-3,19). Er ruft auch Assurs Nachfolger, die Chaldäer, auf den Plan (Hab 1,6-10), und entläßt sie wieder, sobald ihre Mission abgeschlossen ist (Hab 2). Der Herr ist ein freundlicher Gott, der sich um die kümmert, die Vertrauen auf ihn setzen (Nah 1,7), die treu sind (Hab 2,4). Diese Menschen, die wahrhaft zu ihm gehören, werden durch die Katastrophe zum Heil geführt (Hab 3,13.18f.; Nah 1,9.12.13; 2,2.3). Zephanja entfaltet diese Perspektive am gründlichsten: Die Überlebenden sind die ‚anawim‘, die Armen Gottes, die Demütigen, die den Herrn suchen, statt sich auf ihre eigene Kraft und ihren Wohlstand zu verlassen (Zeph 2,3). Dieser bescheidene Rest, als „Tochter Zion" angesprochen, wird „an jenem Tag" den Herrn in seiner Mitte willkommen heißen. Weinen und Klagen werden freudigen Feierklängen weichen:

Und ich lasse in deiner Mitte übrig
ein demütiges und armes Volk,
das seine Zuflucht sucht beim Namen des Herrn.
Der Rest von Israel wird kein Unrecht mehr tun
und wird nicht mehr lügen,
in ihrem Mund findet man kein unwahres Wort mehr.
Ja, sie gehen friedlich auf die Weide,
und niemand schreckt sie auf, wenn sie ruhen.
Juble, Tochter Zion! Jauchze, Israel!
Freu dich und frohlocke von ganzem Herzen,
Tochter Jerusalem!
Der Herr hat das Urteil gegen dich aufgehoben
und deine Feinde zur Umkehr gezwungen.
Der König Israels, der Herr, ist in deiner Mitte;
du hast kein Unheil mehr zu fürchten.
An jenem Tag wird man zu Jerusalem sagen:
Fürchte dich nicht, Zion!
Laß die Hände nicht sinken!
Der Herr, dein Gott, ist in deiner Mitte,
ein Held, der Rettung bringt.
Er freut sich und jubelt über dich,
er erneuert seine Liebe zu dir,
er jubelt über dich und frohlockt,
wie man frohlockt an einem Festtag.
(Zeph 3,12-17)

Die Schau dieser drei Propheten steht immer noch unter dem Einfluß Jesajas und seiner Übertragung des Pilger-Glaubens. Die Vertrauenshaltung, die sich beim Verlassen der Heimat bewähren mußte, drückt sich in Zeiten allgemeiner Umwälzung verständlicherweise in der Bindung an den einen aus, der alleine bleibt, wenn alles andere in Schutt und Asche fällt. Und doch gibt es einen Propheten der letzten Generation vor dem Exil, der das Verständnis des Pilgerlebens ohne irgendwelche Zusätze erneuert. Er kann das, weil er selbst danach lebt und damit das Schicksal seines Volkes im voraus verkörpert. Dieser Prophet ist JEREMIA, dessen lange Wirkungszeit von den Anfängen der Reform Josias bis über die Deportation von 587 v. Chr. und die Zerstörung Jerusalems hinausreicht. Jeremia ist fest in der großen Tradition seiner Vorfahren verwurzelt. Er entdeckt die Bedeutung dieser Tradition für seine eigene Zeit und geht sogar noch weiter: Mehr durch das, was er *ist*, als durch das, was er *sagt*, eröffnet er einen neuen Horizont.

Besonders zu Beginn seiner Amtszeit greift Jeremia mit seiner Botschaft noch hinter die Schule Jesajas zurück auf die Verkündigung von Amos und besonders Hosea. Das Volk ist schwerkrank: Da es den Bund mit Gott vergessen hat, lebt es in Ungerechtigkeit (Jer 5,26-29; vgl. Am 5,10-12 und *passim*) und läuft fremden Göttern nach: „Was fanden eure Väter Unrechtes an mir, daß sie sich von mir entfernten, nichtigen Göttern nachliefen und so selber zunichte wurden? ... Mein Volk aber hat seinen Ruhm gegen unnütze Götzen vertauscht... Mich hat es verlassen, den Quell des lebendigen Wassers, um sich Zisternen zu graben, Zisternen mit Rissen, die das Wasser nicht halten" (Jer 2,5b.11b.13b). Jeremia schließt sich Hosea an und vergleicht diesen Abfall mit einer Frau, die ihrem Ehemann untreu wird (Jer 3,20; vgl. 3,1), und mit einem Kind, das sich weigert, seinen Vater zu ehren (Jer 3,4f.19). Dem stellt er das ‚goldene Zeitalter‘, die Reise in die Wildnis, gegenüber:

Ich denke an deine Jugendtreue,
an die Liebe deiner Brautzeit,
wie du mir in der Wüste gefolgt bist,
im Land ohne Aussaat.
Heiliger Besitz war Israel dem Herrn,
Erstlingsfrucht seiner Ernte...
　　　　　(Jer 2,2f.; vgl. 2,6; 3,4)

Die Rebellion des Nordreichs, das schon hundert Jahre lang nicht mehr existiert, verblaßt, wenn man sie mit der Treulosigkeit von Juda und Jerusalem vergleicht. Im Namen des Herrn lädt Jeremia die Bewohner des Nordens ein, zu Gott zurückzukehren, damit die verlorene Einheit der Nation wiederhergestellt werden kann (Jer 3,6-13). Während der kurzen Herrschaft des Königs Josia flackerte für einen Augenblick die Möglichkeit einer solchen Einheit auf, und so erklären sich vielleicht Weissagungen wie Jeremia 3,6-18 und die vorläufige Fassung von Jeremia 30 und 31, der sogenannten „Trostschrift". Aber diese Aussicht war vergeblich, und so wurden die Texte, die uns erhalten blieben, offensichtlich unter dem Eindruck des Exils modifiziert, um die Hoffnung auf eine Rückkehr des ganzen Volkes in das Land seiner Vorfahren und in seine heilige Stadt zum Ausdruck zu bringen.[1]

In den Fußstapfen seiner Vorläufer entlarvt Jeremia ebenfalls die falsche Sicherheit der Zeitgenossen. Aber er geht weiter als sie alle, denn in seinen Augen kann keine äußere Macht eine wirkliche Hilfe gegen den drohenden Untergang bieten: Die Götter der Völker sind nutzlos (Jer 4,30), das gleiche gilt für Bündnisse mit den mächtigen Nachbarn (Jer 2,18; vgl. 44,12-14) und für Festungen gegen den Feind (Jer 5,17). Indem er ein Lieblingsthema der Propheten vor ihm aufnimmt, spricht Jeremia seine Überzeugung aus, daß der öffentliche Gottesdienst in den Augen des Herrn keinen Wert hat, wenn er nicht Ausdruck eines Lebens nach Gottes Willen ist:

> Was soll mir der Weihrauch aus Saba
> und das gute Gewürzrohr aus fernem Land?
> Eure Brandopfer gefallen mir nicht,
> eure Schlachtopfer sind mir nicht angenehm.
> (Jer 6,20)

Und noch einmal:

> So spricht der Herr der Heere, der Gott Israels: Häuft nur Brandopfer auf Schlachtopfer, und eßt Opferfleisch! Denn ich habe euren Vätern, als ich sie aus Ägypten herausführte, nichts gesagt und nichts befohlen, was Brandopfer und Schlachtopfer betrifft. Vielmehr gab ich ihnen folgendes Gebot: Hört auf meine Stimme, dann will ich euer Gott sein, und ihr sollt mein Volk sein. Geht in allem den Weg, den ich euch befehle, damit es euch gut geht.
> (Jer 7,21-23)

Mit all dem betritt Jeremia lediglich die Spuren seiner Vorläufer. Aber anders als sie schreckt er nicht davor zurück, selbst die heiligsten Institutionen des Staates zu attackieren: die Monarchie, die Stadt Jerusalem und den Tempel. Er betrachtet sie bei weitem nicht als „Zeichen" der göttlichen Gegenwart, sondern sieht in ihnen einfache Instrumente, die Gott in souveräner Freiheit gebraucht. Sie können niemals ein „automatisches" Vertrauen auf den Schutz Gottes bieten, oder den Versuch ersetzen, Gottes Willen hier und jetzt zu entdecken. Jeremias Radikalismus, der hart und kategorisch erscheinen mag, entspricht in Wirklichkeit dem Ratschluß Gottes, denn er bietet dem Volk, das bald seiner Institutionen beraubt werden wird, die einzige Möglichkeit an, mit seinem Schicksal fertigzuwerden. Wenn nämlich diese Institutionen nicht Gottes Gegenwart garantieren, dann muß ihr Verschwinden nicht automatisch Gottes Abwesenheit mit sich bringen.

Deshalb betrachtet Jeremia die Herrscher seiner Zeit mit kritischem Blick. Er geißelt die „Hirten", die weder Gott suchen noch für ihre Herde sorgen, so daß sie verlorengeht und sich zerstreut (Jer 2,8; 10,21; 23,1f.). Auf diese Weise bringen sie Unglück über sich selbst und das ganze Volk (Jer 4,9; 13,13; vgl. 32,30-35). Der Prophet hat anscheinend sogar ein Büchlein zusammengestellt, in dem er die Weissagungen gegen die verschiedenen Könige, die er gekannt hat, gesammelt hat (Jer 21,11-23,8). Aus diesen Texten geht klar hervor, daß der königliche Status an sich ohne das Handeln in Gerechtigkeit keine Sicherheit bietet:

> Hört ihr aber nicht auf diese Worte, so schwöre ich bei mir selbst – Spruch des Herrn: Zum Trümmerhaufen wird dieser Palast. Ja, so spricht der Herr gegen den Palast des Königs von Juda: Giltst du mir auch so viel wie Gilead, wie der Gipfel des Libanon, fürwahr, ich mache dich zur Wüste, zur unbewohnten Stadt... Ein Eselsbegräbnis wird er (der König) bekommen. Man schleift ihn weg und wirft ihn hin, draußen vor den Toren Jerusalems... So wahr ich lebe – Spruch des Herrn –, selbst wenn Jojachin, der Sohn Jojakims und König von Juda, ein Siegelring an meiner Rechten wäre, ich risse dich weg.   (Jer 22,5.6.19.24; vgl. 22,12.23; 36,30; 38,23)

Unter diesen Umständen muß Gott selbst die Dinge in die Hand nehmen, indem er neue Hirten einsetzt, die in der Lage sind, die Herde zu hüten (Jer 23,1-4), an erster Stelle ein gerechter und weiser Herrscher vom Stamm Davids (Jer 23,5f.).[2]

Genau die gleiche Haltung nimmt Jeremia auch gegenüber Jerusalem, der königlichen Hauptstadt und dem Sitz des Tempels, ein. Gegenüber einer ungläubigen Nation, die anderswo ihr Heil suchte, hatte Jesaja die göttliche Gegenwart als Quelle aller wahren Sicherheit betont. Im Gegensatz dazu durchschaut Jeremia die Illusion eines oberflächlichen Friedens, so sind seine Worte unnachgiebig und erwähnen keine göttlichen Garantien: „Das ist die Stadt, von der erwiesen ist: Alles in ihr ist Unterdrückung. Wie ein Brunnen sein Wasser sprudeln läßt, so läßt sie ihre Schlechtigkeit sprudeln. Von Gewalttat und Unrecht hört man in ihr; ständig sind mir vor Augen Leid und Mißhandlung" (Jer 6,6b.7).

Deshalb sagt er: „Jerusalem mache ich zum Trümmerhaufen, zur Behausung für Schakale" (Jer 9,10); die Stadt wird in ein wüstes

Ödland verwandelt und wie ein brüchiger Tonkrug vom Töpfer, der ihn formte, zerschlagen werden (Jer 19,7-11; vgl. 22,8f.; 32,31). Und anläßlich eines hochheiligen Feiertages steht der Prophet am Eingang zum Tempel und verkündet mit lauter Stimme:

> So spricht der Herr der Heere, der Gott Israels: Bessert euer Verhalten und euer Tun, so will ich bei euch wohnen hier an diesem Ort. Vertraut nicht auf die trügerischen Worte: Der Tempel des Herrn, der Tempel des Herrn, der Tempel des Herrn ist hier! ... Wie? Stehlen, morden, die Ehe brechen, falsch schwören, dem Baal opfern und anderen Göttern nachlaufen, die ihr nicht kennt –, und dabei kommt ihr und tretet vor mein Angesicht in diesem Haus, über dem mein Name ausgerufen ist, und sagt: wir sind geborgen!, um dann weiter alle jene Greuel zu treiben. Ist denn in euren Augen dieses Haus, über dem mein Name ausgerufen ist, eine Räuberhöhle geworden? ... Geht doch zu meiner Stätte in Schilo, wo ich früher meinen Namen wohnen ließ, und schaut, was ich ihr angetan habe wegen des Bösen, das mein Volk Israel verübt hat ... Deshalb werde ich mit dem Haus, über dem mein Name ausgerufen ist und auf das ihr euch verlaßt, und mit der Stätte, die ich euch und euren Vätern gegeben habe, so verfahren, wie ich mit Schilo verfuhr.
>
> (Jer 7,3-14)

„Ich will mit dem Tempel so verfahren, wie ich mit Schilo verfuhr." In der Zeit vor der Monarchie war Schilo einer der Versammlungsplätze Israels, ein Heiligtum, das von den Philistern zerstört worden war. Nach Jeremias Verständnis offenbart Gott sich mit absoluter Freiheit und ist nicht an einen bestimmten Ort gebunden. In der Meinung des Volkes jedoch bedeutete die Zerstörung des Tempels und der Stadt, daß der Herr keine Macht hatte, seine Wohnstatt zu verteidigen. Es überrascht also nicht, daß Jeremia nach dieser Rede festgenommen und wegen Gotteslästerung angeklagt wurde. Nur durch die Erinnerung an Micha, der hundert Jahre zuvor eine ähnliche Prophetie ausgesprochen hatte, und durch einen Freund an höherer Stelle kam Jeremia mit dem Leben davon (Jer 26).

Es gibt keine Sicherheit als allein in Gott: Auf diesem Weg folgt Jeremia den großen Propheten Israels. Er geht sogar noch weiter, indem er einen Gott proklamiert, der hinsichtlich seiner Werke völlig unabhängig und frei ist, woraufhin nicht wenige von Jeremias Zeitgenossen ihm eine schockierende Respektlosigkeit, ja fast eine Verleugnung der Erkennbarkeit Gottes vorwarfen. Aber das Paradox ist, daß Gott und nur Gott allein an der Wurzel dieser Einsicht steht. Gott war es, der Jeremia zeigte, daß die Nation in seinen Händen wie Ton in der Hand des Töpfers ist (Jer 18,1-12). Und noch einmal: Gerade diese harte und ernste Botschaft sollte denen, die sie verstehen konnten, später helfen, der lebensbedrohenden Exilserfahrung standzuhalten. Am Vorabend des Exils war der Radikalismus Jeremias ein beredter

Beweis dafür, daß der alte Wüsten-Glaube in Israel immer noch lebendig war. Wie eine Glut unter der Asche war er in der Lage, selbst in den düstersten Momenten neue Hoffnung zu entfachen.

Eine neue Innerlichkeit

Wer aufbauen und neu pflanzen möchte, muß zunächst das Unkraut ausreißen und die Steine wegräumen (Jer 1,10). Durch diese Aufforderung Gottes vermag Jeremia die Krankheit seines Volkes (und der menschlichen Lage insgesamt) unter der Oberfläche in ihrem ganzen erschreckenden Ausmaß zu erkennen. Der Prophet sieht immer klarer die Sinnlosigkeit jeder halbherzigen Umkehr zu Gott. Gleichzeitig erkennt er die Unfähigkeit des Volkes, das zu tun, was wirklich notwendig ist – man könnte ebensogut von Menschen verlangen, ihre Hautfarbe zu ändern (Jer 13,23). Jeremia fährt jedoch mit seiner Verkündigung fort und vergleicht sich mit einem Metallveredeler, der zu dem Schluß kommen muß, daß das Unternehmen mißlungen ist; die Unreinheiten können nicht weggebrannt werden (Jer 6,27-30). Das Volk ist in sich selbst gefangen: Nichts von all dem, was sie tun, kann sie retten, aber was sie retten *würde*, das tun sie nicht – genaugenommen können sie nicht mehr.

Die doppelte Einsicht versieht Jeremias Amt mit einem tragischen Vorzeichen. Israel hat sich von der Quelle seiner Identität, seiner Beziehung zu dem Pilger-Gott, abgewandt. Es hat den Bund gebrochen (Jer 31,32). Durch ihre Weigerung, Gott zu folgen, sind sie zu richtungslosen Wanderern geworden (Jer 14,10), die wie „eine schnelle Kamelstute ... kreuz und quer ihre Wege" rennen (Jer 2,23), wie eine „wilde Eselin ... in ihrer Brunst" (Jer 2,24). Israel unternimmt in der Tat einen „Anti-Exodus":

> Mein Volk aber hat mich vergessen;
> nichtigen Götzen bringt es Opfer dar.
> Doch ich lasse sie straucheln auf ihren Wegen,
> den altgewohnten Bahnen,
> so daß sie auf ungebahnten Pfaden gehen müssen.
> Ich will ihr Land zu einem Ort des Entsetzens machen,
> zum Gespött für immer.
> Jeder, der dort vorbeikommt,
> wird sich entsetzen und den Kopf schütteln.
>
> (Jer 18,15 f.)[3]

Jeremia erfindet erschreckende und einprägsame Ausdrücke, um die Lage des Volkes aus Gottes Blickwinkel zu beschreiben. Gott hat sein Haus verlassen, sein Erbteil verstoßen (Jer 12,7), der Herr selbst wird gegen sein Volk kämpfen (Jer 21,5), Israels Retter ist jetzt „wie ein Fremder im Land und wie ein Wanderer, der nur über Nacht einkehrt" (14,8). In diesem letzten Vers stoßen wir noch einmal auf das Motiv des Pilgers, des Reisenden, aber diesmal mit einer schrecklichen und unerwarteten Abwandlung. Der Pilger-Gott ist zu einem Verbannten in seinem eigenen Land geworden. In den alten Tagen hatte er sein Volk aus dem Land der Unterdrückung herausgerufen zu einem Leben auf der Wanderschaft; jetzt ist er wieder unterwegs, aber ohne sein Volk, das seinem furchtbaren Schicksal überlassen bleibt.[4]

Dieser Blick des Propheten, mit dem er über Symptome hinwegsieht und bis zu den Wurzeln des Übels vordringt, liefert uns einen Schlüssel zu seiner Originalität. Jeremia ist der Vorbote einer neuen *Innerlichkeit*: Das Wesentliche der Geschichte ereignet sich nicht im oberflächlich Sichtbaren, sondern im Tiefgang. Die grundlegende Entscheidung für oder gegen Gott geschieht tief im Inneren des Menschen, und wird erst später zu konkreten äußeren Handlungen ausgeformt. Das bedeutet auch, daß der Einzelperson ein neuer Wert eingeräumt wird, da Innerlichkeit niemals ein Merkmal einer Gruppe insgesamt ist. Gleichzeitig hat Jeremia jedoch nie den Einzelmenschen unabhängig vom Volk als Ganzem im Auge. Die Kraft seiner Vision besteht darin, daß sie das Gleichgewicht zwischen Individuum und Volk, zwischen Innerlichkeit und Geschichte hält. Die beiden Pole stehen in einer dynamischen und kreativen Spannung, in deren Mitte der Prophet selbst steht. Er ist als erster dazu berufen, diese Spannung auszuhalten, die stellenweise zum Martyrium wird.

Jeremias Innerlichkeit wird durch die Betonung jenes Teils des Menschen deutlich, den die Bibel das *Herz* nennt. Für die semitische und biblische Mentalität hat dieses Wort nichts Sentimentales an sich. Das Herz steht für jene Tiefe der menschlichen Person, wo die grundlegenden Entscheidungen gefällt werden. Tiefer als die bloße Gefühlswelt, ist es der Sitz des Verstandes und des Willens, der vitale Lebensnerv, wo all diese Fähigkeiten zusammentreffen. Für Jeremia sind die Fehler des Volkes nirgends anders als im Herzen verwurzelt: „Judas Sünde ist ... eingegraben in die Tafel ihres Herzens" (Jer 17,1; vgl. 17,5.9; 5,23).[5] Folgerichtig muß ein Neuanfang dort geschehen, eine Umkehr, die Jeremia im Einklang mit dem Buch Deuteronomium ‚Beschneidung des Herzens‘ nennt (Jer 4,4; vgl. 4,14; 6,10; 9,24f.; Dtn 10,16; 30,6). Der Prophet erkennt immer klarer, daß diese Beschneidung nur das Werk Gottes sein kann, der „das Herz erforscht" (Jer 17,10). Deshalb kann er über die gegenwärtige Untreue hinaus den Tag erblicken, an dem der Herr vollführen wird, was sein Volk nicht tun konnte. Es ist „der Höhepunkt der Spiritualität"[6] des Buches Jeremia, die Prophetie des „Neuen Bundes", mit dem Gott sein Gesetz in das Herz des Volkes schreiben (31,31-34) und ihnen so ein „neues Herz" geben wird (vgl. Jer 24,7; 32,39), das unmittelbar auf Gottes Eingebung achtet. Der Prophet setzt seine Hoffnung also nicht in erster Linie auf äußere Ereignisse, sondern auf eine Neuschöpfung des menschlichen Herzens durch Gottes Vergebung (Jer 31,34), die Menschen hervorbringt, die ihre eigene Geschichte in die Hand nehmen können (Jer 31,29f.).

Die verheißenen Gaben des Neuen Bundes bestehen für Jeremia zuallererst aus etwas Innerlichem: „Keiner wird mehr den andern belehren, man wird nicht zueinander sagen: Erkennt den Herrn!, sondern sie alle, klein und groß, werden mich erkennen" (Jer 31,34). Das Ziel der Religion ist in den Augen des Propheten die *Erkenntnis* Gottes, ein Erkennen, das aus dem Herzen kommt und von Hingabe und Liebe kaum zu unterscheiden ist. Diese Erkenntnis zielt auf das Handeln ab, denn wenn die Thora, das Gesetz, Menschen „die Wege des Herrn" offenbart, dann tut sie das, damit sie auf diesen Wegen gehen. „Den Geboten folgen" ist also ein wesentlicher Bestandteil der Erkenntnis Gottes. Und so spricht Jeremia zu König Josias Sohn:

> Bist du König geworden,
> um mit Zedern zu prunken?
> Hat dein Vater nicht auch gegessen und getrunken,
> dabei aber für Recht und Gerechtigkeit gesorgt?
> Und es ging ihm gut.
> Dem Schwachen und Armen verhalf er zum Recht.
> Heißt nicht das, mich wirklich erkennen? –
> Spruch des Herrn.
> Doch deine Augen und dein Herz
> sind nur auf deinen Vorteil gerichtet,
> auf das Blut des Unschuldigen, das du vergießt,
> auf Bedrückung und Erpressung, die du verübst.
> (Jer 22,15-17)

Im Augenblick erkennt niemand in Israel den Herrn (Jer 4,22; 9,2.5; vgl. 5,24), weder die Mächtigen, noch die Niedrigen (Jer 5,4f.), nicht einmal die Hüter des Gesetzes (Jer 2,8). Und doch ist diese Erkenntnis die Quelle wahrer Weisheit und Sicherheit (Jer 9,22f.). Wie kann man diese so lebenswichtige Erkenntnis erwerben? Für Jeremia ist die Antwort klar: Gotteserkenntnis kann uns letztlich nur von Gott selbst zuteil werden, sie ist ihrem Wesen nach eine Gabe. Niemand weiß das besser als Jeremia – er, den der Herr mit den Worten rief: „Ich kannte dich, ehe denn ich dich im Mutterleib bereitete, und sonderte dich aus, ehe denn du von der Mutter geboren wurdest, und stellte dich zum Propheten unter die Völker" (Jer 1,5 LÜ; vgl. 12,3). Gott allein kann bis zum Grund des menschlichen Herzens vordringen (Jer 17,9f.), und deshalb kann nur Gott es verwandeln: „Ich gebe ihnen ein Herz, damit sie erkennen, daß ich der Herr bin" (Jer 24,7a). Anders ausgedrückt wird diese Neuschöpfung und Verwandlung des menschlichen Herzens Vergebung genannt: „Sie alle ... werden mich erkennen ... denn ich verzeihe ihnen die Schuld, an ihre Sünden denke ich nicht mehr" (Jer 31,34b).

„Wie ein Fremder im eigenen Land"

Noch erreichen Jeremias Predigten keinen fruchtbaren Boden. Der Prophet hat es immer noch mit einem Volk zu tun, dessen Herzen unbeschnitten sind. Seine Landsleute weigern sich, auf das zu hören, was er zu sagen hat, und diese Verweigerung trifft Jeremia bis ins Mark. Andere Propheten vor ihm waren genauso auf Unverständnis und sogar auf Feindschaft gestoßen. Sie mußten leiden, und so waren ihr Leben und ihre Worte ein eindringliches Zeugnis für ihren Glauben. Manchmal wird die Anfeindung fast zum Zeichen für die Echtheit eines Propheten, der nicht dazu da ist, den Leuten zu sagen, was sie hören wollen, sondern der ausschließlich dem Ruf Gottes folgt (Jer 7,25-28; 23,16-22; Am 7,10-15; 3,8; Gal 1,10). Die Propheten bezeugen die Botschaft immer auch mit ihrem eigenen Lebensvollzug. Wir brauchen uns nur an Hosea zu erinnern, der eine unglückliche Ehe eingehen mußte, um die Beziehung zwischen Gott und dem treulosen Volk darzustellen. Aber bei Jeremia steigert sich diese Tendenz bis zum äußersten, und das ist ein weiterer Beweis für die neue Innerlichkeit, die er bezeugt. Bei ihm werden Leben und Botschaft fast deckungsgleich. Mehr durch seine Existenz als durch seine Worte hilft er seinen Zeitgenossen, ihr Schicksal zu verstehen, indem er ihnen eine neue Eingebung Gottes offenbart. Es ist kein Zufall, daß ein großer Teil seines Buches biographisch ist. Das wird eine Generation später sogar noch augenfälliger, als ein anonymer Prophet in Gefangenschaft über das Leben Jeremias nachdenkt und dadurch inspiriert wird, die geheimnisvolle Schilderung des Gottesknechtes zu entwerfen.

Was ist der Leitfaden in Jeremias bedeutungsreichem Leben? Wir haben schon gesehen, daß er mißverstanden und abgelehnt wird, aber das erklärt nur die äußere Seite des Geheimnisses. Den Schlüssel können wir in einer erstaunlichen Parallele zu einer Passage finden, der wir schon begegnet sind, einer Klage, die das Volk an seinen Gott richtet, der „wie ein Fremder im Land" geworden ist, wie ein Reisender, ein Pilger (Jer 14,8b). Wenn das so ist, dann deshalb, weil Israel Gott zum Auswandern gezwungen hat, indem es sich von ihm abwandte (Jer 15,6). Entsprechendes läßt sich von Jeremia sagen! Wie sein Gott ist er zum Fremdling geworden, zum Verbannten inmitten seines eigenen Volkes. Jeremia zeigt uns einen neuen Weg, das Geheimnis des Pilgers zu leben, wo zur Beschwernis der Reise noch Einsamkeit und Ablehnung kommen, und wo die Verheißung scheinbar ganz verschwunden ist. Der Prophet verläßt wie Abraham sein Zuhause, ohne jedoch (außer am Ende) jemals im wörtlichen Sinne die Grenzen seines Landes zu überschreiten, und kein Traum von einem neuen Land oder einer großen Nachkommenschaft mildert seine Einsamkeit.

Die Leiden Jeremias, sein inneres Exil, werden uns von zwei Quellen offengelegt, die beide in dem Buch, das seinen Namen trägt, enthalten sind. Die eine finden wir in den biographischen Kapiteln als Bericht seiner Tätigkeit, den wahrscheinlich sein treuer Gefährte Baruch geschrieben hat. Hier erfahren wir, daß der Prophet wegen seiner beunruhigenden Worte eine Nacht in den Stock bei der Tempelpforte gespannt wurde (Jer 20,2). Er entging gerade noch dem Todesurteil, das einen anderen Propheten der gleichen Richtung getroffen hatte (Jer 26), und mußte sich verbergen (Jer 36,19). Während der Belagerung Jerusalems wurde Jeremia des Verrats verdächtigt, lange Zeit in einer gewölbten Verlieszelle festgehalten (Jer 37,16) und dann in eine Zisterne voller Schlamm geworfen (Jer 38,6). Nach der Zerstörung Jerusalems war er immer noch in der Stadt und wurde gegen seinen Willen nach Ägypten gebracht (Jer 43,6); hier verliert sich seine Spur.

All diese Unglücksfälle haben Spuren in der Seele des Propheten hinterlassen. Glücklicherweise enthüllt uns Jeremia, der persönlichste unter den Propheten, die Tiefen seines Herzens, indem er seine Zwiegespräche mit Gott nacherzählt – Passagen, die im allgemeinen seine ‚Bekenntnisse‘ genannt werden. Es ist das erste Mal in der Bibel, daß das Seelenleben eines Menschen in dieser Weise zum Ort göttlicher Offenbarung wird.

Die Bekenntnisse Jeremias vervollständigen das im Bericht über seine Berufung gezeichnete Porträt. Sie zeigen uns einen sanften und friedvollen Mann, der gegen eigene Widerstände eine Botschaft von Verdammnis und Verderben verkündigen muß, einen Mann, dessen Unschuld durch Unverständnis und Aggression, die ihm entgegengebracht werden, schwer verletzt wird. Schon zur Zeit seiner Berufung fühlt er sich wie „ein Kind", zu unerfahren für die Aufgabe, die Gott ihm auferlegt hat (Jer 1,6), und später beschreibt er sich selbst in seiner Treuherzigkeit als „ein zutrauliches Lamm, das zum Schlachten geführt wird" (Jer 11,19). Gegen seine eigenen Neigungen (vgl. Jer 17,16) ist er ein Mann geworden, „der mit aller Welt in Zank und Streit liegt" (Jer 15,10), der einsam sitzen muß (Jer 15,17), von allen verstoßen und bedroht, sogar von seiner eigenen Verwandtschaft (Jer 11,21; 18,18; 20,7-8.10). Und so wirft der Prophet sein Vertrauen auf Gott, fleht zu ihm um Hilfe gegen seine Feinde in einem Strom von Worten, die die ganze Bitterkeit in seinem gebrochenen Herzen zum Ausdruck bringen (Jer 11,20; 12,3; 15,15; 17,18; 18,21-23; 20,12). Er weiß, Gott hat verheißen, bei ihm zu bleiben, um seine Schwachheit in Stärke zu verwandeln, und deshalb ist das Vertrauen auf den Herrn für ihn der einzige Ausweg aus seiner Zwangslage (Jer 1,8.18-19; vgl. 15,20; 20,11.13).

Jeremia „weiß", daß Gott bei ihm ist. Und doch kann der Prophet diese Sicherheit niemals in Ruhe und Frieden genießen. Denn indem Gott sich seinem Zugriff zu entziehen scheint, führt er den Propheten nur durch eine tiefere Läuterung zu einem radikaleren Vertrauen. Ist das nicht der Grund für die enttäuschenden Antworten, die der Herr auf die Fragen des Propheten gibt – ganz zu schweigen von den Zeiten, in denen Gott überhaupt nicht reagiert? Jeremia muß einsehen lernen, daß sich der erwartete Sieg über die „Gottlosen" hinauszögert, ja im Lauf der Zeit scheinen die Mächte des Bösen eher stärker zu werden. Die gerechte Sache scheint endgültig verloren. Und Gott, in der Vergangenheit der Befreier, scheint gar nicht da zu sein. Als der Prophet wissen möchte, warum die Gottlosen so erfolgreich sind, läßt sich der Herr nur zu der Antwort herab, das sei noch gar nichts und er solle sich auf Schlimmeres vorbereiten, das bald geschehen wird: „Wenn schon der Wettlauf mit Fußgängern dich ermüdet, wie willst du mit Pferden um die Wette laufen?" (Jer 12,5).

In seiner Verzweiflung äußert Jeremia sogar die Vermutung, daß der Herr selbst indirekt der Grund für all sein Unglück ist. Schließlich hat Gott ihm eine Botschaft übergeben, die er nicht zurückhalten kann (Jer 20,9), eine Botschaft, die seine Umgebung in Aufruhr versetzt. Und Gott hat nichts zur Heilung seiner „bösartigen Wunde" getan (Jer 15,18). In der Verzweiflung schleudert Jeremia seine Enttäuschung und seinen Schmerz mit der Heftigkeit eines betrogenen Liebhabers auf den Herrn: „Wie ein versiegender Bach bist du mir geworden, ein unzuverlässiges Wasser" (Jer 15,18b; vgl. 2,13). Und selbst nach dieser Krise bekommt der Prophet von Gott nur die gleichen Worte zu hören, mit denen er vor langer Zeit berufen wurde. Er wird einfach aufgefordert, zur Quelle zurückzukehren und ihr treu zu sein:

> Wenn du umkehrst,
> lasse ich dich umkehren,
> dann darfst du wieder vor mir stehen.
> Redest du Edles und nicht Gemeines,
> dann darfst du mir wieder Mund sein.
> Jene sollen sich dir zuwenden,
> du aber wende dich ihnen nicht zu.
> Dann mache ich dich für dieses Volk
> zur festen, ehernen Mauer.
> Mögen sie dich bekämpfen,
> sie werden dich nicht bezwingen;
> denn ich bin mit dir,

um dir zu helfen und dich zu retten
– Spruch des Herrn.
Ja, ich rette dich aus der Hand der Bösen,
ich befreie dich aus der Faust der Tyrannen.

(Jer 15,19-21)

Nicht reicher Trost wird Jeremia zuteil, sondern die einfache Erinnerung daran, daß von Anfang an alles Nötige da war und ausreichen muß. Und es reicht tatsächlich, denn Jeremia nimmt seinen Dienst wieder auf, selbst wenn seine Lage sich so verfinstert, daß er den Tag verflucht, an dem er geboren wurde (Jer 15,10; 20,14-18). Hätte es je eines Beweises bedurft, daß das Leben mit Gott kein bequemes Privileg darstellt, die klägliche Figur Jeremias würde ihn liefern: eingeklemmt zwischen ein feindseliges Volk und einen Gott, der ihn ohne spürbaren Trost läßt.

In Solidarität mit den Seinen

In tiefer Dunkelheit ereignet sich das göttliche Wunder. Der Schmerz des Propheten über seine Einsamkeit, seine Verlassenheit im Niemandsland zwischen Gottes Gericht und der Taubheit des Volkes, wird zum Ort einer neuen Offenbarung, auch wenn Jeremia selbst nur einen schwachen Schimmer davon ahnt. Das Wunder enthüllt sich vor uns durch mehrere kleine, aber wertvolle Hinweise, vor allem auf die *Solidarität* des Propheten mit seinem undankbaren Volk, eine Solidarität, die niemals in Abrede gestellt wird.[7] Jeremia erfährt am eigenen Leib die Leiden seiner Landsleute und die Folgen ihrer Weigerung, dem Herrn zu folgen:

Kummer steigt in mir auf,
mein Herz ist krank.
Der Zusammenbruch der Tochter, meines Volkes,
hat mich gebrochen,
traurig bin ich, Entsetzen hat mich gepackt.
Gibt es denn keinen Balsam in Gilead,
ist dort kein Wundarzt?
Warum schließt sich denn nicht
die Wunde der Tochter, meines Volkes?
Ach, wäre mein Haupt doch Wasser,
mein Auge ein Tränenquell:
Tag und Nacht beweinte ich
die Erschlagenen der Tochter, meines Volkes.

(Jer 8,18.21-23; vgl. 4,19-21; 13,17; 14,17)

Die Klage des Propheten über sein Volk mischt sich mit Gottes eigener Klage.[8] Obwohl das Volk ihn abweist, fährt er doch fort, gegen alle Hoffnung auf dessen Umkehr zu hoffen (Jer 36,1-7). Diese Solidariät verlangt von ihm ein für seine Zeit unerhörtes Verhalten: Er ist gezwungen, jeden Gedanken an Heirat und Kinder aufzugeben, ja er darf mit seinen Gefährten nicht einmal die Trost- und Feierriten begehen – all das, um ihr drohendes Schicksal vorwegzunehmen (Jer 16). Nach der Zerstörung Jerusalems bieten ihm die Eroberer sicheres Geleit an, er könne sich niederlassen, wo er wolle, aber Jeremia lehnt jedes Privileg ab und beschließt, beim Volk zu bleiben, das sich noch im Land in einer Situation äußerster Unsicherheit befindet (Jer 40,1-6). Schließlich wird er gegen seinen Willen nach Ägypten gebracht, und soweit wir wissen, stirbt er dort.

Indem er diese Solidarität lebt, gibt uns Jeremia unbewußt eine Ahnung, wie es in Gottes Herz aussieht. Das Schicksal des Propheten ist ein Gleichnis für Gott sowohl mit seinem Leiden daran, daß er abgelehnt wird und inmitten seines eigenen Volkes ein Verbannter ist, als auch mit dem Schmerz über das Unglück, das dem Volk als Ergebnis der Uneinsichtigkeit widerfährt. In einer mehr biblischen Sprache heißt das: Wir werden Zeugen der Verschmelzung von Gottes Zorn mit Gottes Liebe. Auch dem Jeremia bleibt dieser Zusammenhang nicht völlig verborgen. Wie Hosea vor ihm erfaßt er durch seine eigene Erfahrung intuitiv, wie eng und geheimnisvoll diese beiden Realitäten, die als getrennte Pole erscheinen, in Gott verbunden sind:

> Ist nicht Ephraim mein teurer Sohn
> und mein liebes Kind?
> Denn sooft ich ihm auch drohe,
> muß ich doch seiner gedenken;
> darum bricht mir mein Herz,
> daß ich mich seiner erbarmen muß, spricht der Herr.
> (Jer 31,20 LÜ; vgl. Hos 11,8f.)

Was wir „Zorn" nennen, ist nichts anderes als zurückgewiesene Liebe, die sich trotz allem weigert, den Geliebten loszulassen.

Wenn das Volk auch ins Exil gehen muß, ist das dennoch kein Zeichen dafür, daß Gott es verlassen hat. Wir haben gesehen, wie das Volk darüber klagt, daß Gott in seinem eigenen Land ein Fremder geworden ist, ein vorbeiziehender Gast (Jer 14,8b). Die Ironie dieses Gebetes besteht darin, daß es nicht etwa durch Gottes Rückkehr erfüllt wird – zumindest vorerst nicht –, sondern durch die Ausweisung des Volkes in ein fremdes Land. Dort im Exil werden sich Gott und seine Pilger wieder begegnen, und dieses gemeinsame Leben in der Fremde wird einen Neuanfang ermöglichen.

Eine schlichte Begebenheit, die sich wahrscheinlich gegen Ende seiner Amtszeit ereignet hat, erlaubt uns, die große Wegstrecke, die der Prophet zurückgelegt hat, und alles, was er in der bitteren Schule des Leidens gelernt hat, zu ermessen. Baruch bittet ihn um ein Trostwort für sich, und in Jeremias Antwort hallen Gottes frühere Antworten an ihn wider, Antworten, die ihn selber damals sicher nicht überzeugt hatten:

> So spricht der Herr, der Gott Israels, über dich, Baruch: Du hast gesagt: Weh mir! Denn der Herr häuft noch Kummer auf mein Leid. Ich bin erschöpft vor Stöhnen und finde keine Ruhe. Sag zu ihm: So spricht der Herr: Was ich gebaut habe, breche ich nieder, und was ich gepflanzt habe, reiße ich aus. Das betrifft das ganze Land. Du aber begehrst Großes für dich? Begehre es nicht! Denn siehe, ich bringe Unheil über alle Sterblichen – Spruch des Herrn; dir aber gebe ich dein Leben wie ein Beutestück überall, wohin du auch gehst. (Jer 45,2-5)

Hier wird zwischen den Zeilen ein neuer Durchbruch spürbar: Wie groß die Leiden des Volkes auch sein mögen oder sein werden – Gottes eigenes Leiden darüber, daß er von vorn anfangen muß, ist mindestens ebenso groß, wenn nicht größer. Folglich ist der Schmerz des Propheten nicht nur ein Akt der Solidarität mit seinen erwählten und rebellischen Landsleuten, sondern in einer tieferen Schicht ist es eine Solidarität mit dem Herrn. Gott kann besser als irgendein anderer die negativen Folgen ermessen, die die Ablehnung ihrer Lebensquelle nach sich zieht. Es werden Folgen sein, denen gegenüber die gegenwärtige Misere nur ein schwacher Abglanz ist. Deshalb ist Baruchs Protest, daß er ein unschuldiges Opfer sei, nicht berechtigt. Es ist nicht recht, um ein Vorrecht zu bitten, wenn „das ganze Volk" durch das Feuer des Unglücks gehen muß und nicht einmal Gott selbst unversehrt bleibt. Aber er wird mit seinem Leben als Beute davonkommen, und was wie ein schwacher Trost aussieht, ist in Wirklichkeit alles: Der Beweis für Gottes Treue trotz der Treulosigkeit des Volkes, der Auftakt für eine Zeit, in der die Menschen wieder „aufbauen und pflanzen" werden.

Eine Hoffnung nach den Prüfungen

Jeremia gab in seinem Herzen nie die Hoffnung auf, daß Gott über die drohende Katastrophe hinaus noch andere Pläne für sein Volk habe. Manche mögen in ihm einen „Gerichts-Propheten" sehen, aber die Zeit der Zerstörung war für ihn in Wirklichkeit nie mehr als ein erster Schritt, eine notwendige Läuterung, die zu einer Phase der Neuschöpfung führt (Jer 1,10; 31,28; vgl. 30,19b).[9] Im dunkelsten Augenblick von Jerusalems Niedergang kaufte Jeremia zum Beispiel einen Acker als überraschendes Zeichen seines Vertrauens auf fruchtbare Zeiten, die das Land eines Tages wieder sehen würde (Jer 32).

Auch in seiner Schilderung des kommenden neuen Lebens ging Jeremia weiter als seine Vorgänger, zuerst durch seine Vision vom neuen Bund: Die Wiedergeburt wird sogar bis in die Tiefe des menschlichen

Herzens reichen, sie wird nicht nur eine Angelegenheit neuer Politik oder neuer Institutionen sein, die die alten ersetzen sollen. Sodann ist er davon überzeugt, daß dieser Neuanfang bei den Exulanten in Babylon geschehen wird, nicht bei denen, die in Palästina in der Gegend der früheren Hauptstadt und des Zentralheiligtums geblieben sind. So läßt sich seine Vision von den zwei Feigenkörben in Kapitel 24 deuten, und das ist auch die Bedeutung des berühmten Briefes, den der Prophet an die Opfer der ersten Deportation schrieb (Jer 29): Laßt euch nieder, denn eure Reise ins fremde Land wird lange Zeit dauern, und doch hat Gott „Pläne des Heils und nicht des Unheils; denn ich will euch eine Zukunft und eine Hoffnung geben" (Jer 29,11). Für Jeremia schloß diese Zukunft zweifellos eine Rückkehr in das Land ein, das Gott seinen Vorfahren versprochen hatte.[10] Aber das Erstaunliche an diesen Texten ist, daß der Prophet sich ein Volk Israel vorstellt, das – für kürzere oder längere Dauer – von Gott geleitet und beschützt wird, jedoch nicht im eigenen Land und nicht durch die Institutionen, die zu diesem Zweck geschaffen wurden, sondern in einem fremden Land, weit weg vom normalen Leben des Volkes. Hier geschieht offensichtlich eine Rückkehr zur Situation des Exodus. Gott ist wieder der Pilger, der sein Volk durch die Wüste führt, wobei die menschliche Mitarbeit strikt auf ein Mindestmaß beschränkt bleibt (vgl. Jer 31,2).

Jeremia begreift am Ende, daß Israel im Grunde ein Volk von Pilgern ist, weil seine eigene Geschichte des „inneren Exils" ihn zu dieser Erkenntnis führte. Schließlich geht ihm auf, daß Gott immer bei ihm gewesen ist, selbst als er sich äußerst verlassen und ausgestoßen gefühlt hat, und daß Gottes Gegenwart seine völlige Wehrlosigkeit zu einer „befestigten Stadt, zur eisernen Säule und zur ehernen Mauer" (Jer 1,18) gemacht hat. Er versteht, daß er nicht wie Baruch darum bitten darf, von den Prüfungen verschont zu werden, sondern daß er alles hat, was er braucht, wenn er mit seinem Leben als Beute davonkommt. Diese Erkenntnis gilt auch für das Volk, an dem er mit allen Fasern seines Seins hängt. Die Verbannten hatten nicht das Wohlgefallen Gottes verloren noch waren sie von seinem Angesicht vertrieben, wie es eine weniger gründliche Theologie darstellen würde, vielmehr bildeten sie fern der Heimat den „Rest" des Volkes, den Grundstock der künftigen Erlösung – sie sind diejenigen, durch die das Wunder des Exodus wieder aufleben sollte. Wie neu und kraftvoll diese Einsicht ist, können wir mit unserer vergeistigten Gottesvorstellung gar nicht voll ermessen. Wir verweisen Gott eher in einen fernen Himmel (so fern, daß er oft weitgehend imaginär ist), als daß wir ihn an einen bestimmten Ort binden. Aber am Vorabend des Exils eröffnete Jeremias erstaunliche Vision die einzige Hoffnung auf eine Fortdauer Israels über die bevorstehende Katastrophe hinaus. Er erschloß eine Gestalt des Glaubens, der ohne zu viel äußerlichen Ballast im menschlichen Herzen verwurzelt ist, und den man deshalb sogar fern vom verheißenen Land verwirklichen konnte.

Jeremia selbst hat allerdings noch nicht all die Zusammenhänge erfassen können, die wir gerade untersucht haben. Bei keinem der Propheten Israels fiel die Botschaft, das Wort des transzendenten Gottes, völlig mit dem Leben des Boten zusammen. Sie alle waren Menschen, die in gewissem Sinne sich selbst voraus waren, ständig bemüht, aufzuholen, Menschen, die durch den Ruf des Pilger-Gottes vorwärts getrieben wurden. Sie alle waren Vorläufer einer Erfüllung, die noch ausstand. In der folgenden Generation der Zeit des Exils knüpften die Propheten Ezechiel und besonders der „zweite Jesaja" an den Zusammenhang von Jeremias Werk an und verdeutlichten ihn. Und einige Jahrhunderte später brachte Jesus mit seiner Passion Licht in das Geheimnis, wie der leidende Mensch und der leidende Gott zusammengehören. Jeremia hatte diese Perspektiven eröffnet. Er hatte sein Leben ganz und gar Gott übergeben, dessen Wort ihn von außen rief, sich auf die Reise zu machen. Mit seiner eigenen Existenz bezeugte er im voraus, daß das Exil weder ein Versagen Gottes noch eine brutale Strafe war, sondern etwas völlig anderes: eine neue Möglichkeit zur Zusammenarbeit zwischen Gott und Mensch, trotz der menschlichen Sündhaftigkeit, der Erweis eines Gottes, der seine Verbannung unter der Bedingung annimmt, daß seine treuen Gefolgsleute sein Schicksal teilen, so daß er und sie gemeinsam zu Weggenossen werden und eine neue Zukunft aufbauen können.

Jeremia selbst empfand die Frage nach dem Unglück der Gerechten und dem Glück der Gottlosen offenbar immer als Anfechtung für seinen Glauben (vgl. Jer 12,1-4), und diese Frage quälte das Volk der Bibel nach dem Exil wie nie zuvor. Aber ohne es zu wissen, bereitete er durch sein Dasein eine Antwort auf diese äußerst unangenehme Frage vor. Denn in Jeremia wird eine neue Form des Leidens sichtbar, weder als Prüfung zur Stärkung des Glaubens, noch als Fluch infolge der Abwesenheit Gottes. Als Theologe des Zwanzigsten Jahrhunderts drückt es Dietrich Bonhoeffer in seinen Briefen aus der Gefangenschaft unter dem nationalsozialistischen Regime so aus: „Der Mensch wird aufgerufen, das Leiden Gottes an der gottlosen Welt mitzuleiden."[11] Mehr als alle früheren Propheten ist Jeremia ein Bindeglied zwischen Gott und seinem Volk – abgelehnt wie Gott, notleidend wie das Volk. Die „Inkarnation" der Gegenwart Gottes muß bei Jeremia weniger in den Verheißungen gesucht werden, die mit der Dynastie, der Stadt oder dem Tempel verbunden sind, sondern mehr in der Person des Propheten selbst, in den Auswirkungen, die das Wort Gottes auf ihn hat, indem es sein Herz unter Schmerzen umwandelt. Auf diese Weise bereitet der Herr sein Volk stufenweise auf einen Glauben vor, der mit dem menschlichen Leben eins wird, der eine völlige Neuschöpfung des menschlichen Herzens einschließt.

Fragen zum Nachdenken

1. Jeremia stand allen menschlichen Sicherheiten sehr ablehnend gegenüber, da sie zu einer Trennwand zwischen Gott und seinem Volk zu werden drohten, und so die Gefahr bestand, daß die Vertrauenshaltung dem Herrn gegenüber verdrängt wurde. Was würde ein Prophet wie Jeremia heute kritisieren? Wo liegt *unsere* Sicherheit?

2. Unter allen Propheten war Jeremia derjenige, dessen Leben am engsten mit seiner Botschaft verbunden war. In welcher Weise legen wir als Christen durch unsere Lebensführung von unserem Glauben Zeugnis ab? Ist unser Lebensstil für andere wirklich ein Zeichen des Glaubens?

3. Trotz seiner Kritik befand sich Jeremia in tiefer Solidarität mit seinem Volk. Als Glaubende stehen wir bestimmten Werten unserer Gesellschaft kritisch gegenüber. Wie können wir unsere Solidarität mit unseren Mitbürgern trotzdem zum Ausdruck bringen? Wie können wir deutlich machen, daß unsere Kritik nicht von außen, sondern von innen ansetzt?

6. KAPITEL *An den Wassern von Babylon*

Als Folge der beiden Deportationen von 598 und 587 v. Chr. verlagerte sich die Mitte des Volkes Israel vom Land Kanaan in den Osten, in das ferne Mesopotamien, wo sich die Elite des Volkes im Exil befand. Wie bereits festgestellt, führten diese Ereignisse das Volk Gottes und seinen Glauben in eine beispiellose Krise. Gott hatte den Vorfahren das Land Kanaan gegeben – deshalb lag es auch an ihm, für Frieden und Sicherheit im Land zu sorgen, seine Stadt und sein Haus zu bewachen. Israel jedoch hatte dem Gott, dem es alles verdankte, nicht immer die Treue gehalten, daher kam hin und wieder Unheil über die Nation. Das war eigentlich noch kein schwerwiegendes Problem für den Glauben des Volkes, da die Propheten schon über Generationen hinweg Unheil prophezeit hatten. Aber welchen Sinn hatte die fast völlige und unwiderrufliche Zerstörung der Nation, ihrer Institutionen und ihrer Wirkungszentren? Von zwei Deutungsmöglichkeiten schien jede noch beängstigender als die andere zu sein: Entweder hatte Gott sein Volk trotz der Verheißungen verlassen, oder aber er war unfähig, das durchzuführen, was er versprochen hatte, nämlich den mächtigen Gottheiten von Assyrien und Babylon die Stirn zu bieten. Sollten sich die Israeliten also an der Wirklichkeit orientieren und diese Situation so gut sie konnten meistern, indem sie entschlossen den Weg der Anpassung wählten? Wie schon gesagt, Jeremia hat durch sein Prophetenamt und durch seine Lebensführung schon den Ansatz einer Antwort auf diese Frage aufgezeigt. Nein, so der Prophet, Gott hat euch nicht verlassen, und er ist auch nicht zu schwach, um euch zu retten. Ihr seid es, ihr habt ihn abgelehnt. Ihr habt ihn davon abgehalten, mit euch zusammenzuarbeiten. Ihr habt ihm keinen anderen Ausweg gelassen, als euch ins Exil mitzunehmen, da er nicht von euch getrennt sein wollte. Sollte die

Prüfung des Exils eure verhärteten Herzen erweichen, dann werdet ihr verstehen, wie Gott unter eurer Treulosigkeit gelitten hat, und dann wird ein neuer Anfang möglich sein. Wenn einige unter euch unschuldig leiden, dann sind sie für eure Landsleute ein lebenswichtiges Zeichen für das, was Gott selbst, der Unschuldigste von allen, in diesem Augenblick durchmacht.

Offensichtlich konnte nur ein kleiner Teil des Volkes in der ganzen Tiefe ermessen, was Gott durch das Leben seines Dieners Jeremia zu offenbaren versuchte. Auch der Prophet selbst war sich dessen nicht voll bewußt. Und so blieben sie weiter auf der Suche. In der Generation nach Jeremia entstanden Klagegedichte für die bei den Ruinen Jerusalems in Palästina Gebliebenen, das sogenannte Buch der KLAGELIEDER. Diese Gedichte schildern die gegenwärtige Not der Stadt, indem sie das Bild der gedemütigten und grausam behandelten „Tochter Zion" gebrauchen. Sie bezeugen die gequälte Verwirrung von Menschen, die sich mit der ewigen Frage des Leidens auseinandersetzen, Menschen, die feststellen müssen: Wegen unserer Untreue haben wir ohne Zweifel dieses bittere Schicksal verdient, und doch, Herr, läuft der Kelch über... „Warum willst du uns für immer vergessen, uns verlassen fürs ganze Leben?" (Klgl 5,20). Wir wissen, daß du gerecht und freundlich bist, warum kommst du also nicht, um uns zu retten?... Der menschliche Verstand dreht sich im Kreis, gefangen in der Auswegslosigkeit einer Situation ohne ersichtliche Erlösung.[1] Aber schon die Tatsache, daß das Volk den Schmerz in liturgischen Klageliedern ausdrückt, bietet den Ansatz eines Auswegs: Das Leiden fließt zu Gott zurück und führt nicht mehr zur Verzweiflung, das Geschwür ist aufgestochen und schmerzt nicht mehr. Darüber hinaus gibt es in diesen Gedichten erstaunliche Vorahnungen der Erfüllung, wie etwa in folgenden Versen:

> Denn nicht für immer
> verwirft der Herr.
> Hat er betrübt, erbarmt er sich auch wieder
> nach seiner großen Huld.
> Denn nicht freudigen Herzens
> plagt und betrübt er die Menschen.

(Klgl 3,31-33)

Dazu ganz am Ende der Satz: „Kehre uns, Herr, dir zu, dann können wir uns zu dir bekehren" (Klgl 5,21 a). Hier ist Gott nicht mehr unendlich weit von seinem Volk entfernt – beide gehen Hand in Hand.

Tatsächlich verharrte Gott nicht mehr im Schweigen. Im Exil versuchten zwei Propheten, den Willen Gottes in dieser noch nie dagewesenen Situation zu erkennen und weiterzugeben. Ihre Gabe bestand weniger in der Entdeckung neuer Motive, sondern mehr in der Wiederaufnahme der großen Themen der geistlichen Geschichte Israels. Diese Rückkehr zu den Wurzeln war beeindruckend. Beide entdeckten die Bedeutung des Pilgerglaubens für das Leben ihres Volkes wieder neu.

Der erste dieser Propheten ist EZECHIEL (=HESEKIEL), ein jüngerer Zeitgenosse Jeremias. Die Dauer seines Prophetenamtes überschneidet sich teilweise mit der seines Vorgängers, allerdings wirkten beide an verschiedenen Orten. Heutzutage sind sich die Forscher darin weitgehend einig, seine Tätigkeit in Babylon nach 598 v. Chr. zu datieren, dem Jahr der ersten durch König Nebukadnezar angeordneten Deportation. Ezechiel, ein feuriger und charismatischer Priester, ist schon durch sein Temperament ein Mann der „Quellen". Er ähnelt einem Visionär aus früherer Zeit, er ist eine Art ins Leben zurückgekehrter Elia. Nicht zufällig wird bei Ezechiel der Begriff Hauch oder Geist Gottes, der den Geschichten von den alten Prophetengruppen sehr vertraut war, wieder ein Teil des prophetischen Vokabulars.[2] Dieser Mann mit seinen Visionen, seinem gelegentlichen Verstummen und seinem gewundenen, fast zwanghaften Stil ist zweifellos von Gott ergriffen. Obwohl er weder Jesajas Besonnenheit noch Jeremias Ursprünglichkeit und nüchternen Realismus besitzt, verschaffen ihm doch die Kraft und die Spannweite seiner Perspektiven eine wichtige Stellung in der geistlichen Geschichte Israels: Wie andere auch, verhalf er dem vom Auslöschen bedrohten traditionellen Glauben zu neuem Leben, indem er zu den Wurzeln zurückging.

Der für Ezechiel charakteristische Stil wird schon in den ersten Kapiteln seines Buches deutlich, in der eindrucksvollen Vision von der Herrlichkeit Gottes, die einen Teil seiner Berufungsgeschichte bildet (Ez 1,1-3,15). Hier werden wir an die Vision des Propheten Jesaja zu Beginn seines Dienstes im Jerusalemer Tempel erinnert (Jes 6): Der Herr sitzt auf seinem Thron und ist umgeben von seinem himmlischen Hofstaat. Ähnlich malt uns Ezechiel die Majestät Gottes, des Heiligen Israels, vor Augen. Jesajas Vision war jedoch an den Tempel als das nationale Zentrum der Anbetung gebunden, während Ezechiel vom verheißenen Land weit entfernt unter den Exulanten am Ufer des Kebar-Flusses lebte. Seine Vision enthält archaische Töne, wie die Erwähnung des Sturms (Ez 1,4), in Erinnerung an die Theophanie am Sinai (Ex 19). Da kündigt sich die Gegenwart des Pilger-Gottes an, der sein Volk im Exil begleitet. Aber Ezechiel nimmt auch königliche und sogar mythische Elemente auf, eine Andeutung der Wegstrecke, die seit dem Exodus vor langer Zeit zurückgelegt wurde.

In einer anderen Vision sieht er die Herrlichkeit Gottes, die den Tempel wegen der Sünden der Einwohner Jerusalems verläßt (Ez 10; 11). So betont Ezechiel die unglaubliche Freiheit Gottes, dessen Erscheinen nicht an einen bestimmten Platz gebunden ist. Diese Vision erklärt in noch dramatischeren Worten die erschreckende und zugleich tröstliche Botschaft, die Jeremia schon verkündet hat: Der Fall der Stadt bedeutet keinesfalls die Niederlage Gottes. Aber selbst wenn Gott die Freiheit hat, zu erscheinen, wann und wo auch immer er will, ist der „normale" Ort der Erscheinung Gottes für Ezechiel der Tempel, zu dem der Herr schließlich zurückkehren wird (Ez 43,1-7).

Der Gebrauch traditioneller Motive setzt sich im Berufungsbericht selbst fort (Ez 2; 3). Wie Jesaja bekommt Ezechiel etwas in den Mund: nicht eine brennende Kohle, um ihn zu reinigen (Jes 6,6 f.), sondern die Rolle des Wortes Gottes, die er essen soll. Wir können darin auch eine Anspielung auf Jeremias Berufung sehen, als Gott zu Jeremia spricht und seine Lippen berührt: „Hiermit lege ich meine Worte in deinen Mund" (Jer 1,9; vgl. 15,16). Wie Jeremia muß auch Ezechiel angesichts des Widerstands, der ihm begegnen wird, gestärkt werden: „Fürchte dich nicht vor ihnen ... Wie Diamant und härter als Kieselstein mache ich deine Stirn" (Ez 2,6; 3,9; vgl. Jer 1,8.17 f.). Und wie bei Jesaja ist die Rede von einer Botschaft, die auf Ablehnung stoßen wird: Israel ist eine „abtrünnige" Nation, „mit trotzigem Gesicht und hartem Herzen" (Ez 2,3 f.). Und doch sind es die Menschen des Volkes, zu denen der Prophet gesandt wird, denn ihre Weigerung zu hören, hebt ihre frühere Erwählung durch Gott nicht auf. Der Prophet wird für sie zu einer lebendigen Mahnung der Gegenwart Gottes, die sie abgelehnt haben: Zumindest werden sie „erkennen müssen, daß mitten unter ihnen ein Prophet war" (Ez 2,5).[3]

Besser als Jeremia kann Ezechiel die tiefe Ablehnung Gottes durch sein Volk verstehen; denn in den Bildern von der Geschichte Israels schildert er von Anfang an kein goldenes Zeitalter, in dem das Volk unschuldig und friedlich seinem Gott folgte. Obwohl er die gleiche literarische Form wie Hosea und Jeremia gebraucht, teilt Ezechiel nicht deren Sicht der Wüstenwanderung als ‚Flitterwochen' oder als goldene Jugendzeit des Gottesvolkes. Im Gegenteil, Israel war schon von Anfang an rebellisch, erst in Ägypten, dann in der Wüste. Bei jeder möglichen Gelegenheit wandte es sich gegen seinen Herrn, der es dennoch weiterhin „um seines Namens willen" dem verheißenen Land entgegenführte. Mit anderen Worten: Gott blieb seinem eigenen Wesen treu, unbeirrbar in seiner Barmherzigkeit und Liebe (Ez 20). In Ezechiel 23 erzählt der Prophet die Geschichte zweier Schwestern (vgl.

Jer 3,6-13), die seit ihrer Jugend in Ägypten der Prostitution nachgingen. Offenkundig spricht er vom früheren Nord- und Südreich mit den Hauptstädten Samaria und Jerusalem. Mit rohen und harten Worten brandmarkt er, daß sie überall nach Glück und Sicherheit suchen außer bei dem, dem sie verlobt waren. An anderer Stelle erinnert Ezechiel an die kanaanäischen Ursprünge, um die Sünde Jerusalems zu erklären: „Dein Vater war ein Amoriter, deine Mutter eine Hetiterin" (Ez 16,3.45). Wie verheerend müssen diese Worte auf die Menschen gewirkt haben, die stolz darauf waren, von Abraham, Mose und David abzustammen, und wie demütigend, als Heide von Geburt an bezeichnet zu werden! Freilich erwähnt der Prophet unmittelbar danach ihre unverdiente und großzügige Erwählung durch Gott:

> Da kam ich an dir vorüber und sah dich, und siehe, deine Zeit war gekommen, die Zeit der Liebe. Ich breitete meinen Mantel über dich und bedeckte deine Nacktheit. Ich leistete dir den Eid und ging mit dir einen Bund ein – Spruch Gottes, des Herrn –, und du wurdest mein.

> Dann hab ich dich gebadet, dein Blut von dir abgewaschen und dich mit Öl gesalbt. Ich kleidete dich in bunte Gewänder ... und ... legte dir prächtigen Schmuck an ... So wurdest du strahlend schön und wurdest sogar Königin. Der Ruf deiner Schönheit drang zu allen Völkern; denn mein Schmuck, den ich dir anlegte, hat deine Schönheit vollkommen gemacht – Spruch Gottes, des Herrn. (Ez 16,8-14)

Wenn es ein „goldenes Zeitalter" gibt, dann nur vom Handeln Gottes her gesehen. Sobald sich Jerusalem seiner selbst und seiner Reize bewußt wird, beginnt es ein Leben in Prostitution (Ez 16,15 ff.).

In der Tat haben die Israeliten „Götzen (wörtl. Abfall, Müll) in ihr Herz geschlossen" (Ez 14,1-11). Jerusalem ist ein nutzloser Weinstock, nur dazu nütze, ins Feuer geworfen und verbrannt zu werden (Ez 15; vgl. 19,10-14), ein Gegenstand der Schande, voller Aufruhr und Schlacke, die bald im Feuerofen wegschmelzen wird (Ez 22). Kein Wunder also, daß das Land zur öden Wüste wird (Ez 6,14; 12,20; 14,15 ff.; 15,8; 33,28 f.), und seine Bevölkerung in alle vier Winde zerstreut wird (Ez 6,8; 22,15). Ezechiel muß sogar eine Pantomime von der Verschleppung ins Exil aufführen, um die drohende Deportation der führenden Familien der Nation vorweg darzustellen (Ez 12,1-20). Und all das soll schon sehr bald geschehen (Ez 12,21-28).

„Ändert euer Herz und ihr werdet leben!"

Noch eine andere Tendenz ist bei Ezechiel zu erkennen, obwohl man nicht immer genau sagen kann, wie sie zu der soeben aufgezeigten ‚traditionellen' Ansicht über die Ursache des Unheils paßt. Diese neue

Tendenz bei Ezechiel besteht in der Betonung der persönlichen Verantwortung. Das ist tatsächlich ziemlich neu, obwohl wir Wurzeln dafür
schon bei Jeremia finden (Jer 31,29f.; vgl. Dtn 24,16). In einer Vision
wird dem Propheten versichert, daß die Katastrophe nicht alle ohne
Unterschied ausrotten wird. Die Unschuldigen, mit einem Kreuz auf
der Stirn gekennzeichnet, sollen verschont bleiben. (Ez 9). Durch ihre
Gerechtigkeit werden sie ihr eigenes Leben, aber nicht das Leben anderer retten (Ez 14,12-21). Durch die Schuld ihrer Vorfahren werden sie
nicht umkommen, auch werden sie immer die Möglichkeit haben, ihre
begangenen Fehler zu bereuen (Ez 18). Ezechiel identifiziert diese
rechtschaffenen Leute nicht völlig mit dem „Rest" Israels. Er
gebraucht dieses Bild an anderer Stelle, aber eher im Zusammenhang
mit der Treue und Gerechtigkeit Gottes, als mit der der Menschen
(Ez 5,3; 6,8-10; 14,21-23).

Dieser Prophet ist zutiefst davon überzeugt: Nicht wegen der Vorzüge Israels, sondern einfach weil er der ist, der er ist („um meines
Namens willen"), wird der Herr sein Volk nicht unter Zerstörung und
Verzweiflung zusammenbrechen lassen. Wie seine Vorgänger sieht
Ezechiel inmitten des gegenwärtigen Unheils das Heraufdämmern
eines ganz neuen Tages. Und wie Jeremia nimmt er an, dieser Neubeginn werde sich bei den Verbannten in Babylon vollziehen, (Ez 11,14-
20), nicht bei den in Jerusalem Verbliebenen, die ein hochmütiges
Vertrauen in ihren Status als Kinder Abrahams setzen (Ez 33,23-29).
Um noch einmal zu zeigen, wer er ist, wird der Herr das Wunder der
Schöpfung für sein verschlepptes und verzweifelndes Volk wiederholen,
indem er es aus dem Grab des Exils ziehen und durch die Gabe seines
eigenen Geistes wieder zum Leben erwecken wird (Ez 37). Ezechiel
entwickelt die große Prophetie Jeremias über den neuen Bund weiter,
indem Gott durch ihn sagt: „Ich schenke ihnen ein anderes Herz und
schenke ihnen einen neuen Geist. Ich nehme das Herz von Stein aus
ihrer Brust und gebe ihnen ein Herz von Fleisch" (Ez 11,19). Eine
andere Version der gleichen Weissagung fügt hinzu: „Ich lege meinen
Geist in euch und bewirke, daß ihr meinen Gesetzen folgt" (Ez 36,27a).
In beiden Fällen folgt unmittelbar danach die vertraute Formel, die den
Bund zwischen Gott und seinem Volk besiegelt: „Ihr werdet mein Volk
sein, und ich werde euer Gott sein" (Ez 36,28b; 11,20b; vgl. 16,60-63).
Die Verheißung, daß Gottes Gesetz, die Thora, in das Herz der Menschen geschrieben wird, veranschaulicht die völlige Neuschöpfung des
menschlichen Herzens, das von da an durch den Lebensatem des
Schöpfers selbst beseelt ist.

Aus solchen Prophetien darf man nicht schließen, daß sich der
Glaube Israels in der Sicht dieser Propheten in eine rein individualistische Religion ohne Institutionen oder historische Verwurzelung ver-

flüchtigt. Für Ezechiel wie auch für Jeremia ist Israels Zukunft nur denkbar mit einer Rückkehr ins Land der Verheißung und mit der Wiederherstellung einer Nation nach dem Willen Gottes. Die Zerstörung Jerusalems im Jahre 587 v. Chr. schließt das Werk des Entwurzelns und Zerstörens (Jer 1,10) in jeder Hinsicht ab. Jetzt können die Diener Gottes sich mit geistlichem Scharfsinn darauf konzentrieren, einen flüchtigen Blick von der neuen Wirklichkeit des „Aufbauens und Pflanzens" zu erhaschen. Ist die Krise der Verzweiflung einmal überwunden, bietet das Exil ungeahnte Möglichkeiten der Neugestaltung. Das ist einer der überraschenden und paradoxen Vorzüge des Leidens, das nicht mit dem Tod endet: Es reinigt den Boden, indem es alte Sicherheiten beseitigt, die vielleicht nur persönliche Vorurteile mit wenig Realitätsbezug waren. Auf diese Weise wird ein weites Feld frei geschaufelt. So kann etwas Neues entstehen, und man kann sich auf das Wesentliche ausrichten. Das Exil war tatsächlich eine Zeitspanne intensiver Kreativität und Aufbauarbeit. Man denke nur an das Werk all der priesterlichen Schreiber: Ohne liturgische Pflichten konnten sie literarisch tätig werden, indem sie die religiösen Traditionen der Nation zusammenstellten und aktualisierten, und zwar sowohl in Palästina als auch in Babylon. Von dieser Zeit an nahmen die hebräischen Schriften (unser Altes Testament), besonders die historischen Bücher (Genesis bis Könige), ihre endgültige Form an.

Diese Schöpferkraft erfüllt auch die Exilspropheten, besonders ihre Deutung der Zukunft. Der Glaube des Volkes während der Zeit der Monarchie war wie gesagt von einer Gefahr bedroht oder zumindest von einer Mehrdeutigkeit. Das war eine schwierige Periode, weil Israels Glaube nie auf eine simple Rechtfertigung des *status quo* reduziert werden konnte, wofür Gott verantwortlich zu machen wäre. Im Gegenteil, dieser Glaube war tief verwurzelt im Andenken an einen Pilger-Gott, der Männer und Frauen dazu aufrief, den Ort ihrer Gefangenschaft zu verlassen und sich auf den Weg ins Land der Verheißung zu machen.

Aber Israel war zu einem Volk wie die anderen geworden, zumindest dem Anschein nach. Das brachte eine große Versuchung in der Einschätzung der Staatsinstitutionen mit sich: Sie wurden nicht nur als notwendige, aber unvollständige „Inkarnation" eines Gottes angesehen, der immer ein Pilger bleibt, sondern als automatische Garantie, als Quelle einer statischen Sicherheit, kurz: als Selbstrechtfertigung. Die Forderungen des Pilger-Gottes, des ganz Anderen, und die Realitäten einer Gesellschaft mit ihren historischen Zwängen – das konnten nur einige wenige in ihrem Leben miteinander versöhnen. Waren auch David und Jesaja dazu fähig, diese beiden Pole zusammenzuhalten, dann traf das doch nicht auf das Volk als Ganzes zu, ja nicht einmal auf seine Führer. Das erklärt den Zorn der vorexilischen Propheten, die den Götzendienst des Volkes in all seinen Formen aufspürten und anprangerten, indem sie die ganze Anpassung einer Religion entlarvten, die dazu diente, das Volk einzulullen, das vor allem an einer selbstbezogenen Zufriedenheit interessiert war.

Die Katastrophe des Exils setzte ganz neue Fakten. Der Tempel existierte nicht mehr, der König war ein Gefangener und die frühere Hauptstadt ein Trümmerhaufen. Jede Zweideutigkeit war ausgeräumt. Weltliche Einrichtungen, der Tempel und die Monarchie mit ihrem Drum und Dran konnten nicht mehr als Mittel der Selbstverherrlichung dienen. Erst in ihrem Zusammenbruch wurde eindeutig sichtbar, was sie in Wirklichkeit immer gewesen waren, nämlich Verheißungen, durch die Gottes Treue konkret wurde.

Warten auf einen neuen Exodus

Mit dem Exil verloren die meisten Traditionen Israels ihre konkrete Grundlage. Eine Tradition gewann jedoch mehr Bedeutung als je zuvor. Für die Israeliten, die verschleppt worden waren, muß die Parallele mit jener anderen Gefangenschaft Jahrhunderte zuvor in Ägypten unübersehbar gewesen sein. Sogleich wurden die alten Geschichten vom Exodus wieder eindeutig mit der gegenwärtigen Situation des Volkes verknüpft. Gleichzeitig erweiterte sich dieses Bild um neue Elemente. Was auf der anderen Seite der Wüste auf die Verbannten wartete, wurde präziser ausgesagt: Es war nicht mehr einfach ein „Land", sondern eine Stadt, ein Ort der Anbetung und eine erneuerte und umgestaltete Monarchie. Von Babylon aus gesehen konnten all die „statischen" Institutionen Israels ohne Schwierigkeit in den Rahmen des Pilger-Glaubens aufgenommen werden, und so wurde den Bedenken der vorexilischen Propheten hinsichtlich dieser Institutionen der Boden entzogen.

Diese neue Problematik wird uns im Buch Ezechiel vor Augen geführt. Dort folgt der kommenden Befreiung notwendigerweise das Sammeln der zerstreuten Nation und die Rückkehr ins Land ihrer Vorfahren (Ez 11,17; 20,41 f.; 28,25; 36,24; 37,21). Israel soll wieder aufgebaut, mit Segnungen überschüttet und zu einem Land der Fruchtbarkeit und Sicherheit werden (Ez 28,26; 34,25-30; 36,8-11.29f.33-35). All das kommt unausgesprochen einer Rückkehr zur Exodus-Tradition gleich. In Ezechiel 20 wird das besonders deutlich. Nach der Erinnerung an den ersten Exodus und die Treulosigkeit des Volkes kündigt Gott an, er könne trotz ihrer Wünsche nicht zulassen, daß sie ein Volk wie alle anderen werden (Ez 20, 32 ff.). Gott selbst wird die Dinge in die Hand nehmen, indem er das Volk in die Wüste führt, um ihre Treue zu prüfen und um die Treuen von den Abtrünnigen zu trennen (Ez 20,

35-38). Dann wird das geläuterte Volk noch einmal das Land in Besitz nehmen und dem Herrn in Ruhe unverfälschte Anbetung darbringen (Ez 20, 40-44).

Mitten in dieser Geschichte vom „neuen Exodus" verdient ein Detail unsere Aufmerksamkeit, das auf ein neues Verständnis gegenüber dem ersten Exodus hinweist. Das Ziel des langen Marsches durch die Wüste ist nicht einfach das verheißene Land, sondern „auf meinem heiligen Berg, auf dem hohen Berg Israels... dort im Land wird mir das ganze Haus Israel dienen" (Ez 20, 40). Im Bericht vom ersten Exodus bezieht sich der Ausdruck „heiliger Berg" eindeutig auf Sinai-Horeb, den Ort des Bundesschlusses und der Gesetzgebung mit Mose als Mittler (Ex 3,1-5; 24,13; vgl. 1. Kön 19,8). Hier jedoch bezieht er sich genauso unmißverständlich auf Zion-Jerusalem, und die Tatsache, daß das nicht einmal ausdrücklich erwähnt werden muß, bestätigt, daß die beiden Tendenzen schon zu einer neuen Synthese verschmolzen sind.[4]

Sammeln und Rückkehr des Volkes als Thema des neuen Exodus ist für Ezechiel der allgemeine Rahmen, den er braucht, um all die Bestandteile in ein wiederhergestelltes Israel einzugliedern, vor allem das Königshaus. Wie die meisten Propheten vor ihm betrachtete Ezechiel die Könige seiner Zeit mit kritischem Auge, insbesondere wegen ihrer Untreue dem Herrn gegenüber (z. B. Ez 21,30f.; 17,1–21). Auf die Herrscher der Nation bezieht er das schonungslose Bild von den schlechten Hirten, die „nur sich selbst und nicht meine Herde weideten" (Ez 34,8), daher irrte „meine Herde... auf allen Bergen und Höhen umher und war über das ganze Land verstreut" (Ez 34,6). Folglich, so der Prophet, wird Gott sich selbst um seine Herde kümmern und sie persönlich zur guten Weide führen müssen:

> Wie ein Hirt sich um die Tiere seiner Herde kümmert an dem Tag, an dem er mitten unter den Schafen ist, die sich verirrt haben, so kümmere ich mich um meine Schafe und hole sie zurück von all den Orten, wohin sie sich am dunklen, düsteren Tag zerstreut haben. Ich führe sie aus den Völkern heraus, ich hole sie aus den Ländern zusammen und bringe sie in ihr Land... Auf gute Weide will ich sie führen, im Bergland Israels werden ihre Weideplätze sein... Die verlorengegangenen Tiere will ich suchen, die vertriebenen zurückbringen, die verletzten verbinden, die schwachen kräftigen...
> (Ez 34,12-16; vgl. 36,37f.).

Und wenn sie schließlich wieder auf ihrem eigenen Grund und Boden sind, wird Gott einen Hirten einsetzen, der sie führen wird; Ezechiel nennt ihn immer „meinen Knecht David" (Ez 34,23.24; 37,24.25). Dieser neue Prinz (nasi: Ezechiel vermeidet generell das Wort ‚König') wird mit einem zarten Schößling verglichen, von Gott auf seinen hohen Berg gepflanzt, der zu einer prächtigen Zeder wird, in deren Zweigen Vögel jeder Art nisten (Ez 17,22-24; vgl. Mt 13,31f.). Er wird über ein versöhntes Volk herrschen, denn die früheren Reiche im Norden und Süden werden wie in alten Zeiten eine einzige Nation bilden (Ez 37,15-28). Wie bei den anderen Propheten besteht die Messias-Erwartung Ezechiels nicht in der Annahme einer heroischen Figur, sondern in den Zeichen der Treue und liebevollen Freundlichkeit Gottes, der geduldig die Risse der menschlichen Geschichte kittet, der „den hohen Baum niedrig und den niedrigen hoch macht" (Ez 17,24), und der sein Volk zu wahrem Glück führt.

Jerusalem, Mittelpunkt der Erde

Das Pilgerziel der von Ezechiel prophezeiten Rückkehr ist nicht das verheißene Land im allgemeinen, sondern das Zentrum des Staates, die Stadt Jerusalem und ihr Tempel. Obwohl der Prophet die gegenwärtigen und vergangenen Sünden der Hauptstadt energisch verurteilt und die drohende Zerstörung Jerusalems ankündigt, behält er dennoch eine tiefe Liebe zu diesem Ort, der von Gott erwählt ist als „der Ort, wo mein Thron steht, und der Ort, wo meine Füße ruhen" (Ez 43,7). Wenn der Prophet im Exil an Jerusalem-Zion denkt, nimmt die Stadt in seiner Vorstellung eine ideale, ja sogar mythische Färbung an. Zion, ein in Wirklichkeit eher bescheidener, von den umgebenden Gipfeln überragter Hügel[5], wird bei ihm der „hohe Berg Israels" (Ez 20,40) und an anderer Stelle „ein hoch aufragender Berg" (Ez 17,22) genannt. In der großen Wiederherstellungs-Vision, mit der Ezechiel sein Buch schließt (Ez 40-48), erklärt er am Anfang: „In göttlichen Visionen brachte er mich ins Land Israel und stellte mich auf einen sehr hohen Berg. In südlicher Richtung war auf dem Berg etwas wie eine Stadt erbaut" (Ez 40,2). Jerusalem gewinnt in seinen Augen nicht nur an Höhe, sondern es wird auch immer mehr zum *Zentrum*. Ezechiel hatte schon gesehen, wie das treulose Jerusalem „mitten unter die Völker... gesetzt" (Ez 5,5) war, und gegen Ende des Buches beschreibt er die Stadt mit einem mythischen Bild und nennt sie den „Nabel der Erde" (Ez 38,12; vgl. Ri 9,37). Dieses Thema wird im späteren Judaismus begeistert aufgenommen, und nicht wenige Landkarten des Mittelalters zeigen Jerusalem als Mittelpunkt der bewohnten Welt.[6]

Für Ezechiel ist die Stadt Jerusalem zuallererst der Sitz des Heiligtums, in dem Gott wohnt (Ez 37,26-28). Als Priester macht er sich große Sorgen um den Wiederaufbau des Tempels, der für ihn das Herzstück des wiederhergestellten Staates bilden wird und den er in den Schlußkapiteln seines Buches bis in die kleinsten Einzelheiten beschreibt. Im Gegensatz zum früheren Tempel wird der neue nicht mehr neben dem königlichen Palast stehen, weil dieser in einen anderen Teil der Stadt verwiesen wird. Von jetzt an wird der Herr ganz allein regieren (Ez 43,7-9). Hier zeigt sich, daß wir es mit einer anderen Zeit als vor dem Exil zu tun haben. Jetzt wird die Tradition um Stadt und Tempel von der monarchischen Tradition getrennt: Die erstere bleibt zentral, während die Rolle des Königs heruntergespielt wird.

Ein anderes wichtiges Kennzeichen des neuen Heiligtums ist der kleine Fluß, der aus dem Tempel fließt und zu einem mächtigen Strom wird, zum Ursprung einer übernatürlichen Fruchtbarkeit (Ez 47,1-12). Neben der geographischen Anspielung hat der Prophet hier anscheinend ein mythologisches Motiv aufgenommen: der göttliche Berg oder das Paradies als Quelle des Lebens für die Bewohner der Erde.[7]

Ezechiel sieht in einer Vision die gleiche Herrlichkeit Gottes in diesen wiederaufgebauten und erneuerten Tempel zurückkehren (Ez 43,1-7), die er vor der Zerstörung Jerusalems entschwinden sah. Wenn Gott noch einmal von seinem Tempel Besitz ergreift, dann wird er für immer mitten unter seinem Volk bleiben (Ez 43,7). Das Volk wird in Frieden leben unter dem Schutz Gottes, einer Sicherheit, die kein Angreifer je stören wird (vgl. Ez 38-39). Und das Buch Ezechiel schließt mit den Worten: „Der Name der Stadt soll von heute an sein: Hier ist der Herr." (Ez 48,35). Die Parallele zu Jesajas Immanuel und auch der Unterschied zu ihm sind nicht zu übersehen. Wenn Gott mit uns ist (oder sein wird), dann geschieht das nach Ansicht Ezechiels nicht wegen des Königshauses, sondern vielmehr wegen des Tempels und seines Gottesdienstes. Jerusalem wird wieder die Wohnstatt Gottes sein, von wo aus er die Menschen erreicht.

Das mit Hilfe mythologischer Motive idealisierte und zum Zentrum der Erde gemachte Jerusalem kommt in der Sicht des nachexilischen Judaismus zur Blüte[8], und die Christen ihrerseits knüpfen daran an. In den hebräischen Schriften können wir dafür in den prophetischen Büchern und besonders in bestimmten Psalmen Beispiele finden.[9] Mit am eindrucksvollsten in der prophetischen Literatur ist eine doppelte Prophetie, die sich sowohl bei Jesaja als auch bei dessen Zeitgenossen Micha findet. In ihr scheint alles schon seinen richtigen Platz gefunden zu haben. Sie spricht von einer Pilgerreise der Völker zum Berge Zion, die in naher oder fernerer Zukunft stattfinden wird;

> Am Ende der Tage wird es geschehen:
> Der Berg mit dem Haus des Herrn
> steht fest gegründet als höchster der Berge;
> er überragt alle Hügel.
> Zu ihm strömen alle Völker.
> Viele Nationen machen sich auf den Weg;
> Sie sagen: Kommt, wir ziehen hinauf zum Berg des Herrn
> und zum Haus des Gottes Jakobs.
> Er zeige uns seine Wege,
> auf seinen Pfaden wollen wir gehen.

Denn von Zion kommt die Weisung des Herrn,
aus Jerusalem sein Wort.
Er spricht Recht im Streit der Völker,
er weist viele Nationen zurecht.
Dann schmieden sie Pflugscharen aus ihren Schwertern
und Winzermesser aus ihren Lanzen.
Man zieht nicht mehr das Schwert, Volk gegen Volk,
und übt nicht mehr für den Krieg.

(Jes 2,2-4; Mi 4,1-3)

Viele der Texte über den Zion sind schwierig zu datieren. So sind die verschiedensten Hypothesen über den Ursprung dieser Tradition geäußert worden. Einige glauben, der Berg Zion habe erst im Exil an Bedeutung gewonnen unter den Auswirkungen babylonischer Mythologie und im Abstand zu der wirklichen, historischen Stadt. Und so sieht man in der obigen Weissagung eine spätere Ergänzung aus der Zeit des Exils oder sogar danach.

Obwohl sie etwas für sich hat, ist diese radikale Deutung nicht die einzig mögliche. Inzwischen bieten einige Ausleger eine nuanciertere Interpretation an. Sie halten es für ziemlich wahrscheinlich, daß die fragliche Prophetie aus der Zeit Jesajas oder der unmittelbar darauf folgenden Generation stamme, also nahezu ein Jahrhundert vor den Deportationen nach Babylon entstanden sei.[10] Der Einfluß babylonischer Religion ist tatsächlich nicht die einzig mögliche Quelle für diese Vorstellung. Israel war nie so isoliert von seinen kanaanäischen Nachbarn, so *sui generis,* daß keine kulturelle Anpassung hätte stattfinden können. Wir haben gesehen, daß eher das Gegenteil der Fall war, was der Eigenständigkeit des Glaubens manchmal zum Vorteil, aber auch zum Nachteil gereichte. Das gilt besonders für Jerusalem im Blick auf seinen jebusitischen Ursprung. Die Wurzeln dieser idealisierten Sicht reichen aller Wahrscheinlichkeit nach in eine Zeit, in der die Stadt noch nicht zu Israel gehörte.[11]

Wenn das zutrifft, dann hat die heilige Stadt durch das Ereignis des Exils einen starken Auftrieb erlebt – und von diesem Zeitpunkt an bekommt die Tradition ihre endgültige Form. Vom Blickwinkel des Pilger-Glaubens her gesehen, ist endlich alle Zweideutigkeit beseitigt. Jerusalem ist kaum mehr als ein Trümmerhaufen, und wenn seine unvergleichliche Pracht von Gläubigen immer noch besungen wird, dann liegt der Grund dafür tiefer als in der bloßen Bestätigung menschlicher Macht und Herrlichkeit – im Vertrauen auf die göttlichen Verheißungen. Wo Menschen mit bloßem Auge nur Tod und Zerstörung sehen, nehmen die Augen des Glaubens und der Hoffnung den Schimmer der Auferstehung wahr.

Die Akzentuierung von Zion-Jerusalem ist nur ein Beispiel, wie radikal sich der Blickwinkel durch das unglückliche Schicksal Israels verschoben hat. Das Hauptaugenmerk der Propheten vor dem Exil galt der Untreue des Volkes gegen Gott und der Warnung vor dem unvermeidlichen Unheil. Wenn diese Propheten für die Zeit nach der Katastrophe einen Hoffnungsschimmer entdecken konnten (denn trotz der Wankelmütigkeit der Menschen läßt Gott sie nicht los), so stand das doch nicht im Mittelpunkt ihres Interesses. Mit der Gefangenschaft in Babylon ändert sich alles: Jetzt versuchen die von Gott Berufenen vor allem, neue Hoffnung zu erwecken und die demoralisierte Bevölkerung davon zu überzeugen, daß der Gott Israels trotz des äußeren Scheins immer noch der Herr der Geschichte ist. Diese Absicht beeinflußte die Bearbeitung der historischen Bücher der Bibel während des Exils wie auch die Überlieferung der Schriften der frühen Propheten. Ihre Aussagen wurden im Licht der neuen Situation gelesen und kommentiert, und das zog eine Verschiebung der Gewichte nach sich. Die Weissagungen gegen die mächtigen Feinde des auserwählten Volkes und der Ansatz der Hoffnung in der Verkündigung jener Propheten gewannen weit größere Bedeutung als die mittlerweile überflüssigen Drohungen und Warnungen vor dem Unheil, ja man dachte über sie nach, entfaltete sie und übertrug sie auf die Bedürfnisse des Augenblicks.

Betrachten wir das lange Gedicht gegen „den König von Babylon" (Jes 14,3-23). Der Prophet von Jerusalem hatte es zum Tode eines assyrischen Königs geschrieben. Da Babylon in der jetzigen Fassung nur am Anfang und am Schluß erwähnt wird, vermutet man, daß das ursprüngliche Gedicht überarbeitet wurde, damit es der neuen politischen Situation entsprach, und zwar zu einer Zeit, als Babylon nach der Ablösung der Weltmacht Assyrien nun seinerseits das Gottesvolk unterdrückte. Jesaja 13 wird als ausführliche Prophetie gegen Babylon präsentiert, obwohl diese Nation erst fast ein Jahrhundert nach dem Wirken Jesajas auf der Bildfläche der Weltpolitik erschien. Desgleichen betrifft die Weissagung Jesaja 14,1f. eine spätere Zeit während oder nach der babylonischen Gefangenschaft. Schließlich scheint auch die messianische Verheißung vom Stumpf Isais (Jes 11) erweitert worden zu sein, um sie späteren Generationen zugänglicher zu machen. So wird die Berufung durch den Messias, den gerechten Richter, so ausgeweitet, daß auch andere Nationen aufgenommen werden (Jes 11,10 erinnert an Jes 2,2-4). Das könnte auf den engsten Jüngerkreis des Propheten zurückgehen. Was dann folgt, hat eine andere Bedeutung (Jes 11,11.12). Dort ist von den Zerstreuten die Rede, die „von den vier Enden der Erde" zusammengesammelt werden. Das setzt eine nachexilische Zeit voraus, in der die Juden in einer Diaspora lebten. Man könnte noch viele Beispiele finden, um zu veranschaulichen, wie die Sammlungen prophetischer Weissagungen überarbeitet und in der Zeit des Exils oder danach sogar ergänzt wurden. Diese Vorgänge sind kein Grund, um an der Wahrheit der Schriften zu zweifeln, sie sind vielmehr ein Hinweis, wie die Botschaft der Propheten als Mitteilung des lebendigen Gottes betrachtet wurde, als eine Quelle, die jederzeit aufsprudeln und aus der jede Generation neue Konsequenzen für die jeweils aktuelle Situation ziehen konnte.

Der große Unbekannte des Exils

Das deutlichste Beispiel für die durch das Exil veränderte Perspektive finden wir, wenn wir im Buch Jesaja weiterlesen. Mit dem Anfang von Jesaja 40 sind wir jedenfalls nicht mehr im Jerusalem des achten Jahrhunderts v. Chr. Nach allgemeiner Überzeugung der exegetischen Forschung stammen die Schlußkapitel des Jesaja-Buches aus einer viel späteren Zeit als die vorausgehenden. So betrachtet man Jesaja 40-55 als das Werk eines anonymen Propheten, der während des letzten Teils des Exils im Land der Gefangenschaft lebte (nach 550 v. Chr.). Er wird DEUTEROJESAJA (der „zweite" Jesaja) genannt, um ihn von Jesaja, dem großen Propheten von Jerusalem, zu unterscheiden. Schwieriger ist es, das Ende des Buches (Jes 56-66) zu datieren, dessen Hauptteil in die Zeit nach 538 v. Chr. zu gehören scheint. Damals erhielten die Juden endlich die Erlaubnis, in ihr Heimatland zurückzukehren, was sich aus einem Machtwechsel der Weltreiche ergab, als die Perser die Macht übernommen hatten. Es herrscht jedoch keine Übereinstimmung darüber, ob der Autor dieser Kapitel ebenfalls Deuterojesaja oder einer seiner Jünger („Trito-Jesaja") ist, oder ob es sich um eine ganze Schule handelt; die Identität jenes Verfassers, den wir Deuterojesaja nennen, ist uns jedenfalls völlig unbekannt. Mit einiger Sicherheit können wir nur folgendes sagen: Gegen Ende der Babylonischen Gefangenschaft erhob sich in der Nachfolge des Propheten Jesaja eine neue Prophetenstimme, die ihre Botschaft einer inzwischen erheblich veränderten Welt mitteilte.

Schon die Sprache dieser Kapitel zeigt uns, daß wir es mit einer anderen Welt zu tun haben. „Die Botschaft Jesajas wurde in kurzen und dringenden Weissagungen ausgedrückt, in einem knappen und durchdringenden Stil. Jesaja 40-55 gebraucht eine wortreiche, feierliche Sprache, die manchmal hymnischer Dichtung sehr nahe kommt... ein sehr gemütvoller Stil, der zu gequälten und entmutigten Herzen sprechen will..."[12]. Der Verfasser wandelt literarische Gattungen um, schafft neue und verschmilzt sie zu kunstvolleren Einheiten. All das tut er, um einen Stil zu formen, der das Neue an seiner Botschaft zum Ausdruck bringen kann. Die Verschmelzung des prophetischen Vokabulars mit der Sprache der Psalmen[13] legt die Vermutung nahe, daß seine Verkündigung eine Verbindung mit den Gebetsgottesdiensten hatte, die die Verbannten als Ersatz für die früher im Tempel dargebrachten Opfer hielten.

Im Unterschied zu den Propheten vor ihm (mit Ausnahme von Ezechiel, der eine Zwischenfigur bleibt) ist die Botschaft Deuterojesajas fast ausschließlich auf die Zukunft gerichtet. Fünfhundert Jahre vor Jesus Christus hören wir bereits die Verkündigung eines „Evangeliums", einer frohen Botschaft von der Erlösung (vgl. Jes 40,9; 41,27; 52,7), die Ankündigung einer bevorstehenden Befreiung. Anlaß für diese Ankündigung scheint eindeutig der Aufstand des Perserkönigs Kyrus gegen die babylonischen Beherrscher mit der unerbittlichen Eroberung ihres Reiches gewesen zu sein. Da man von den Persern wußte, daß sie ihren Untertanen ein höheres Maß an kultureller Autonomie und (wie wir heute sagen würden) an religiöser Freiheit gewährten, bedeutete diese Nachricht die Hoffnung auf eine Rückkehr der Gefangenen in ihre Heimatländer. Aber Deuterojesaja bleibt nicht an der Oberfläche dieses erfreulichen Ereignisses: Im Gefolge seiner Vorgänger sieht er es in der Hand des Gottes Israels als dessen neueste und wichtigste Befreiungstat, ja als entscheidenden Wendepunkt in der Geschichte seines Volkes und sogar der Menschheit. Die Anfangszeilen dieses Teils des Buches Jesaja machen schon die Stimmung deutlich:

Tröstet, tröstet mein Volk,
spricht euer Gott.
Redet Jerusalem zu Herzen
und verkündet der Stadt,
daß ihr Frondienst zu Ende geht,
daß ihre Schuld beglichen ist;
denn sie hat die volle Strafe erlitten
von der Hand des Herrn
für all ihre Sünden.

(Jes 40,1-2)

Angesichts dieser eindringlichen Botschaft wird die Vergangenheit des Volkes zweitrangig – sie gehört zu einer Zeit, die vorbei und erledigt ist:

Denkt nicht mehr an das, was früher war;
auf das, was vergangen ist, sollt ihr nicht achten.
Seht her, nun mache ich etwas Neues.
Schon kommt es zum Vorschein, merkt ihr es nicht?

(Jes 43,18f.)

Diese Aufforderung ist selbstverständlich nicht wörtlich zu nehmen. Ist doch sogar der Prophet an der Vergangenheit interessiert, wenn auch nur als Vergleichsgrundlage gegenüber Gottes gegenwärtigem Handeln.[14] Wie könnten wir je etwas vom lebendigen Gott verstehen, ohne Gottes Verhalten in der Vergangenheit in unser Denken miteinzubeziehen? Der Prophet ist sich also darüber im klaren, daß Gott und sein Volk eine gemeinsame Geschichte haben. Er erinnert sich der Verheißungen an Abraham (Jes 51,1f.) und David (Jes 55,3), und er ist mit den Wundern des Exodus vertraut (Jes 43,16f.; 48,21; 50,2b; 51,10). Er weiß auch, daß es hauptsächlich eine Geschichte der Treulosigkeit des Volkes gegen seinen treuen Gott ist. Um diese Wahrheit darzustellen, übernimmt Deuterojesaja Worte und Bilder vom ‚ersten' Jesaja: „Ihr, die ihr taub seid, hört, ihr Blinden, blickt auf und seht her!" (Jes 42,18-20; 43,8; vgl. 6,9f.), von der Hosea-Jeremia-Ezechiel-Linie: „die Schande in deiner Jugend" (Jes 54,4-8) und von der Exodus-Tradition: „Ich wußte, daß du halsstarrig bist, daß dein Nacken eiserne Sehnen hat und deine Stirn aus Bronze ist." (Jes 48,4; vgl. Ex 32,9). Dies ist inzwischen ein klassisches Thema in der biblischen Literatur: die Halsstarrigkeit des Volkes. Ihretwegen war – auch in den Augen Deuterojesajas – die Katastrophe unvermeidbar und die Notwendigkeit der Läuterung unumgänglich: „Ich habe dich geläutert ... im Schmelzofen des Elends prüfte ich dich" (Jes 48,10). Aber um irgendwelche Mißverständnisse zu vermeiden – der Prophet fügt ausdrücklich hinzu, daß es nicht Gott war, der diese Art von Geschichte wollte. Im Gegenteil, er wollte immer die führen, die er zur Fülle des Lebens und zur Erfüllung der Abraham-Verheißung berufen hatte:

> Hättest du doch auf meine Gebote geachtet!
> Dein Glück wäre wie ein Strom
> und dein Heil wie die Wogen des Meeres.
> Deine Nachkommen wären (zahlreich) wie der Sand
> und deine leiblichen Kinder wie seine Körner.
>
> (Jes 48,18f.; vgl. 43,22-28)

Es muß jedoch noch einmal betont werden, wie sehr sich die Geschichte bei Deuterojesaja der Gegenwart unterordnet; denn gerade jetzt tut Gott noch größere Wunder. Der Prophet drängt seine Landsleute, nicht in der Erinnerung zu verharren. Die Sehnsucht nach der „guten alten Zeit" ist eine trügerische Vertröstung. In der Blütezeit bestand die Gefahr für Israel darin, sich gemütlich im „guten Leben" niederzulassen und das Vertrauen auf den Herrn durch überhebliche Selbstsicherheit zu ersetzen. Die Versuchung während des Exils war anders, aber nicht weniger groß, nämlich in Nostalgie oder Verzweiflung zu versinken und den Pilger-Gott einfach zu vergessen. Dagegen kämpft der Prophet an, indem er seine Gefährten zu bewegen sucht, die Vergangenheit zu vergessen und ihre Augen für eine Gegenwart zu öffnen, die Gott gerade jetzt für sie auftut. Er weiß allerdings, daß dies eine

Bewußtseinsänderung, ja eigentlich eine Umkehr ihres ganzen Wesens einschließt, weil die Pläne Gottes unendlich viel größer sind als das Fassungsvermögen der viel zu stark in ihrer eigenen Situation festgefahrenen Menschen (Jes 55,6-9).

Neuer Exodus, neue Schöpfung

Für Deuterojesaja beginnt das „Neue" mit der durch den Sieg des Kyrus möglich gewordenen Rückkehr der Verbannten in das Land ihrer Herkunft. Hier nimmt der Prophet ein Thema auf, das schon bei Jeremia und Ezechiel anklang, indem sie diese Rückkehr als Pilgerreise durch die Wüste beschrieben haben. Es wird ein neuer Exodus sein, noch eindrucksvoller als der erste. Das wird schon aus den ersten Zeilen seiner prophetischen Rede deutlich:

> Eine Stimme ruft:
> Bahnt für den Herrn einen Weg durch die Wüste!
> Baut in der Steppe eine ebene Straße
> für unseren Gott!
> Jedes Tal soll sich heben,
> jeder Berg und Hügel soll sich senken.
> Was krumm ist, soll gerade werden,
> und was hüglig ist, werde eben.
> Dann offenbart sich die Herrlichkeit des Herrn,
> alle Sterblichen werden sie sehen...
> Seht, Gott, der Herr, kommt mit Macht...
> Seht, er bringt seinen Siegespreis mit:
> Alle, die er gewonnen hat, gehen vor ihm her.
> Wie ein Hirt führt er seine Herde zur Weide,
> er sammelt sie mit starker Hand.
> Die Lämmer trägt er auf dem Arm,
> die Mutterschafe führt er behutsam.
>   (Jes 40,3-5.10f.; vgl. auch 43,16-21;
>   49,7-13; 51,11; 52,7-12; 55,12f.)

Gott selbst wird sein Volk in ein wiederaufgebautes Jerusalem führen (Jes 44,26.28; 51,3; 52,1f.; 54,11-17) und es mit Nachkommen über alle Vorstellungskraft hinaus segnen (Jes 49,17-21; 54,1-3; vgl. 44,1-5). Dann wird für jeden deutlich werden, daß der Pilger-Gott den Schlüssel zur Geschichte der Menschheit in der Hand hat und daß seine Befreiungspläne nicht für immer durch menschliche Bosheit durchkreuzt werden.

Deuterojesaja stellt dieses Thema vom zweiten Exodus in einen universaleren Zusammenhang als seine Vorgänger. So blüht in seiner Gottessicht das voll auf, was bei Jesaja noch eine kleine Pflanze und was unausgesprochen schon von Anfang an im Glauben Israels vorhanden war. Der Gott Deuterojesajas ist der wahrhaft Einzigartige, der Unvergleichliche, den Raum und Zeit niemals umfassen können. Er, der unbestrittene Herr der Geschichte, ist auch und noch universaler der Schöpfer: „Ich habe die Erde gemacht und die Menschen auf ihr geschaffen" (Jes 45,12a).

Die Bedeutung, die Deuterojesaja dem Gedanken der Schöpfung beimißt, ist oft unterstrichen worden. Folgte sie aus der Nähe zur Religion Babylons mit den kosmischen Ansprüchen seiner Götter, oder hat eine übernationale geistige Strömung die Aufnahme dieser Thematik begünstigt? Ungefähr zur selben Zeit setzte sich die sogenannte Priesterschrift, die die Geschichte Israels aufzeichnet, mit diesem Thema auseinander; sie beginnt mit dem erstaunlichen Aufriß der Erschaffung der Welt in sieben Tagen, den wir im ersten Kapitel des Buches Genesis finden. Besser als alle anderen Propheten bringt Deuterojesaja die ‚kosmische' und die ‚historische' Dimension in Gottes Handeln miteinander in Einklang, ja beide sind für ihn sogar austauschbar. Durch die Erschaffung des Universums hat Gott zuerst seine Absicht verwirklicht, Menschen zum Heil zu führen. Andererseits haben Gottes Eingriffe in die Geschichte immer auch eine schöpferische Seite, da sie etwas völlig Neues ins Sein rufen und ihren Ursprung in Gott allein haben. Manchmal wechselt der Prophet verwirrend schnell von der einen zur anderen Ebene, wie in der folgenden Weissagung, wo der Sieg über das Chaos am Anfang der Welt nahtlos in den Durchzug durchs Schilfmeer übergeht:

> Wach auf, wach auf, bekleide dich mit Macht,
> Arm des Herrn!
> Wach auf wie in den früheren Tagen,
> wie bei den Generationen der Vorzeit!
> Warst du es nicht, der die Rahab zerhieb
> und den Drachen durchbohrte?
> Warst du es nicht, der das Meer austrocknen ließ,
> die Wasser der großen Flut,
> der die Tiefen des Meeres zum Weg gemacht hat,
> damit die Erlösten hindurchziehen konnten?
>
> (Jes 51,9f.)

Und genauso schnell wechselt der nächste Vers zum Thema des neuen Exodus, der Rückkehr von der gegenwärtigen Gefangenschaft.

Kein Wunder also, wenn der Prophet diesen neuen Exodus als eine „neue Schöpfung" beschreibt. Der Pilger-Gott durchschreitet die Wüste und bringt die Überlebenden nach Hause, dann wird die unfruchtbare Einöde in einen grünenden Garten verwandelt (Jes 41,17-20; 55,13). Auch das ist eine Anspielung auf das Wasser-Wunder beim ersten Exodus (vgl. Jes 43,19f.; 48,21; 49,10). Für frühere Propheten waren Natur-Bilder gelegentlich ein Ausdruck ihrer Hoffnung (z. B. Hos 2,20.24; Am 9,13f. Jes 11,6-9), aber jetzt sind sie ein wesentlicher

Bestandteil der Botschaft. Ebenso sind auch die Hymnus-Fragmente, die oft am Ende eines Abschnitts stehen, nicht bloße Verzierungen. Sie laden die Menschen ein, sich in den gewaltigen Strom des Lobpreises einzureihen, der die Werke Gottes, des Schöpfers und Erlösers krönt und der immer weiter anwächst, bis er die ganze Schöpfung umfassen wird:

> Jubelt, ihr Himmel, jauchze, o Erde,
> freut euch, ihr Berge!
> Denn der Herr hat sein Volk getröstet
> und sich seiner Armen erbarmt.
>   (Jes 49,13)[15]

Wenn sich der Heilige Israels so als der einzige Schöpfer der Welt zeigt, dann ist er auch der einzige, der die Zügel der Geschichte in der Hand hält. Eine der literarischen Formen, die dieser Prophet bevorzugt, ist die einer Gerichtsverhandlung zwischen dem Gott Israels und den Völkern mit ihren Göttern. Mehrmals werden sie herbeizitiert, um zu erfahren, daß einzig und allein der Herr durch die Ereignisse der Geschichte handelt, die er, um das zu beweisen, durch seinen Sprecher, den Propheten, vorhersagen läßt (Jes 41,1-4. 21-29; 43,9-13; 44,6-8; vgl. Jes 48). Im Gegensatz dazu sind die Götter der anderen Völker machtlos, ja sie sind bloße von Menschenhänden geformte Götzenbilder. Anstatt ihr Volk durch die Geschichte zu tragen, wie es der Herr mit Israel tut, müssen sie auf den Schultern ihrer Erfinder getragen werden als schwere Lasten, die den Weg in die Gefangenschaft noch bedrükkender machen (Jes 46,1-4). Diese Art der Satire gegen die Götzenanbetung ist charakteristisch für Jesaja 40-55 und zeigt, wie sich das Gottesbild entwickelt hat. Dies ist mehr als die einfache Vorschrift, sich kein Bild von der Gottheit zu machen, mehr als der Anspruch, daß die Götter anderer Nationen geringer sind als der Gott Israels. Hier wird die Existenz anderer Götter fast geleugnet.

Der Gott Israels als der einzige Herr der Geschichte beginnt also mit der Befreiung seines Volkes in einem neuen Exodus durch die Wüste. Dazu ruft er zuallererst Kyrus, „einen Adler", (Jes 46,11), den niemand aufhalten kann. Dieser Mann soll Jerusalem und seinen Tempel wiederaufbauen (Jes 44,28). Die einzigartige Beziehung zwischen dem Gott Israels und diesem Heidenkönig muß die Landsleute des Propheten erstaunt haben. Nie zuvor hat ein Prophet in Israel in Gottes Namen Ausdrücke wie „mein Hirt" (Jes 44,28), „der, den der Herr liebt" (Jes 48,14) und besonders „seinen Gesalbten" (Jes 45,1) gebraucht und sie statt auf den Sohn Davids, auf einen fremden Herrscher bezogen, der nicht einmal den Herrn kennt (Jes 45,4f). Was für eine Messias-Erwartung ist das, die außerhalb des auserwählten Volkes und seiner Institutionen verankert ist und ihre Hoffnung auf einen Fremden setzt, der noch nie mit einer göttlichen Verheißung in Zusammenhang gebracht worden war?

Wenn wir die Texte näher betrachten, sehen wir, daß die Dinge nicht so fremd sind, wie sie auf den ersten Blick erscheinen. Zunächst läßt sich der voll entwickelte Messias-Glaube mit einer starken politischen Komponente, den manche auf die großen Propheten zurückführten, in deren eigenen Schriften kaum oder gar nicht bestätigen. Einige Kreise des jüdischen Volkes mögen ihre Hoffnung in späterer Zeit auf einen neuen David gesetzt haben, einen heldenhaften Krieger, der ihr Land von all den Feinden befreien sollte, die es in Knechtschaft hielten. So weit ist es aber noch nicht. Was wir hier vor uns haben, sind lediglich einige Prophezeiungen, die die Verheißung an David als ein Zeichen der Treue Gottes kommentieren und den Hörern versichern, daß Gott sein Versprechen auf jeden Fall halten werde – und sei es auf unerwartete Weise. In diesen Verheißungen trägt Gott im allgemeinen selbst die Verantwortung für das, was geschieht. Der „Messias" wird nur als friedlicher König kommen, wenn der Herr schon den Weg bereitet hat.[16] Seine Aufgabe besteht im wesentlichen darin, über die von Gott geschaffene neue Ordnung zu wachen. Genau das finden wir in Jesaja 40-55, allerdings ohne ausdrückliche Erwähnung eines neuen David.[17] Nachdem der Herr mit Kyrus als Werkzeug die Rückkehr und Wiederherstellung des Volkes ermöglicht hat, wird Israel das verheißene Land wieder in Besitz nehmen und die Segnungen durch den „ewigen Bund... gemäß der beständigen Huld, die ich David erwies" (Jes 55,3), erhalten.

Sodann ist festzuhalten: Deuterojesaja verstärkt, indem er von Kyrus spricht, nur eine Tendenz, die bei den Propheten vor ihm bereits sichtbar wird. Die Katastrophe, die sie vor dem Exil voraussagten, geschah in Form einer Invasion durch fremde Nationen. Diese Völker dienten somit unausgesprochen der Sache des Gottes Israels, auch wenn sein Eingriff nicht so direkt angenommen wurde. Mit Jesaja erweitert sich das Blickfeld: Gott nennt Assyrien den „Stock meines Zorns", der dazu dienen muß, seine Pläne zu unterstützen, bevor er verworfen wird, weil er zu weit gegangen ist (Jes 10,5-19; vgl. 5,26-30). Ebenso nennt Gott im Buch Jeremia Nebukadnezar mehrere Male „meinen Knecht" (Jer 25,9; 27,6; 43,10). Und Deuterojesaja seinerseits sagt den Fall Babylons wegen ihres Stolzes voraus (Jes 47). Die Titel, die Deuterojesaja Kyrus gibt, sind also in der prophetischen Tradition verwurzelt, obwohl es hier nicht um die Zerstörung, sondern um die Wiederherstellung geht. Und doch ist der Vorgang der gleiche: Der Pilger-Gott als Herr der Geschichte kann jeden in Dienst nehmen, um sein Werk zu vollenden.

Wie unverwechselbar die Botschaft Deuterojesajas ist, zeigt sich deutlicher an dem vom Propheten erhofften und von Gott bewirkten Ergebnis der „guten Nachricht". Für diesen Propheten leitet die gute Nachricht wie gesagt einen Lobpreis ein, in den das Lob der ganzen Schöpfung für Gottes wunderbare Taten wie in einen Strom einmündet. Aber Anbetung und Dank gelten nicht nur für Israel und die ganze Natur, auch die anderen Völker werden aufgefordert, mit einzustimmen. Deuterojesaja geht davon aus, daß sie beim Anblick der Taten Gottes anerkennen, daß er der alleinige Herr und wahre Gott ist (Jes 40,5; 41,20; 42,10-12; 45,6; 49,7.26b; 52,10 u. ö.). Dann werden alle, die auf Götzenbilder vertraut haben, beschämt sein (Jes 42,17), während sich vor dem Herrn jedes Knie beugen und jede Zunge bei seinem Namen schwören wird (Jes 45,23).

Um die universalen Folgen seiner Botschaft auszudrücken, kleidet Deuterojesaja die Schilderung der Rückkehr aus dem Exil in das Motiv der Nationen, die nach Jerusalem pilgern:

> Sieh her, ich hebe die Hand in Richtung der Völker,
> ich errichte für die Nationen ein Zeichen,
> und sie bringen auf ihren Armen deine Söhne herbei
> und tragen deine Töchter auf ihren Schultern.

(Jes 49,22; vgl. Jes 2,2-4)

Beim Anblick der Taten des Gottes Israels werden Fremde aus allen vier Enden der Erde kommen und sich spontan der Führung Israels unterwerfen:

> Die Ägypter mit ihren Erträgen,
> die Kuschiter mit ihrem Gewinn
> und die großgewachsenen Sebaiter
> werden zu dir kommen und dir gehören;
> in Ketten werden sie hinter dir herziehen.
> Sie werfen sich nieder vor dir und bekennen:
> Nur bei dir gibt es einen Gott,
> und sonst gibt es keinen.
> Wahrhaftig, du bist ein verborgener Gott,
> Israels Gott ist der Retter.

(Jes 45,14 f.; vgl. 55,3-5)

Das ist noch kein Proselytentum, da Israel nicht auszieht, um andere Nationen zu überzeugen, zumal die Aufmerksamkeit des Propheten auf sein eigenes demoralisiertes Volk konzentriert bleibt. Mit seiner überzeichnenden Sprache möchte er bei den Israeliten ein Gefühl für die Bedeutung ihrer Berufung erwecken und ihnen damit neue Hoffnung und neues Vertrauen geben. Dennoch ist hier ein wichtiger Punkt erreicht, die klare Gewißheit nämlich, daß Gottes Volk nicht nur für sich selbst und für seinen Gott existiert, sondern daß es eine universale Berufung hat. Israel ist dazu berufen, ein Zeichen zu sein, ein „Zeuge für die Völker" (Jes 55,4), ein Vermittler, der durch sein bloßes Dasein dem zunächst „verborgenen" Gott die Möglichkeit gibt, von der ganzen Menschheit erkannt zu werden. Hier beginnt die Erfüllung sowohl der Verheißung an Abraham („Alle Völker auf Erden sollen durch dich gesegnet werden") als auch der Worte, die Gott am Sinai gesprochen hatte („Ihr sollt mir ein Königtum von Priestern sein"). Dieses winzige Volk, das immer ein Außenseiter im Lager der geschichtsmäßigen Nationen war, bringt mit seiner Pilgerreise Konsequenzen von weltweiter Bedeutung zum Vorschein.[18]

„Hier ist mein Knecht ..."

Der universale Aspekt von Jesaja 40-55 zeigt sich in den tiefgründigsten wie auch geheimnisvollsten Abschnitten, den sogenannten Liedern vom Gottesknecht (Jes 42,1-4; 49,1-6; 50,4-9; 52,13-53,12). Diese Texte bilden einen Höhepunkt innerhalb der hebräischen Schriften, daher überrascht es nicht, daß sie so viele Fragen und Probleme aufwerfen. Die erste Schwierigkeit betrifft ihre Existenz an sich: Haben wir das Recht, von vier „Liedern" zu sprechen, die eine Einheit bilden, oder müssen wir jedes für sich in seinem spezifischen Kontext sehen? Beide Meinungen wurden geäußert, dabei läßt sich kaum leugnen, daß diese vier Abschnitte ihre eigenen Merkmale haben, die sie vom Rest der Kapitel 40-55 unterscheiden. Das Wort „Knecht" zum Beispiel, das in den übrigen Kapiteln fast ausschließlich auf Israel-Jakob angewandt wird (Jes 41,8; 43,10; 44,1 ...), bezieht sich hier auf eine Gestalt, deren Identität rätselhaft bleibt (die Erwähnung Israels in Jes 49,3 macht die Sache nur komplizierter) und die nicht einfach mit der Nation als solcher identifiziert werden kann.

Ein weiteres Problem betrifft den Verfasser dieser Stücke. Manche nehmen an, Deuterojesaja selbst habe sie geschrieben, entweder zur gleichen Zeit wie den Rest des Buches oder später, als er – wie die Propheten so häufig – vermutlich enttäuscht und verzweifelt war. Die Lieder würden dann eine „Vergeistigung" seiner Botschaft darstellen. Andere betrachten sie als das Werk seiner Jünger (Trito-Jesaja?), die über das Schicksal ihres Meisters meditierten, was besonders durch das vierte Lied nahegelegt wird.

Kommen wir zu der Frage, die die meiste Aufmerksamkeit erregt hat, nämlich: die Identität des Knechtes. Ist er ein Kollektiv (das ganze Israel, ein treuer Rest ...) oder eine Einzelperson? Wenn letzteres zutrifft, ist er dann König oder Prophet, Jude oder Nicht-Jude (Kyrus), ein Mann in Vergangenheit (Mose, Jeremia, Josia ...), Gegenwart

(Deuterojesaja selbst, Serubbabel...) oder Zukunft? All diese Interpretationen sind vorgelegt worden; aber da von uns nicht verlangt wird, daß wir uns auf eine einzige beschränken, gibt es eine Unzahl von Möglichkeiten.

Im Augenblick können wir nicht mehr tun, als diese Punkte im Vorübergehen zu erwähnen.[19] Und doch wollen wir eine Bemerkung riskieren, die der Vereinfachung dient, wenn wir an diese Texte herangehen. In der wissenschaftlichen Literatur hat man oft den Eindruck, der in diesen Abschnitten beschriebene Knecht sei eine „unbekannte Größe" – wie in einer mathematischen Gleichung, die man zu lösen versucht –, während die verschiedenen „Identitäten" (Mose, Israel etc.) verschiedene Lösungsmöglichkeiten darstellen. Aber müßte man nicht zutreffender das Bild umdrehen und den Knecht (zumindest in der Sicht des Propheten) als feststehende Größe betrachten, als „Wort" von Gott, das die verschiedenen historischen Gestalten in dem Maße erhellt, in dem ihre Existenz mit der Bestimmung des Menschen durch Gott übereinstimmt? Mit anderen Worten, können wir in den Liedern nicht eine authentische und inspirierte theologische Aussage sehen, die die Frage zu beantworten sucht: Was bedeutet es, von Gott erwählt zu sein? Welches sind die Kennzeichen des oder der Menschen, die mit ihrem ganzen Wesen auf den Bund mit Gott eingehen, durch den er sie ruft und formt? Selbstverständlich spielt in diesem theologischen Denken das vergangene und gegenwärtige Leben des Gottesvolkes besonders hinsichtlich seiner berühmtesten Vertreter eine große Rolle. Theologie ist eigentlich niemals nur ein intellektuelles Gebäude, das im Elfenbeinturm weit weg vom Leben gewöhnlicher Menschen ausgearbeitet wird, sondern sie betrachtet die reale Wirklichkeit mit den Augen des Glaubens und versucht, das Wort zu erkennen, das Gott durch sie vermitteln möchte.

Wenn wir diese Texte so lesen, dann relativieren sich einige anfangs erwähnte Probleme. Jetzt kann man verstehen, warum die Gestalt des Knechts die Eigenschaften bestimmter Personen oder Klassen von Menschen annimmt, ohne einfach mit ihnen gleichgesetzt zu werden. Wenn wir etwa die Deutung anschauen, die im Knecht ein ideales Israel sieht, dann ist uns klar, daß dieses Ideal nicht einem menschlichen Idealismus entspringt und für immer eine Abstraktion bleiben müßte. Im Gegenteil, die Gestalt des Knechts leitet sich aus einer durch den Geist Gottes verwandelten Schau ab. Der Geist Gottes ist es, der auf unsere armseligen, unzulänglichen Versuche der Gotteserkenntnis ein kraftvolles und gütiges Licht wirft, so daß der Glaube in ihnen eine gottgemäße Antwort sieht. Wenn also Christen in dem Knecht eine erstaunliche Übereinstimmung mit Jesus Christus sehen, dann ist das kein Zufall, denn in ihm erkennt der Glaube das fleischgewordene Wort. Wie ein Künstler konnte Deuterojesaja mit seinem Gottesknecht nur die Skizze für einen Idealtypus liefern, in welchem Gott sein vollkommenes und ersehntes Gegenüber findet.

Betrachten wir nun kurz die Gottesknechtlieder, um die Schilderung jenes Gegenübers zu sehen, das Gott sich wünscht. Im ersten Lied (Jes 42,1-4) stellt Gott seinen Knecht als einen vor, der prophetische und vor allem königliche Züge trägt. Mit dem Geist, dem Atem Gottes, begabt, soll er allen Völkern die neue Ordnung bewußt machen, die Gott gegenwärtig in der Welt aufrichtet.[20] Das ist zumal für Deuterojesaja nicht besonders neu. Aber die Art und Weise, wie der Knecht seine Aufgabe erfüllt, muß die Zeitgenossen des Propheten wirklich überrascht haben, da er sie mit außerordentlicher Empfindsamkeit und Zurückhaltung durchführt. Anstatt mit lauter Stimme in der Manier eines orientalischen Herrschers (Kyrus?) seine Erlasse zu verkünden, zieht der Knecht den Weg der Selbstentäußerung vor, um nicht vollends zu zerstören, was ohnehin schon am Schwanken ist (Jes 42,2f.). Für ihn ist ein Leben in Beharrlichkeit und Treue unendlich viel wichtiger als kurzlebige, spektakuläre Siege (Jes 42,3 b-4; vgl. Jer 23,28).

In einer Weissagung im Anschluß an das erste Lied (Jes 42,5-9) wird die universale Berufung des Gottesknechts begründet. Seine Aufgabe ist das Werk der Befreiung. Gott braucht ihn, um seinem Volk (vgl. Jes 49,9), wie auch der ganzen menschlichen Familie, das „Licht für die Völker" (Jes 42,6b), die Fülle des Lebens zu geben:

Ich, der Herr, habe dich aus Gerechtigkeit gerufen,
ich fasse dich an der Hand.
Ich habe dich geschaffen und dazu bestimmt,
der Bund für mein Volk
und das Licht für die Völker zu sein:
blinde Augen zu öffnen,
Gefangene aus dem Kerker zu holen
und alle, die im Dunkel sitzen,
aus ihrer Haft zu befreien.

(Jes 42,6-7)

Im zweiten und dritten Lied (Jes 49,1-6 und 50,4-9) erklärt der Knecht selbst seine Berufung. Gott erwählte ihn schon vor seiner Geburt und gab ihm alles, was er für seine Aufgabe brauchte, indem er ihn mit seinem Wort ausrüstete (Jes 49,1-3). Und doch wird der Knecht ein Opfer der Enttäuschung: „Ich aber sagte: Vergeblich habe ich mich bemüht, habe meine Kraft umsonst und nutzlos vertan." (Jes 49,4). Dieser subjektive Eindruck hat jedoch nichts mit dem wirklichen Stand der Dinge zu tun; denn Gott weitet am Ende des Liedes die Berufung des Knechtes aus: „Ich mache dich zum Licht für die Völker, damit mein Heil bis an das Ende der Erde reicht" (Jes 49,6). Im folgenden

Lied erfahren wir, warum der Knecht entmutigt war. Er wird verfolgt, aber er reagiert überraschenderweise nicht mit Gegengewalt. Er weiß um seine Unschuld und nimmt doch die Demütigung hin, im Vertrauen darauf, daß Gott ihn schließlich rechtfertigt. Diese beiden Gedichte sind auf ihre Art eine Wiederholung dessen, was der Prophet Jeremia von einem durch Leiden gezeichneten Leben bezeugt hat, das selbst zur Botschaft Gottes wird. Aber dies ist ein „idealer" Jeremia ohne Ruf nach Vergeltung und ohne den durch seine Wunden verursachten Rückzug nach innen. Wir müssen uns auch fragen, ob nicht das Leben Deuterojesajas selbst irgend etwas mit der in diesen Liedern geschilderten Gestalt zu tun hat. Es ist durchaus wahrscheinlich, daß auch er bei den Juden auf Widerstand stieß, die entweder demoralisiert oder aber in ihrem neuen Leben in Babylon zu bequem geworden waren – Leute, die ganz und gar nicht bereit waren, sich auf das verrückte Abenteuer einzulassen, das er ihnen vorschlug. Es ist jedenfalls leicht vorstellbar, daß der Prophet nur vor dem Hintergrund selbsterfahrenen Leidens solche Worte schreiben konnte. Leider bietet uns die Bibel keine biographischen Informationen zur Befriedigung unserer Neugier an.

Eine Hymne über Tod und Leben

Wenn die Gottesknechtlieder den geistlichen Höhepunkt der hebräischen Schriften darstellen, dann erreicht das vierte und letzte Lied (Jes 52,13-53,12) den wirklichen Gipfel. Beim Lesen wird ein Christ unweigerlich darüber staunen, daß eine solche Botschaft etwa fünfhundert Jahre vor dem Leiden und Sterben Jesu ausgesprochen werden konnte. Es ist, als ob der Zeitunterschied zwischen diesen beiden auf fast nichts zusammengeschrumpft sei, wie wenn man von einer Bergspitze aus einen anderen Gipfel sieht, der in Wirklichkeit ziemlich weit entfernt ist: In dieser Höhe sieht es so aus, als müßte man sich nur ausstrecken, um den anderen Gipfel zu berühren, aber um wirklich dorthin zu gelangen, muß man hinabsteigen; in den Nebeln des Tals hat man dann immer noch einen langen Marsch vor sich.[21] Dieses Bild bringt die Situation Israels nach der Prüfung des Exils zutreffend zum Ausdruck: In seinen herausragenden Vertretern hatte es eine klare Vorstellung von dem, was Gott von ihm erwartete und ihm anbot – und beides ist fast das gleiche –, aber erst Jahrhunderte später kam dieses Wissen in der Seele des Volkes an und bereitete damit den Boden für den neuen Samen.

Das vierte Gottesknechtlied ist ein Hymnus des Leidens, des Todes und der Erhöhung, in dem die anderen drei wieder aufgenommen und vervollständigt werden. Zu Beginn kündigt Gott die Erhöhung seines

Knechtes an. Dann werden alle, die ihn vorher verachtet haben (die Massen, die Könige der Völker), bei seinem Anblick überwältigt und erstaunt sein (Jes 52,13-15; vgl. 49,7). Daraufhin bringen diese Leute ihre Verwunderung zum Ausdruck: Wenn dieser in seiner äußeren Erscheinung so elende und erbärmliche Knecht Gottes Geliebter war und ist, wie können dann seine Leiden erklärt werden? Die Antwort lautet: Nicht er, sondern sie seien schuld, denn „er hat unsere Krankheit getragen und unsere Schmerzen auf sich geladen... er wurde durchbohrt wegen unserer Verbrechen, wegen unserer Sünden zermalmt. Zu unserem Heil lag die Strafe auf ihm, durch seine Wunden sind wir geheilt" (Jes 53,4f.).

Die Prüfung des Knechts führt ihn bis zum Tode (Jes 53,8f.). Er wird mit einem Lamm verglichen, das man zur Schlachtbank führt (Jes 53,7), zu einem „Sühnopfer" (Jes 53,10). Aber selbst der Tod verhindert nicht seine Erhöhung. Das wird am Ende ziemlich unbeholfen geschildert. Der Prophet ringt nach Worten, um eine Wirklichkeit auszudrücken, die weit über sein normales Bewußtsein hinausgeht; und am Ende wird dies offenkundig.

Dieser Abschnitt bestätigt die Veränderung in der Geschichte des Gottesvolkes, wie sie sich durch die Zerstörung Jerusalems im Jahre 587 v. Chr. und die Gefangenschaft in Babylon darstellt. Auch wird hier der Schlüssel geliefert, um diese Ereignisse zu interpretieren. Von Anfang an war Israel sich seiner Sonderrolle bewußt und wollte doch zugleich eine Nation „wie die anderen" sein. Wir haben gesehen, wie diese beiden Tendenzen ständig miteinander in Konflikt gerieten, besonders in den Texten, die die Ursprünge der Monarchie beschreiben, und wie sich am Ende eine Art "politischer Realismus" durchsetzte. Wir haben auch gesehen, wie nuanciert Gottes Urteil über diese Entwicklung war. Es ist in Wirklichkeit zwar ein Mangel an Vertrauen zu mir, so sagt er es sinngemäß zu Samuel, aber in der gegenwärtigen historischen Zwangslage ist die Zeit für etwas anderes noch nicht reif, also gib ihrer Bitte nach. Auf die nötige Reife, die noch eintreten muß, kann Gott in der Gewißheit warten, daß sein Sauerteig schließlich den zähen Teig der menschlichen Widerspenstigkeit durchdringen wird.

So begann die Monarchie in Israel zwar als Abenteuer mit durchaus positiven Begleiterscheinungen. Dennoch hatte sie keine Kraft, sich dem Hang zur Eigenmächtigkeit und Selbstherrlichkeit zu entziehen, der in ihr schlummerte.[22] Der traditionelle Glaube an den einzigartigen Rang dieses Volkes, verbunden mit der konkreten Existenz als Nation wie alle anderen, ermöglichte ein schlimmes Zerrbild, nämlich Gottes Berufung als ein Privileg zu verstehen, das Rechte über andere Menschen verleiht. Immer, wenn wir Gottes Gabe als persönlichen Besitz betrachten, der uns von Rechts wegen zusteht, und nicht als freie Gabe, die eine besondere Verantwortung mit sich bringt, sind wir in Gefahr, in eine engstirnige Selbstüberschätzung zu verfallen, in einen Zustand der Selbstgerechtigkeit, in dem wir uns selbst für die Kraftquelle halten. Nur die können glaubwürdig im Namen Gottes sprechen, die bereit sind, auf alle menschlichen Wünsche und Mittel zu verzichten, die zu Selbstgefälligkeit und Selbstüberhebung führen. Es besteht Anlaß zur Sorge, wenn die von Gott Erwählten in dieser Welt zu reich und zu mächtig sind. Besser sollten sie nicht in eine solche Lage kommen – nicht aus einer abartigen Freude, sich selbst in den Schmutz zu ziehen, sondern einfach deshalb, um die Einzigartigkeit der Gabe, die wir empfangen haben, zu schützen.[23]

In diesem Sinne beschreiben die Gottesknechtlieder – wenn auch nicht endgültig, so doch in prophetischer Vorwegnahme – das Ende der Versuchung, überheblich zu sein. Frühere Propheten haben bestimmte Formen der Arroganz und Selbstsucht bekämpft und das Kommen eines demütigen und friedfertigen Königs vorausgesagt. Aber hier wird das Machtstreben an der Wurzel gepackt: Der auserwählte Knecht Gottes wird als Niedrigster der Niedrigen geschildert, und das ist kein Zufall, sondern wesentlicher Bestandteil seiner Sendung. Die Prüfungen des Gottesknechts sind nicht etwa vermeidbare Pannen, im Gegenteil, sie sind nötig, um die Völker in Staunen zu versetzen und Gottes Heil an die äußersten Enden der Erde zu bringen.

Am Rande erwähnten wir, daß der Gottesknecht einige Züge eines Königs trägt. Ob nun der Prophet einen bestimmten Erben des Hauses David im Sinn hatte oder nicht, eigentlich kommen die besten Wesenszüge der Monarchie in der Gestalt des Gottesknechtes zur Geltung. Erinnern wir uns, daß diese zwiespältige Institution weder ein bloßer Beweis für die Untreue der Nation noch einfach das kleinere von zwei Übeln war. Mit dem Haus David waren eine besondere Verheißung und ein Segen verbunden (vgl. Jes 55,3). Freilich waren die „messianischen" Traditionen während des Exils zeitweise verhüllt: Ezechiel und Deuterojesaja hatten zu diesem Thema sehr wenig zu sagen, wohl als Folge der Situation in einer besiegten und verbannten Nation.

Die positiven Aspekte der königlichen Theologie sind in der Gestalt des Gottesknechts angesiedelt. Das Buch Deuteronomium hatte bereits ein Porträt des idealen Königs als Mann des Volkes gezeichnet, der sich sowohl seinen Landsleuten als auch der Thora verpflichtet weiß (Dtn 17,14-20; vgl. Jes 42,4). Und das Buch Ezechiel reserviert ein Amt im wiederhergestellten Israel für „einen einzigen Hirten, der sie auf die Weide führt, meinen Knecht David" (Ez 34,23). Der Ausdruck „mein Knecht David" und das Verb „einsetzen" spielen auf die Weissagung Nathans als Grundlage der davidischen Dynastie an (2. Sam 7,5.8.12). Tatsächlich wird David manchmal „Gottes Knecht" genannt, aber wenige seiner Nachfolger hätten diesen Titel verdient – sie zogen es vor, sich um sich selbst zu kümmern, anstatt um die ihnen anvertraute Herde (vgl. Ez 34,1-10). Mehr und mehr übernahmen die Propheten in Israel die von den Herrschern vernachlässigte Verantwortung, nämlich darauf achtzugeben, daß das Volk sich nicht verirrte. Darin folgten sie dem Beispiel des Mose (Dtn 18,15-19; vgl. aber Dtn 34,10; Num 12,6-8) und bewirkten somit eine Art Rückkehr zu den Wurzeln. Und doch war der Prophet nicht der eigentliche Führer der Nation, wenn er auch meist die Unzulänglichkeiten des Königs ausglich. Der Gottesknecht aber versöhnt in seiner Person die königlichen und prophetischen Traditionen;[24] in ihm fallen persönliche Berufung und Institution zusammen. So zeigt er auf, daß die wahre Autorität des zur Führung des Volkes Berufenen nicht in selbstherrlicher oder unumschränkter Macht besteht, sondern vielmehr in der Gemeinschaft mit Gott und in der Solidarität mit dem Volk, sowie in der Bereitschaft, zwischen beiden zu vermitteln. Könnte das nicht die Deutung des geheimnisvollen Ausdrucks sein, der auf den Gottesknecht angewandt wird, nämlich ein „Bund für mein Volk": Derjenige, der durch das Leben, das er führt, Gott und sein Volk zusammenzuhalten versucht, auch wenn er in diesem Versuch auseinandergerissen zu werden droht?[25]

Der Anti-Tyrann

Wir können die Einzigartigkeit dieser Vision wie auch ihren tiefgründigen Zusammenhang mit der Tradition besser ermessen, wenn wir das vierte Gottesknechtlied mit der Satire gegen den Tyrannen in Jesaja 14,3-21 vergleichen. Das Spottlied auf den König von Babylon scheint eine Parodie auf das Gottesknechtlied zu sein, mindestens seit die Einleitung (Jes 14, 1-4a) hinzugefügt wurde. Schon hier wird die Anspielung auf das vierte Gottesknechtlied deutlich:

> Und wenn der Herr dir dann Ruhe gewährt nach deinen Leiden, deiner Unruhe und der harten Knechtschaft, die du erdulden mußtest, dann wirst du auf den König von Babel dieses Spottlied singen:
>
> (Jes 14,3-4a)

Das Gedicht selbst zeichnet ein Lebensbild des großen und stolzen Tyrannen und beginnt mit einer „guten Botschaft": Gott hat den überwunden, der sein Leben lang anderen seine Macht und Überheblichkeit aufdrängte (Jes 14,4b-8). Dann stirbt der Unterdrücker und geht wie alle anderen in den Scheol, das Reich der Toten, hinunter. Dort wird er von den Königen der Völker begrüßt, die zu seiner Ehre geweckt werden (Jes 14,9). Sie sprechen ihn mit sarkastischen Worten an, die den Gegensatz zwischen seiner vergangenen Herrlichkeit und seinem gegenwärtigen Elend unterstreichen:

Ach, du bist vom Himmel gefallen,
du strahlender Sohn der Morgenröte...
Du aber hattest in deinem Herzen gedacht:
Ich ersteige den Himmel;
dort oben stelle ich meinen Thron auf,
über den Sternen Gottes...
Doch in die Unterwelt wirst du hinabgeworfen,
in die äußerste Tiefe.

(Jes 14,12-15)

Am Ende feiert das Gedicht die Niederlage des großen Königs – kein Begräbnis (Jes 14,18-20a), keine Nachkommenschaft (Jes 20b-22), kein Name (Jes 14,22).

Die Parallelen der äußeren Form mit Jesaja 52-53 – freilich bei entgegengesetztem Inhalt – sind so offensichtlich, daß wir uns fragen, ob der Prophet der Gefangenschaft sein Gedicht nach dem Muster des ersten verfaßt hat. Der entgegengesetzte inhaltliche Verlauf läßt Rückschlüsse auf eine Parodie zu: Hier führen Überheblichkeit und Anspruch auf absolute Unabhängigkeit in eine Niederlage, einen plötzlichen und totalen Abstieg – dort folgen auf zahllose Leiden und Prüfungen die Erhöhung und die Verheißung von Leben, Nachkommen und hohem Ansehen.[26] Und in beiden Fällen bilden die Nationen in der Person ihrer Könige eine Art Chor, der als Zeuge die unglaublichen Ereignisse kommentiert.[27]

Selbst wenn wir die Hypothese der literarischen Entlehnung verwerfen, war Deuterojesaja offenkundig mit Prophetien gegen die Völker vertraut, einer literarischen Gattung, die während des Exils besonders beliebt war. Aber in den Gottesknechtliedern geht der Prophet über die bloße Kritik hinaus: Aus diesen Prophetien leitet er endgültige Folgen ab. Wenn Pracht und Macht der einen kein Zeichen für ein Leben nach dem Willen Gottes sind, dann sind Unglück und Verzweiflung der anderen (Israel) ebenfalls kein Beweis für die Verstoßung durch Gott. Wer sich selbst durch eigene Kraft und zum Schaden Gottes erhöht, der bereitet dadurch nur seinen Untergang vor. Der Gottesknecht dagegen bleibt demütig und offen, besonnen und treu und begrüßt sogar Prüfungen im Vertrauen darauf, daß in Gottes Augen alles einen Sinn hat und eines Tages das Geheimnis enthüllt werden wird.

Natürlich können die Gottesknechtlieder keine „Erklärung" des Leidens sein. Das wäre ein Irrweg, den Gott niemals beschreiten könnte, da das sonst heißen würde, daß das nicht zu Rechtfertigende doch gerechtfertigt werden sollte. Diese Texte wollen nicht das Leiden wegerklären oder entschuldigen, sondern sie helfen dem Volk Gottes zur Einsicht, daß Prüfungen ein geheimnisvoller Teil ihrer Existenz als Gottes Knecht und keineswegs ein Zeichen für Gottes Ablehnung oder

Machtlosigkeit sind. Die Exodus-Geschichten haben uns gelehrt, daß Prüfungen ein Teil jeder Pilgerreise zu der uns von Gott angebotenen Fülle des Lebens sind. Durch solche Engpässe werden wir verwandelt und befähigt, uns der Gabe Gottes zu öffnen. Hier wird noch ein weiterer Schritt gemacht, da es nicht um die eigenen Unvollkommenheiten geht, sondern um die anderer. Durch einen unerklärlichen Austausch nimmt der Gottesknecht die Schuld anderer auf sich, und „durch seine Wunden sind wir geheilt" (Jes 53,5). Das Herzstück der Berufung besteht in der Gabe Gottes an seinen Knecht, nicht nur die Übel anderer zu tragen, sondern obendrein auch diese Schäden in eine Quelle des Heils für alle zu verwandeln, indem er ihre Folgen selbst auf sich nimmt. Jetzt ist es nur noch ein Schritt, um zu verstehen, daß Gott selbst von Anfang an genau dies für sein Volk zu tun versuchte:

> Jakob, du hast mich nicht gerufen,
> Israel, du hast dir mit mir keine Mühe gemacht.
> Du brachtest mir keine Lämmer als Brandopfer dar,
> und mit Schlachtopfern hast du mich nicht geehrt…
> Nein, du hast mir mit deinen Sünden Arbeit gemacht,
> mit deinen üblen Taten hast du mich geplagt.
> Ich, ich bin es, der um meinetwillen deine Vergehen auslöscht,
> ich denke nicht mehr an deine Sünden.
>
> (Jes 43,22-25; vgl. 46,3f.)

Fragen zum Nachdenken

1. Ezechiel erkannte, daß der Herr sich auch außerhalb der gewohnten Institutionen des Volkes offenbaren konnte. Sind wir offen für die Gegenwart Gottes zu unerwarteten Zeiten und an überraschenden Orten? Gibt es irgendwelche Anzeichen für Gott, die ich, die wir außerhalb der „normalen Kanäle" entdeckt haben?

2. Jeremia und Ezechiel erwarteten einen „Neuen Bund", in welchem das Gesetz in die Herzen der Gläubigen geschrieben sein wird (siehe Jer 31,31-34; Ez 36,24-28). Wie wird diese Verheißung in Christus und im Leben der Christen erfüllt?

3. Deuterojesaja kämpfte gegen die Versuchung an, zu resignieren und sich nur nach der „guten alten Zeit" zu sehnen. Stellen diese Versuchungen auch für unseren Glauben heute eine Gefahr dar? Hat die Aufforderung des Propheten, „die Vergangenheit zu vergessen" (Jes 43,18f.), irgendeine Bedeutung für uns?

4. Für Deuterojesaja waren der Glaube an Gott, den Schöpfer, und der Glaube an Gott, den Erlöser, tief miteinander verbunden. Welche Fol-

gen ergeben sich für uns aus einem Glauben an einen Gott, der sowohl der Schöpfer des Universums als auch der Erlöser ist?

5. In einer Zeit äußerster Machtlosigkeit entdeckten einige im Volk Gottes deutlicher als je zuvor die universale Dimension des Glaubens. Was bedeutet diese Verbindung von Universalität und Niedrigkeit für unsere Lebensweise? Wie können wir auf einen einfachen Lebensstil hinarbeiten, der unser Zeugnis für alle glaubwürdig machen würde?

6. In den Gottesknechtliedern sehen wir, daß Gottes Ruf kein Vorrecht verleiht, sondern uns vielmehr eine größere Verantwortung für unsere Mitmenschen überträgt. Was heißt es, eine „dienende Kirche" zu sein? Wie können wir konkret zeigen, daß der Glaube nicht ein Privileg ist, sondern der Ruf zu einem Dienst?

*Den glimmenden Docht
wieder anzünden*

Der als Deuterojesaja bekannte anonyme Prophet hatte recht: Die Erfahrung des Exils blieb kein schnell vergessenes Ereignis, vielmehr grub sie sich in der Erinnerung des Volkes der Bibel bis in die tiefsten Tiefen ein. Von jener Zeit an war die Geschichte Israels in ein ‚Zuvor' und ein ‚Danach' aufgeteilt. Selbst als die schwierigste Phase der Wiederherstellung und des Wiederaufbaus vollendet war, wirkte sich die Trennungslinie der Gefangenschaft im Bewußtsein des Volkes weiterhin aus. Sie war besonders folgenreich für die Art und Weise, in der die Nachfolger der vorexilischen Propheten ihre Sendung verstanden.

Für Deuterojesaja war mit dem Exil das Ende der ersten Epoche der Geschichte Israels gekommen; sie war gewiß von Gottes Fürsorge gekennzeichnet, aber auch von der Weigerung des Volkes, den Wegen Gottes zu folgen. Inzwischen hatte Israel mit seinem Leiden für seine Missetaten doppelt und dreifach gebüßt (Jes 40,2). Deshalb hatte der Prophet den Ruf empfangen, sein Volk zu „trösten" (Jes 40,1), indem er die gute Botschaft von der bevorstehenden Befreiung verkündigte. Diese unvergleichliche Tat Gottes werde anders sein als in der Vergangenheit, die nun vorbei und erledigt sei. Der Prophet Ezechiel hatte ebenfalls jene herrliche Zeit vorausgesehen, die ein geläutertes und neugeschaffenes Israel erleben würde. Er ging sogar so weit, ein Programm zum Wiederaufbau des Tempels und der Nation zu erstellen (Ez 40-48). Die Priester der zadokitischen Dynastie waren zweifellos von dieser während des Exils durchmeditierten, etwas „utopischen" Vision geleitet und benutzten sie später als Grundlage für einige ihrer Entscheidungen. Als das Edikt des Kyrus im Jahre 538 v. Chr. den Verbannten die Erlaubnis gab, in ihr Heimatland zurückzukehren und den Tempel wiederaufzubauen (Esra 1,1-4; 6,3-5), schien dem Kommen des „goldenen Zeitalters" voller Segnungen für Israel, ja für die ganze bewohnte Erde, nichts mehr im Wege zu stehen.

Die bitteren Jahre des Wiederaufbaus

Aber wie sooft in der Geschichte, wenn man Erwartung und Wirklichkeit miteinander vergleicht, ist da ein großer Bruch. So auch, wenn wir die Wirklichkeit der Jahre nach 538 v. Chr. neben die strahlenden Hoffnungen setzen. Wir sind von dem großen Kontrast unweigerlich betroffen, denn da gibt es praktisch keine Gemeinsamkeit. Der Anfang der Bücher ESRA-NEHEMIA, die etwa zweihundert Jahre später geschrieben wurden, beschreibt den Auszug aus Babylon tatsächlich in Form eines neuen und glorreichen Exodus, in dessen Verlauf das ganze Volk wie ein Mann zusammenhielt (Esra 1,5f.; Esra 2-3) – jedoch dürfen wir nicht vergessen, daß dies eine rückschauende Sicht ist, die die Ereignisse verkürzt und vereinfacht, um ihre Bedeutung im Licht des Glaubens herauszustellen. Die Wirklichkeit muß den meisten zeitgenössischen Beobachtern weit weniger imponiert haben: Da gab es keine wunderbare Straße durch die Wildnis... außer vielleicht in der Vorstellung der kleinen Gruppen, die allerlei Gefahren trotzten, um nach Hause zu kommen. Der Verfasser von Esra-Nehemia beschönigt übrigens nicht die Schwierigkeiten, die die Neuankömmlinge gleich von Anfang an erlebten, zum Beispiel die Spannungen mit „dem Volk des Landes", den in Palästina gebliebenen Israeliten, wie auch mit den Siedlern, die nach der assyrischen Eroberung zweihundert Jahre zuvor im Norden angesiedelt worden waren (z. B. Esra 4,1-5).

Selbst wenn die wiederkehrenden Gefangenen nach den Ereignissen von 538 v. Chr. tatsächlich von einer Welle des Enthusiasmus ergriffen worden waren, müssen die bitteren Realitäten schnell jeden oberflächlichen Optimismus gedämpft haben. Nach einer Verbannung von fünfzig oder mehr Jahren verließen sie jetzt ein Land, das für die meisten von ihnen das einzige war, das sie je gekannt hatten.[1] Auch mußten sie mit den Risiken einer schwierigen Reise (vgl. Esra 8,21-23.31) und dem Unbekannten fertigwerden, das sie nach der Heimkehr erwartete. In ihrem früheren Heimatland mußten sie nicht nur anfangen, die Trümmer wegzuräumen und den Tempel wieder aufzubauen, sondern sie hatten auch für sich selbst zu sorgen: Sie mußten ein Stückchen Grund finden und sich ein Haus bauen und währenddessen die Feindseligkeiten der im Lande Gebliebenen und die Spannungen mit den anderen Neuankömmlingen ertragen. So erklärt sich, warum der Tempelbau nicht vorankam, obschon schnell ein Altar aufgebaut und regelmäßige Gottesdienste veranstaltet wurden (Esra 3,1-6). Zwanzig Jahre später, im Jahre 520 v. Chr., war die Arbeit am Gotteshaus noch nicht wieder aufgenommen worden (Esra 4,24).

Zu all diesen Schwierigkeiten kam für die Gläubigen noch ein schmerzlicher Tatbestand hinzu – das Schweigen des Himmels. Die Propheten des Exils waren sich sicher gewesen, daß Gott bald eine Zeit der Segnungen einleiten würde, die den ersehnten *shalom* (Frieden, Wohlstand und Glück) bringen würde. Aber in diesen harten Jahren nach der Rückkehr schienen Zeichen des göttlichen Wohlgefallens weiter entfernt als je zuvor. Bei den Gläubigen drohte die Ernüchterung in eine dauernde Enttäuschung umzuschlagen, was fast schlimmer war als die Verzweiflung im Exil. Dort konnte man den Traum von der Rückkehr nach Zion zumindest in der Tiefe des Herzens lebendig halten. Aber wie konnte man die Verheißung unbegrenzt lebendig erhalten, wenn die Bedingungen für ihre Erfüllung schon längst gegeben waren? Oder verschob sich die Erfüllung wie im letzten Gottesknechtlied auf eine Periode nach dem Tod, wenn alle menschliche Hoffnung schließlich zu Asche geworden ist?

Die Hauptaufgabe der Prophetie in der trostlosen Zeit nach dem Exil bestand deshalb in der Erklärung all der unbestreitbaren Verzögerungen, damit die Flamme der Hoffnung in den Herzen der Glaubenden erhalten werde. Vor dem Exil hatten die Propheten kritisiert, wie das Volk die schon am Anfang der Geschichte Israels überdeutliche Güte und Treue Gottes zurückweisen konnte. Sie stellten gelegentlich einen Vergleich mit der Vergangenheit an, der für die Gegenwart negativ ausfiel, indem sie den Anfang der Nation damals auf den Spuren des Pilger-Gottes in der Wüste glorifizierten. Und doch verzweifelten diese Propheten nicht, weil sie darauf vertrauten, Gott werde sein Volk nie im Stich lassen. Vielleicht mußte das Volk erst die Tiefe des Abgrunds erreichen, um den „stolzen Nacken" zu beugen. Wer weiß, ob Israel nicht bereit sein würde, wieder auf Gott zu vertrauen, wenn die allzu menschlichen Sicherheiten erst einmal zerbrochen wären?

Nach der Rückkehr aus dem Exil war die Problemlage völlig verändert. Der Akzent lag jetzt auf der Zukunft, auf der wunderbaren Epoche, die jetzt, zumindest im Prinzip, beginnen sollte. Anstatt zu sagen: „Kehrt um zu euren Wurzeln, werdet ein Pilgervolk", riefen die nachexilischen Propheten: „Macht euch bereit, wacht auf, euer Heil ist nahe!" Im Mittelpunkt ihrer Vision standen Jerusalem, die „heilige Stadt" (Neh, 11,1; vgl. Jes 48,2; 52,1) und der Tempel. Diese Verherrlichung der Stadt, die sich schon lange ankündigte, spielte schon während des Exils eine besondere Rolle. Jetzt entsprach sie auch noch der politischen Realität. Das „Land Israel" beschränkte sich tatsächlich auf Jerusalem und die umliegende judäische Landschaft. Die Juden (jetzt ist diese Bezeichnung zutreffend) bildeten nur eine kleine Volksgemeinschaft, die im System des riesigen persischen Weltreichs durch ihre Religion und ihr Gesetz definiert wurde. Dem entspricht die Geschichtsschreibung des levitischen Chronisten etwa um das Jahr 300 v. Chr., der die Geschichte des auserwählten Volkes im Grunde als eine Geschichte Jerusalems und seines Tempels schrieb und darin den Höhepunkt des Planes Gottes vom Anfang der Schöpfung an sah.[2]

Die Verheißungen in bezug auf den kommenden König spielten jedoch keine besondere Rolle mehr. So etwas wie messianische Hoffnungen kristallisierten sich lediglich um die Gestalt Serubbabels, eines Mitglieds der königlichen Familie Davids, der von der persischen Regierung zum Statthalter von Jerusalem ernannt wurde. Aber er verschwand plötzlich von der Bildfläche, und von da an erhielt ein Mitglied der großen Priesterfamilien den Titel „Hoherpriester"[3] und wurde durch die folgenden Jahrhunderte zum Symbol für die Einheit der Nation. Die nachexilischen Bücher der Bibel sind zu diesem Thema nicht sehr ergiebig. Sie verherrlichen das Andenken vergangener Herrscher (Chronik) oder machen einige kurze und rätselhafte Anspielungen auf messianische Figuren, die eines Tages erscheinen sollten. Die Gründe für dieses Schweigen liegen auf der Hand; ein großer Aufruhr zur Wiederherstellung eines unabhängigen Königreichs hätte höchstwahrscheinlich weder den persischen Autoritäten noch den wichtigen Priesterfamilien gefallen, die durch ihre Politik der Zusammenarbeit mit den fremden Herrschern an der Macht bleiben wollten.[4] Im gewöhnlichen Volk jedoch blieben messianische Hoffnungen lebendig, wenn auch in ungenauer und wechselnder Form.

Für die Situation nach dem Exil war eine weitere Besonderheit wichtig: die große Zahl der Juden, die nicht nach Palästina zurückkehrten und entweder in Babylon oder in anderen Teilen des östlichen Mittelmeerraums in der Diaspora-Situation lebten. Sie blieben gefühlsmäßig an ihr Ursprungsland gebunden (vgl. Neh 1,1-4). Außerdem schloß der Tag des Heils notwendigerweise auch die Rückkehr aller Glieder des Volkes in das Land ein, das die Stadt und den Tempel umgab und das ihren Vorfahren verheißen worden war. In der nachexilischen Literatur wird diese Rückkehr jedoch nicht mehr im Sinne eines „neuen Exodus" beschrieben. Die Autoren sehen die Rückkehrenden aus dem Blickwinkel Jerusalems von den vier Enden der Erde kommend. Das Bild ist somit nicht mehr das einer Pilgerreise ins Unbekannte, wie die Reise Abrahams, nicht einmal das eines „linearen" Exodus zu einem bekannten Ziel, sondern vielmehr das einer Sternwanderung aus den vier Himmelsrichtungen auf Jerusalem, den Mittelpunkt der Welt, zu.

Daher rührt ein weiteres traditionelles, auf einen Mittelpunkt konzentriertes Thema, nämlich das Herannahen der Völker zur heiligen Stadt, das sich mit dem Motiv von der Rückkehr der Emigranten überlagert. Dieses weitere Thema hat seine Wurzeln möglicherweise in einer vorisraelitischen Mythe, in der von den Mächten des Bösen die Rede ist, die die Stadt des höchsten Gottes belagern, aber keine Macht haben, sie zu erobern. Zur Zeit der davidischen Monarchie ist diese Mythe bereits in die Geschichte eingegangen. Wir können ihr noch in 2. Samuel 5,6, Psalm 2 und 48 wie auch im ersten Teil des Buches Jesaja (Jes 29,1-8) begegnen. In der berühmten Weissagung von Jesaja 2,2-4 (Micha 4,1-3) hat sie bereits eine erstaunliche Umwandlung durchgemacht: Die Völker nahen heran, nicht um gegen Gott und seinen Gesalbten in die Schlacht zu ziehen (vgl. Ps 2), sondern um die Thora zu empfangen und zu lernen, auf den Wegen des Herrn zu gehen. Deuterojesaja nimmt dann das Bild in seinem Sinn wieder auf: Die Nationen kommen zur Stadt herauf und tragen die Söhne und Töchter Israels auf ihren Armen (Jes 49,22 f.). In der nachexilischen Literatur taucht die Verschmelzung der Themen von der Rückkehr der Juden und der Ankunft der Nationen in allen möglichen Formen auf.

In diesem Zusammenhang nimmt die Vorstellung von einer „Pilgerfahrt zum Mittelpunkt" im nachexilischen Judaismus eine größere Bedeutung an als die einer „Pilgerfahrt nach draußen" wie bei Abraham und im Exodus. Wir brauchen nur den Zuspruch zu betrachten, den die Pilgerfahrten nach Jerusalem dreimal im Jahr im Kultus dieser Periode hatten, eine Einrichtung, die offensichtlich einem tiefen Bedürfnis der Gläubigen jener Zeit entsprach. Ohne die Sache übermäßig zu vereinfachen und die beiden Formen der Pilgerfahrt als polare Gegensätze zu behandeln, können wir die Frage stellen: Was bedeutet dieses neue Motiv für den Glauben des Gottesvolkes? Die Pilgerreise ins Unbekannte bringt das Wesensmerkmal des Glaubens als eines unvorhersehbaren Abenteuers mit dem Pilger-Gott am besten zum Ausdruck. Die Pilgerfahrt zum Mittelpunkt verstärkt den *inkarnierten* Charakter dieses Glaubens, der keine individualistische Reise ist, keine Flucht aus der diesseitigen Realität, auch kein zielloses Dahintreiben. Er ist vielmehr ein Weg, der zu einer Begegnung mit dem Anderen und daher auch mit den anderen führt. Die Pilgerfahrt zum Zentrum drückt sowohl die feierliche Begegnung (im Tempel) mit demselben Gott aus, der am Ursprung des Nomadendaseins stand, als auch die daraus resultierende Begegnung mit allen (in der Stadt), die gerufen waren und ebenfalls die mühsame Reise ins Land der Verheißung unternommen haben. Da diese neue Form der Pilgerreise mehr irdisches Beiwerk hat, ist sie natürlich auch anfälliger dafür, zu einem Zerrbild des wirklichen Glaubens, also zum Götzendienst, herabzusinken. Aber wie könnte der Glaube je wirklich in die Geschichte verwebt werden, ohne dieses Risiko einzugehen?

An einigen Texten der nachexilischen Propheten wollen wir nun deutlicher sehen, wie die verschiedenen gerade erwähnten Aussagen zusammenpassen: JESAJA 60-62 ist der zusammenhängende Kern im dritten Teil des Jesaja-Buches („Trito-Jesaja"), der in Palästina wohl in den Jahren unmittelbar nach dem Edikt des Kyrus geschrieben wurde. Der Verfasser beschreibt sich selbst als Prophet nach den Grundsätzen Deuterojesajas mit dem Auftrag, „den Armen eine frohe Botschaft" zu bringen und die zu heilen, „deren Herz zerbrochen ist" (Jes 61,1-3). Auf diese Weise wird gleich deutlich, daß die so ernsthaft ersehnte Zeit des Heils noch nicht gekommen ist. Der Rest dieser drei Kapitel beinhaltet die Heilsbotschaft des Propheten. Sie besteht vor allem in der Schau nicht nur eines wiederaufgebauten, sondern auch eines verwandelten Jerusalem, das ein Licht inmitten der finsteren Welt und ein Anziehungspunkt für die ganze Erde ist:

> Auf, werde licht, denn es kommt dein Licht,
> und die Herrlichkeit des Herrn geht leuchtend auf über dir.
> Denn siehe, Finsternis bedeckt die Erde
> und Dunkel die Völker,
> doch über dir geht leuchtend der Herr auf,
> seine Herrlichkeit erscheint über dir.
> Völker wandern zu deinem Licht
> und Könige zu deinem strahlenden Glanz.
> Blick auf und schau umher:
> Sie alle versammeln sich und kommen zu dir.
> Deine Söhne kommen von fern,
> deine Töchter trägt man auf den Armen herbei.
> Du wirst es sehen, und du wirst strahlen,
> dein Herz bebt vor Freude und öffnet sich weit.
>
> (Jes 60,1-5 a)

Der Wiederaufbau wird hier mit einer ausgedehnten weltweiten Pilgerfahrt zur Stadt verbunden. Vertreter aller Nationen nehmen daran teil. Sie sind von Jerusalems Herrlichkeit fasziniert und überwältigt (Jes 60,3.14; 61,9; 62,2). Sie bringen die Zerstreuten Israels mit sich (Jes 60,4.9; vgl. 62,10-12) und wertvolle Gaben für den Wiederaufbau der Stadt und des Heiligtums (Jes 60,5-7.13.16f.; 61,6). So werden Fremde an der Anbetung Gottes im neuen Tempel beteiligt (Jes 60,6f.), obwohl sie den Kindern Israels untergeordnet sind, für die sie arbeiten und die für sie als Priester fungieren (Jes 61,5f.; 60,10).

Wie Deuterojesaja spricht der Verfasser dieser Kapitel vom neuen Zeitalter als von einer Verwandlung, die allein Gottes Werk ist, die Frucht seines Kommens. Menschen können es aus sich selbst heraus nicht bewerkstelligen. Und doch dürfen sie nicht passiv bleiben. Ihre

Rolle ist es, die heraufdämmernde Erlösung aktiv willkommen zu heißen: „Auf, werde licht!" (Jes 60,1). Mehr noch besteht die Sendung des Propheten darin, die Hoffnung des Volkes vor Gott lebendig zu halten (Jes 62,1). In gleicher Weise müssen auch die „Wächter", die er (oder Gott) ausgesucht hat, Gott bestürmen, bis die versprochene Erlösung kommt: „... Laßt auch ihm keine Ruhe, bis er Jerusalem wieder aufbaut, bis er es auf der ganzen Erde berühmt macht" (Jes 62,7). Einen Moment lang spüren wir Anzeichen der Besorgnis inmitten der freudigen Erwartung, aber derzeit wird sie noch gut gemeistert.

Die Kapitel schließen mit einigen Zitaten Deuterojesajas, die den neuen Exodus schildern (Jes 62,10-12). Aber wir befinden uns in Jerusalem statt in Babylon, so sind die Bilder aus ihrem ursprünglichen Zusammenhang gerissen und folglich verblaßt. In der neuen Situation des Propheten ist es offensichtlich schwieriger, das Bild der Exodus-Pilgerfahrt anzuwenden.[5]

In Jesaja 60-62 sehen wir also die Hoffnung auf ein neues Zeitalter, wie sie mit der ersten Heimkehrer-Generation von Babylon nach Palästina verpflanzt wurde. Der Ton ist immer noch ziemlich optimistisch, der Wortschatz poetisch, jedoch ohne Bilder aus den alten Mythen. Die Schau vom neuen Jerusalem wird idealisiert und in gewissem Sinne ‚dehistorisiert‘, aber wir befinden uns trotzdem nicht in der zeitlosen Welt der Mythologie. Der Prophet erwartet eine reale Erfüllung in Übereinstimmung mit der Geschichte seines Volkes, und das erklärt den leicht zu erkennenden eindringlichen Ton.

In Jesaja 40-55 war das Kommen der Heilszeit mit konkreten historischen Ereignissen verknüpft, nämlich mit der Herrschaft des Königs Kyrus und der Hoffnung auf eine Rückkehr nach Palästina. In Jesaja 60-62 ist die Hoffnung immer noch vorhanden und mit der Wiederherstellung Jerusalems verbunden, aber schon neigt sie im Hinblick auf die Geschichte etwas zu ‚schwimmen‘: Es ist nicht ganz klar, welche historischen Ereignisse es sein werden, die den Einzug des Herrn in seiner heiligen Stadt offenbaren werden. Aber bevor wir der Entwicklung einer Hoffnung nachgehen, die sich immer mehr vom konkreten Verlauf der Menschheitsgeschichte loslöst, werfen wir einen Blick auf die andere Tendenz, die sich aus dem Werk der Exilpropheten ableitet, von Ezechiel vielleicht mehr als von Deuterojesaja. Die Botschaft dieser Propheten verknüpft sich klar mit konkreten Ereignissen ihrer Geschichte, mit Ereignissen, die sie in der von Gott gewünschten Richtung zu beeinflussen suchen. Nach dem Exil stirbt diese Prophetie bald aus, während die mehr visionäre Tendenz fortdauern wird, bis sie mehrere hundert Jahre später in jene Literatur einfließt, die wir „apokalyptisch" nennen.

Die ersten Vertreter der nachexilischen Prophetie finden wir in den Büchern von HAGGAI und SACHARJA 1-8. Das Buch Esra erklärt die Situation, in der sie ihr Amt ausübten:

> So kam die Arbeit am Gotteshaus in Jerusalem zum Stillstand und ruhte bis zum zweiten Jahr der Herrschaft des Perserkönigs Darius.
> Damals traten Haggai, der Prophet, und Sacharja, der Sohn Iddos, auf und sprachen als Propheten zu den Juden in Juda und Jerusalem im Namen des Gottes Israels, der über ihnen wachte. Daraufhin machten sich Serubbabel, der Sohn Schealtiëls, und Jeschua, der Sohn des Jozadak, an die Arbeit und nahmen den Bau des Gotteshauses in Jerusalem wieder auf. Die Propheten Gottes standen ihnen bei und unterstützten sie.   (Esra 4,24-5,2)

Im Jahr 522 v. Chr. starb der persische König, der Sohn des Kyrus. Sein Tod führte zu einer kurzen Spanne der politischen Instabilität, begleitet von Umwälzungen, die die Hoffnungen vieler Juden erweckt haben müssen: War der Zeitpunkt endlich gekommen, zu dem Gott das verheißene neue Zeitalter einleiten würde? Aber der Tempel lag noch immer in Trümmern, die Willenskraft des Volkes war auf einem Tiefpunkt angelangt. In diesem Kontext nahmen die beiden Propheten ihr Amt wahr.

Die Laufbahn Haggais war sehr kurz, ein paar Monate nur. Sein Buch ist eines der kürzesten in der Bibel, aber deshalb sollte man seine Bedeutung nicht unterschätzen. Haggai war ein würdiger Nachfolger der großen Propheten Israels; seine geistliche Tiefe ging Hand in Hand mit einer bodenständigen, pragmatischen Einstellung, die für die Bedürfnisse des aktuellen historischen Augenblicks sensibel war.

Haggais Botschaft konzentriert sich im wesentlichen auf den Wiederaufbau des Tempels. Er rügt das Volk und seine Führer, die damit beschäftigt sind, für sich selbst Häuser zu bauen (Hag 1,9), die reich verziert sind (Hag 1,4), während das Haus des Herrn immer noch in Trümmern liegt. Das sei der Grund für die unergiebigen Ernten: Die Segnungen des Himmels würden noch zurückgehalten (Hag 1; 2,15-19). Anstatt durch ihr Leben das Unreine zu reinigen, anstatt Zeichen der Heiligkeit Gottes zu sein, ließen sich die Juden – bei den Geistlichen angefangen – von ihrer Umgebung infizieren, was zu geistlicher Mittelmäßigkeit führte (Hag 2,10-14). Die Kritik des Propheten bewirkt eine Umkehr, und das Volk macht sich wieder ans Werk (Hag 1,12-15).

Aber in diesen Jahren der Armut ist das zur Verfügung stehende Material begrenzt, und ständige Vergleiche mit dem früheren Tempel sind ein zusätzlicher Grund zur Resignation. Also nimmt Haggai wieder das Losungswort auf: Gott ist noch bei uns; sein Geist bleibt immer noch unter uns (Hag 2,4f.). Laßt uns tun, was wir können, und Gott wird unsere Unzulänglichkeiten ausgleichen. Er übernimmt die Sprache von Jesaja 60-62, um ein leuchtendes Bild von dem zu malen, was bald geschehen soll:

> Denn so spricht der Herr der Heere: Nur noch kurze Zeit, dann lasse ich den Himmel und die Erde, das Meer und das Festland erbeben, und ich lasse alle Völker erzittern. Dann strömen die Schätze aller Völker herbei, und ich erfülle dieses Haus mit Herrlichkeit, spricht der Herr der Heere. Mir gehört das Silber und mir das Gold – Spruch des Herrn der Heere. Die künftige Herrlichkeit dieses Hauses wird größer sein als die frühere, spricht der Herr der Heere. An diesem Ort schenke ich die Fülle des Friedens – Spruch des Herrn der Heere. (Hag 2,6-9)

Für Haggai leitet sich schließlich aus den zeitgenössischen politischen Umwälzungen die Hoffnung auf eine Wiederherstellung der Monarchie ab. Serubbabel ist der Erwählte Gottes, sein Knecht, und wird zum Siegelring Gottes gemacht (Hag 2,20-23; vgl. Jer 22,24). Das ist ein sehr kurzfristiger Messianismus, da der kommende König klar identifizierbar ist.

Haggai wird durch einen anderen Propheten, Sacharja, unterstützt, dessen Prophetien sich in der ersten Hälfte des Buches Sacharja finden (Sach 1-8). Im Stil unterscheidet sich dieser Prophet von Haggai – die Kapitel haben die Form von nächtlichen Visionen, angefüllt mit dunkler Symbolik und Engeln, die sie deuten – aber in seiner Botschaft kommt er seinem Vorgänger sehr nahe. Die Visionen entwerfen ein ermutigendes Bild der neuen historischen Ära, die mit dem Wiederaufbau des Tempels beginnt. Im Anfang betonen sie den Zustand des Stillstands und der Ruhe in der ganzen Welt. Trotz Gottes Verheißung rührt sich nichts, und das ist ein Grund zur Sorge. Die Gläubigen warten gespannt auf den Tag der Befreiung. Aber Gott antwortet mit „freundlichen Worten, Worten voll Trost... voll Erbarmen wende ich mich Jerusalem wieder zu" (Sach 1,7-17). Es folgen Visionen von der Zerstörung feindlicher Mächte und dem Wiederaufbau der Stadt (Sach 2,1-9). Gott sagt: „Ich selbst... werde für die Stadt ringsum eine Mauer von Feuer sein und in ihrem Innern ihr Ruhm und ihre Ehre" (Sach 2,9). Die Nation wird zwei Führer haben, und „die beiden Gesalbten" (Sach 4,14) sind nicht schwer zu identifizieren: Jeschua, der Hohepriester, und Serubbabel, der Statthalter. Schließlich sprechen die Visionen von der Reinigung des Landes (Sach 5,1-11) und von der Rückkehr der Exulanten, die beim Wiederaufbau helfen; sie werden von Gott gerufen und von seinem Geist getrieben (Sach 6,1-8).

Im zweiten Teil dieser Kapitel geht es um die Frage nach dem Fasten, das die Gläubigen seit der Zerstörung Jerusalems 587 v. Chr. praktizierten: Sollten sie damit fortfahren (Sach 7,1-3)? Nach einer

Erinnerung an das vergangene Unglück des Volkes eröffnet der Prophet strahlende Ausblicke mit Worten, die uns schon vertraut sind:

> So spricht der Herr: Ich kehre zurück nach Zion und wohne wieder in Jerusalem. Dann wird Jerusalem „Stadt der Treue" heißen und der Berg des Herrn der Heere „Heiliger Berg".
>
> So spricht der Herr der Heere: Greise und Greisinnen werden wieder auf den Plätzen Jerusalems sitzen; jeder hält wegen seines hohen Alters einen Stock in der Hand. Die Straßen der Stadt werden voll Knaben und Mädchen sein, die auf den Straßen Jerusalems spielen.
>
> Jetzt aber bin ich zum Rest des Volkes nicht mehr so wie in den früheren Tagen – Spruch des Herrn der Heere; denn ich säe das Heil: Der Weinstock gibt seine Frucht, das Land gibt seinen Ertrag, der Himmel gibt seinen Tau. Das alles will ich dem Rest dieses Volkes zu eigen geben. Und wie ihr, Haus Juda und Haus Israel, ein Fluch unter den Völkern gewesen seid, so werde ich euch erretten, damit ihr ein Segen seid. Fürchtet euch nicht! Macht eure Hände stark! (Sach 8,3-5.11-13)

Aber diese Verheißungen werden von einer Forderung begleitet. Das Volk muß die Wahrheit sagen und in seinen Stadttoren „Urteile" fällen, „die der Wahrheit entsprechen und dem Frieden dienen" (Sach 8,16f.). Das Fasten in der Vergangenheit war zwecklos, weil es nicht mit dem Suchen nach Gottes Willen verbunden war (Sach 7,4-14; vgl. Jes 58):

> Haltet gerechtes Gericht, jeder zeige seinem Bruder gegenüber Güte und Erbarmen; unterdrückt nicht die Witwen und Waisen, die Fremden und Armen, und plant in eurem Herzen nichts Böses gegeneinander!
>
> (Sach 7,9f.)

Endlich wird die Frage des Fastens beantwortet: Die Fasttage sollen „Tage des Jubels und der Freude und froher Feste" werden (Sach 8,19), denn ein ganz neues Zeitalter bricht an.

Die Botschaft Sacharjas ist überwiegend optimistisch. Die Erfüllung der Heilsverheißungen hier auf Erden soll sich nicht verzögern. Aus diesem Grunde und trotz seines literarischen Stils (auf einige seiner Bilder, wie die vier Reiter, die Hörner und die Hure, stützen sich spätere apokalyptische Schriften) hat die Botschaft dieses Propheten mit der apokalyptischen Literatur nichts zu tun. So setzt er wie Haggai die messianischen Hoffnungen auf Serubbabel und hält doch dem Hohenpriester einen wichtigen Rang offen. – Ließen die politischen Realitäten seiner Zeit irgendeine Alternative zu? Aber Serubbabel baut den Tempel und legt den Schlußstein (vgl. Sach 4,6-10a); ihm gilt der Titel „mein Knecht, der Sproß" (Sach 3,8; vgl. 6,12). Das sind für die jüdische Tradition seit Jesaja nur spärlich verschleierte Anzeichen für eine Wiederherstellung des davidischen Königshauses.

Trotz alledem war der Optimismus Sacharjas durchaus nicht selbstverständlich. Der uns überlieferte endgültige Text des Buches zeugt von einer Überarbeitung, die die Rolle Serubbabels im Vergleich zum Hohenpriester Jeschua herunterspielt, etwa im Bericht über eine Krönung, die ursprünglich die von Serubbabel gewesen zu sein scheint: „Er ist es, der den Tempel des Herrn baut", und „ein Priester steht an seinem Thron" (Sach 6,13); die hier erwähnte königliche Krone wurde niemals von einem Hohenpriester getragen.[6] Im vorliegenden Text ist jedoch Jeschua zum Gegenstand der Weissagung geworden. Auch unter den Visionen fällt eine aus der Rolle und stört das Gleichgewicht: Sie spricht von Jeschua am Hof des Himmels. Der Hohepriester empfängt neue, festliche Gewänder und wird zum Verwalter des Tempels ernannt (Sach 3,1-9).[7] Uns fehlen die nötigen historischen Informationen, um die Einzelheiten mit Sicherheit zu interpretieren. Wir können dennoch vermuten, daß die Überarbeitungen in dem Buch die Enttäuschung der mit Serubbabel verbundenen Wiederherstellungs-Hoffnungen widerspiegeln, und tatsächlich verschwindet er unversehens von der Bildfläche. War dieser Niedergang durch die Hoffnungen provoziert, die einige in ihn gesetzt hatten? War die Ursache bei den persischen Autoritäten oder bei den Statthaltern feindlich gesinnter Nachbarprovinzen zu suchen, oder waren vielleicht sogar Priesterkreise in Jerusalem beteiligt? Mit einiger Sicherheit können wir nur feststellen, daß das „Zukunftsprogramm" der Vision Sacharjas einige rasche Abwandlungen durchmachte. Aber auch das modifizierte Programm sieht die unmittelbare Zukunft immer noch in einer optimistischen Schau.

Wie Jesaja 60-62 und Haggai spricht auch Sacharja von einer Bewegung auf Jerusalem als Mittelpunkt zu. Gott wird zuallererst die Zerstreuten von Israel sammeln (Sach 8,7f.; vgl. 2,10-13). Aber auch die anderen Völker werden betroffen sein: „An jenem Tag werden sich viele Völker dem Herrn anschließen" (Sach 2,15a). Das Verb, das mit „sich anschließen" übersetzt wird, hat man als Wortspiel interpretiert, weil hier der Name Levi erkennbar ist, der Stamm, der für den Kultus verantwortlich ist. Darüber hinaus wird das gleiche Wort in Jesaja 56,3.6 auf Nichtjuden angewandt, die sich zum Gott Israels bekehren und dann die Erlaubnis erhalten, ihn mit den Juden anzubeten.[8] Das Ende von Sacharja 1-8 drückt diesen universalen Ausblick in recht bestimmten Worten aus:

So spricht der Herr der Heere: Es wird noch geschehen, daß Völker herbeikommen und die Einwohner vieler Städte. Die Einwohner der einen Stadt werden zur andern gehen und sagen: Wir wollen gehen, um den Zorn des Herrn zu besänftigen und den Herrn der Heere zu suchen. – Auch ich will hingehen. – Viele Völker und mächtige Nationen werden kommen, um in Jerusalem den Herrn der Heere zu suchen und den Zorn des Herrn zu besänftigen.

So spricht der Herr der Heere: In jenen Tagen werden zehn Männer aus Völkern aller Sprachen einen Mann aus Juda an seinem Gewand fassen, ihn festhalten und sagen: Wir wollen mit euch gehen; denn wir haben gehört: Gott ist mit euch.

(Sach 8,20-23)

Manche Theologen sehen hinter diesen Weissagungen noch einen anderen Verfasser außer Sacharja. Auf jeden Fall ist diese Prophetie für die Zeit unmittelbar nach dem Exil charakteristisch. Sie erinnert an Jes 2,2-4 und ist genaugenommen ein ausführlicher Kommentar dazu. Auch wenn sie nicht ganz so weit geht wie der Gottesknecht Deuterojesajas, der *zu* den Völkern hinausgeht, um Gottes neue Weltordnung zu verkünden (Jes 42,1), sehen wir doch, wie die Stadt Jerusalem ihre Tore weit öffnet, um die Welt willkommen zu heißen.

Der letzte der Propheten

Wenden wir uns nach Haggai und Sacharja dem letzten der klassischen Propheten zu, der uns als MALEACHI bekannt ist, was einfach „mein Bote" bedeutet (vgl. Mal 3,1). Wir entdecken bei ihm sofort, daß sich die strahlenden Hoffnungen, die mit dem Wiederaufbau des Tempels verbunden waren, nicht erfüllt haben. Es ist eine Zeit der Schlaffheit im religiösen Leben, die mit dem Mangel an Gottvertrauen verbunden ist oder sogar durch ihn verursacht wurde. Das Wirken Maleachis wird im allgemeinen zwischen 515 v. Chr., dem Jahr der Einweihung des Zweiten Tempels (Esra 6,15-22), und der Zeit von Esra und Nehemia etwa siebzig Jahre später angesetzt. Maleachi hat eine Vorliebe für einen dialogischen Frage-und-Antwort-Stil, etwa wie Priester und Propheten eines Heiligtums seit Menschengedenken die Fragen der Gläubigen mit einer in Gottes Namen ausgesprochenen Weissagung beantworteten.

Die Fragen und Aussagen, die Maleachi seinen Zeitgenossen in den Mund legt, malen in grellen Farben das geistliche Klima seiner Zeit. „Worin zeigt sich deine Liebe?" so fragen sie Gott (Mal 1,2). Die Segnungen vom Himmel kommen nicht mehr, Gott wendet sich ihrem Opfer nicht mehr zu und nimmt es nicht mehr gnädig aus ihrer Hand an (Mal 2,13). Hat sich der Herr geändert (vgl. Mal 3,6)? Das Böse scheint in dieser Welt zu triumphieren: „Jeder, der Böses tut, ist gut in den Augen des Herrn, an solchen Leuten hat er Gefallen... Wo ist denn Gott, der Gericht hält?... Es hat keinen Sinn, Gott zu dienen. Was haben wir davon, wenn wir auf seine Anordnungen achten und vor dem Herrn der Heere in Trauergewändern umhergehen? Darum preisen wir die Überheblichen glücklich, denn die Frevler haben Erfolg; sie stellen Gott auf die Probe und kommen doch straflos davon" (Mal 2,17b; 3,14f.). Dieser Widerhall der Klage Hiobs bringt die Situation einer Generation zum Ausdruck, die zeitlich schon weit von der

Rückkehr aus der Gefangenschaft entfernt ist, aber das verheißene Glück und den Wohlstand immer noch nicht erlebt hat.

Auf diese Anwürfe gibt der Prophet eine zweifache Antwort. Zuerst dreht er die Anklage um und richtet sie gegen das Volk selbst, vor allem gegen die Priester, die sich der Nachlässigkeit im Gottesdienst (Mal 1,6-14) und der Günstlingswirtschaft in ihrem Dienst (Mal 2,9) schuldig gemacht haben. Sie schmeicheln sich mit Geschenken bei den persischen Autoritäten ein (Mal 1,8) und heiraten hochgestellte nicht-jüdische Frauen nur zum eigenen Vorteil (Mal 2,10-16).[9] Diese Miß-achtung Gottes steht in beklagenswertem Widerspruch zu ihrem Vor-fahren Levi (Mal 2,5f.) und wird gewiß verderbliche Folgen nach sich ziehen (Mal 2,1-4). Auch das Volk insgesamt ist verantwortlich für das Fehlen der göttlichen Segnungen, da es den Gottesdienst und die Geist-lichen nicht unterstützt hat (Mal 3,6-12).

Die zweite Antwort des Propheten auf die Anklagen des Volkes ist eine erneute Zusage der Hoffnung, die seit dem Exil unvermindert besteht. Gott wird kommen, und zwar sehr bald. Er wird wie ein läu-terndes Feuer in sein Heiligtum kommen, um Priester und Schlachtop-fer zu reinigen und Gerechten wie auch Gottlosen ihren verdienten Lohn zu geben (Mal 3,1-5; 3,16-21). Hier sehen wir eine bedeutsame Entwicklung der nachexilischen Zeit: Die Spaltung trennt nicht nur Israel von den anderen Völkern, sondern sie spiegelt sich auch *innerhalb* der Gemeinschaft wider, zwischen denen, die auf Gott vertrauen, und den „Überheblichen", den „Gottlosen", die anscheinend Erfolg haben. Für die letzteren wird das Kommen des Herrn das Ende ihres trügeri-schen Triumphes bedeuten, „für euch aber, die ihr meinen Namen fürchtet, wird die Sonne der Gerechtigkeit aufgehen, und ihre Flügel bringen Heilung. Ihr werdet hinausgehen und Freudensprünge machen, wie Kälber, die aus dem Stall kommen" (Mal 3,20). Von äußeren Schwierigkeiten bedrängt, zieht sich die Gemeinschaft in sich selbst zurück, und so werden ihre inneren Spaltungen auf schmerzhafte Weise offenbar. Das legt noch mehr Gewicht auf die Erwähnung eines Rauchopfers, das sich überall in der Welt zum Herrn erhebt „vom Aufgang der Sonne bis zu ihrem Untergang" (Mal 1,11).

Eine interessante und etwas rätselhafte Einzelheit im Buch Maleachi ist die Identität des „Boten", der das Kommen des Herrn vorbereiten soll (Mal 3,1). Man muß in dieser Prophetie wohl verschiedene Über-lieferungsstufen unterscheiden. Am Schluß der endgültigen Fassung des Buches wird dieser „Bote" mit dem Propheten Elia identifiziert, der wieder auf die Erde zurückgekommen ist (Mal 3,23f.). Die meisten Kommentatoren betrachten diese Verse als spätere Hinzufügung, als sekundäre Interpretation. Später sah die christliche Tradition (aller Wahrscheinlichkeit nach mit Jesus selbst beginnend) diesen Elia *redivi-*

vus (wiedererstanden) in Johannes dem Täufer, der dem Herrn den Weg bereitete (Mt 11,10.14; 17,10-13). In der jüdischen Tradition wurde Maleachi selbst (der „Bote" in Mal 1,1) mit Esra, dem Schriftgelehrten, identifiziert: Der Titel „der Bote (oder Engel) des Bundes" (Mal 3,1) beschrieb ihn zweifellos recht gut.[10] Aber in erster Linie ist mit „mein Bote" (Mal 3,1) sehr wahrscheinlich der Prophet gemeint, der diese Weissagungen aussprach, wie der Titel der Sammlung ziemlich deutlich macht (Mal 1,1). Dieser anonyme Prophet nimmt die Berufung Deuterojesajas, des großen Unbekannten des Exils, auf und führt sie weiter (vgl. Jes 40,3 und Mal 3,1; ebenso vgl. Mt 3,3 und 11,10). Wie seine Vorgänger erwartet Maleachi den „Tag des Herrn" sehr bald: Die Verzögerungen seines Kommens führten zu den verschiedenen Interpretationen, die wir gerade untersucht haben.

Das jüdische Targum idenfizierte Maleachi mit „Esra, dem Schriftkundigen im Gesetz des Gottes des Himmels" (Esra 7,12), der gegen Ende des fünften Jahrhunderts v. Chr. zusammen mit Nehemia, dem Statthalter, feste Grundlagen für den Judaismus legte. Denn in gewissem Sinne führt die Linie der Propheten Haggai, Sacharja und Maleachi direkt zu Nehemia und Esra. Diese beiden letzteren Gestalten sind keine Propheten, sondern Organisatoren, Männer der Tat. Ihre Aufgabe war es, der Religion des jüdischen Volkes eine klare äußere Form zu geben und alles auszurotten, was nicht damit in Einklang stand. Diesen Preis meinten sie für das Überleben des Judentums zahlen zu müssen. Eine Hoffnung, die ständig auf morgen verschoben wird, konnte die Gläubigen nicht auf unbestimmte Zeit stärken. Der Tempel, sein Gottesdienst sowie die historischen und prophetischen Bücher, das alles gab es und diente dem Volk als geistliche Nahrung. Was jedoch fehlte, war eine Art Katalysator, der all das zu einem Ganzen zusammenfügen und so neue Orientierung bieten würde. Dies geschah durch Nehemia, mehr noch durch Esra, den spätere Generationen nicht umsonst als „Vater des Judentums" verehrten.

Diese beiden Männer haben zweifellos dem Glauben Israels eine notwendige und nützliche Prägung verliehen. Aber wie jede menschliche Entwicklung hatte auch das Werk dieser beiden Reformer seine Grenzen. Von da an bildeten der Tempel und die Thora durch die Konzentration des Volkes auf sich selbst und seine Vergangenheit die beiden Pole, um die sich das Leben der Gläubigen drehte. Nachdruck legte man auf das Studium der Schriften, auf kultische Reinheit sowie auf die Einrichtungen der Beschneidung und des Sabbats, die während des Exils größere Bedeutung gewonnen hatten. Vielleicht weniger als vorher konnte ein Prophet das unberechenbare Wort verkünden, das die Menschen wachrüttelt und die Herzen in Unruhe versetzt: An seine Stelle traten der Priester, der Schriftgelehrte, der Weise und, irgendwo am Rande, der Visionär. Wer diese Auffassung nicht teilte, selbst wenn er an den Gott Israels glaubte, wurde an den Rand gedrängt. In diesen Jahren begann die Abspaltung der Samaritaner, die bis heute andauert.[11] Die Fremdenfeindlichkeit frommer Juden, das sollte man vielleicht erwähnen, fand ihre Berechtigung darin, daß tatsächlich die Gefahr bestand, die Besonderheit des Glaubens durch Annäherung an fremde Kulturen zu verlieren. Der Synkretismus blieb während der ganzen nachexilischen Periode, insbesondere während der hellenistischen Ära, eine ständige Versuchung für das Volk. Die griechische Kultur übte damals auf gebildete Juden eine solche Anziehungskraft aus, daß die Reinheit des Glaubens radikal gefährdet war. Bezeichnenderweise kam der Impuls zur Vertreibung der fremden Kraft und zur Reinigung des Landes nicht aus dem kosmopolitischen Jerusalem, sondern von den Landbewohnern.

Die Maßnahmen Nehemias und Esras gaben dem Judentum eine neue Orientierung und sicherten sein Überleben. Durch die Betonung des Kultus und der Thora wurde die Dimension des inbrünstigen Wartens vernachlässigt, das für den Glauben während und unmittelbar nach dem Exil so kennzeichnend war. Natürlich wurde die Hoffnung auf eine kommende Erlösung im Judentum selbst angesichts einer endlosen Folge bitterer Enttäuschungen niemals völlig ausgelöscht. Die Thora und die Propheten als Grundlage des orthodoxen Glaubens sprechen genug von dieser Erwartung, um sie vor der Verflüchtigung zu bewahren. Aber in einflußreichen Kreisen verlor sie an Bedeutung, wenn nicht in der Theorie, so doch in der Praxis, im Hinblick auf die Belange des täglichen Lebens. Das kann man sich anhand der beiden großen Parteien zur Zeit Jesu bewußt machen. Die Sadduzäer, zu denen die herrschenden Priesterfamilien gehörten, waren fast gänzlich auf die Angelegenheiten der Gegenwart und die Erhaltung ihrer Vorherrschaft ausgerichtet. Die „religiöseren" Pharisäer ihrerseits erwarteten glühend das Reich Gottes, indem sie die Pflichten des Alltags, die Einhaltung des Gesetzes bis hin zur kleinsten Einzelheit forderten. Die Hoffnung auf ein völlig unerwartetes und unverdientes Einbrechen Gottes blieb beim einfachen Volk und in Gruppen am Rande des offiziellen Judentums wach.

Zusammenfassend kann man sagen, nach der Rückkehr aus der Gefangenschaft und dem Nichteintreffen der Heilsprophetien begann das Judentum mit den Anforderungen des täglichen Lebens Frieden zu schließen. Es formte sich allmählich zu einer Religion auf Dauer um. Dafür mußte ein Verlust an Dynamik und Offenheit als Preis gezahlt werden. Mit den Reformen von Esra und Nehemia haben wir das Kapitel der universalen und zukunftsorientierten Perspektiven eines Propheten wie Deuterojesaja abgeschlossen.

Der Glaube bei Abraham, Mose, David und den großen Propheten wurde zu einer „Religion auf Dauer". Daneben gab es auch noch andere Strömungen, die als Randerscheinungen zum Teil doch in den biblischen Kanon eingegangen sind und so eine gewisse Bedeutung gewonnen haben.[12] Wir müssen nun etwas zurückgehen und die andere Hauptrichtung untersuchen, die die prophetische Bewegung in den Jahren nach dem Exil einschlug und die zur sogenannten apokalyptischen Literatur führte. Diese Texte sind kaum genau zu datieren, und so ist es schwierig, die Entwicklungsstufen zu beschreiben. Begann diese andere Tendenz etwa zur Zeit Maleachis, oder geht sie weiter zurück, beispielsweise bis in die Jahre der Rückkehr aus dem Exil? Wir können auf diese Fragen keine präzise Antwort geben. Also untersuchen wir zuerst den Rest des letzten Teils des Buches Jesaja.

Mit Jesaja 60-62 verglichen, zeigen die anderen Kapitel am Ende des Jesaja-Buches ein viel weniger idyllisches Bild. Sie berichten zwar von zunehmender Besorgnis, weil die verheißene Erlösung nicht eintrifft, zeigen aber bei einem Teil der Bevölkerung eine wachsende Untreue gegen den Willen Gottes, so daß die Gemeinschaft in den Texten allmählich in „Gute" und „Böse" eingeteilt wird. Das Bild unterscheidet sich nicht wesentlich von dem bei Maleachi, obwohl es weniger mit identifizierbaren geschichtlichen Situationen verknüpft ist. So können wir diese Kapitel als Arbeitshypothese ungefähr in der gleichen Zeit ansiedeln, nämlich nach der Wiederherstellung des Gottesdienstes im neuen Tempel im Jahre 515 v. Chr.

Spürbarer als in Jesaja 60-62 ist die Unruhe im Blick auf Gottes Schweigen geworden, wobei die Elemente einer Klage des Volkes auffallen (Jes 59; 63-64). Hier handelt es sich wahrscheinlich zum Teil um liturgische Stücke, die nach der Zerstörung des ersten Tempels 587 v. Chr. in Gebrauch waren (vgl. z. B. Jes 64,10 f.); sie wurden jedoch bearbeitet und auf die neue Situation angewandt. Auf die offene Kritik an Gott: „Die Hand des Herrn ist zu kurz, um zu helfen, sein Ohr ist schwerhörig, so daß er nicht hört" (Jes 59,1; vgl. auch Mal 2,17 b; 3,15), antwortet der Prophet: Im Gegenteil, durch eure Verweigerung von Gerechtigkeit und Frieden seid ihr diejenigen, die Gott abweisen, obwohl er immer bereit ist, für euch zu handeln (Jes 59,2-15 a). Ebenso sind auch eure Fastenzeiten sinnlos, weil sie nicht von dem Wunsch geleitet sind, nach Gottes Willen zu handeln:

> Nein, das ist ein Fasten, wie ich es liebe:
> die Fesseln des Unrechts zu lösen,
> die Stricke des Jochs zu entfernen,
> die Versklavten freizulassen,
> jedes Joch zu zerbrechen,

an die Hungrigen dein Brot auszuteilen,
die obdachlosen Armen ins Haus aufzunehmen,
wenn du einen Nackten siehst, ihn zu bekleiden
und dich deinen Verwandten nicht zu entziehen.

(Jes 58,6f.; vgl. Sach 7,4-14)

In einem wundervollen Gebet (Jes 63,7-64,12) können wir ebenfalls
zwischen den Zeilen die Sorge der Gläubigen wegen der scheinbar
ausbleibenden Antwort Gottes lesen. Nach der dankbaren Erinnerung
an die vergangenen Wohltaten, mit denen Gott einst sein Volk ver-
schwenderisch überhäuft hat, wird die Gegenwart mit der prächtigen
Zeit des Exodus verglichen:

Wo ist der, der den Hirten seiner Schafe
aus dem Meer herausgeführt hat?
Wo ist der, der seinen heiligen Geist in ihn gelegt hat,
der an der rechten Seite des Mose ging
und ihm half mit mächtigem Arm,
der das Wasser vor ihnen zerteilte,
um sich ewigen Ruhm zu verschaffen...?

(Jes 63,11 b-12)

Auf die Fragen „Wo?" und „Warum?" folgt als herzzerreißender Schrei
der Wunsch, Gott in unserem Leben wirken zu sehen: „Reiß doch den
Himmel auf, und komm herab...!" (Jes 63,19 b). Hier wird kein „neuer
Exodus" erwähnt, der ja bereits stattgefunden hat. Die Gläubigen warten immer noch sehnsüchtig auf das Eingreifen Gottes. Selbst wenn
dieses Gebet vor der Rückkehr aus dem Exil geschrieben worden wäre –
an dieser Stelle ist es ein beredtes Zeugnis für die Situation des Volkes
in den bitteren Jahren nach der Rückführung.

Einige Texte zeigen schließlich noch deutlicher die Schwierigkeiten
unter den Juden selbst. Am Anfang von Jesaja 56-66 finden wir Äußerungen der Kritik im Stil der vorexilischen Propheten, zuerst gegen die
gottlosen Herrscher, die „Wächter", die in Wirklichkeit blind sind
(Jes 56,9-57,2; vgl. 52,8 und 62,6) und gegen den Götzendienst
(Jes 57,3-13). Manche Ausleger sehen hier einfach die Kopie alter Prophetien; aber selbst wenn das zuträfe, müßten wir fragen, was in der
neuen Situation nach ihrer Wiederbelebung ruft. Solche Anklagen finden sich auch im letzten Teil des Buches, so daß sie möglicherweise
einem Hauptanliegen des Redaktors entsprechen. Aber läßt sich etwas
Genaueres über die Umstände sagen? Wem gilt der Tadel des Propheten?[13]

Beginnen wir mit den Drohungen gegen den Götzendienst. Oft werden sie so gedeutet, als richteten sie sich gegen wirkliche Götzenanbeter
oder Synkretisten, die ihre gotteslästerliche Anbetung in früheren heidnischen Schreinen praktizierten, also gegen das „Volk des Landes"

oder gegen die Samaritaner, die durch den Kontakt mit fremden Religionen ‚infiziert' waren. Aber welche Verbindung gäbe es in diesem Fall zu den Schmähreden des Propheten gegen die „Hirten" und „Wächter" (Jes 56,9ff.), zum Mahnwort gegen den Tempel (Jes 66,1f.) oder zur Kritik am Fasten der Nation (Jes 58)? Die einzige Lösung bestünde darin, diese Kapitel als heterogene Sammlung grundverschiedener Texte zu betrachten.

Erst wenn man diese Beschreibungen des Götzendienstes nicht wortwörtlich nimmt, tut sich ein anderer Weg auf. Das für die Anbetung fremder Götter gebrauchte Vokabular – Prostitution unter den Bäumen, im Garten, auf Hügeln, etc. – ist inzwischen so tief in den prophetischen Schriften verwurzelt, daß es auf eine Vielzahl von Situationen angewandt werden kann. Erinnern wir uns daran, daß der Prophet Maleachi – der etwa ein Zeitgenosse des Verfassers dieser Kapitel war – seinen Zorn vor allem gegen die jüdischen Priester seiner Zeit richtete und gegen ihr mangelndes Interesse an Gott. Vielleicht sind die Beschreibungen des Götzendienstes am Ende des Buches Jesaja ironische Anspielungen auf dieselben Priester und die Gottesdienste im Tempel, für die sie verantwortlich sind? Das würde heißen, für diesen Propheten sind ihre Opfer und Fastenzeiten nicht nur ein leeres Ritual, sondern eigentlich eine Beleidigung Gottes; denn in ihnen drückt sich nicht die Absicht aus, Gottes Willen zu tun. Diese Erklärung ist natürlich nur eine Hypothese, aber sie hat den Vorteil, eine zusammenhängende Interpretation für diese Kapitel zu liefern.

Ist diese Deutung der Texte zutreffend, dann sind die damaligen Leiter der jüdischen Gemeinde tatsächlich die blinden Wächter und stummen Hunde, die es lieben zu schlafen (Jes 56,10).[14] Diese Männer haben in ihrem Herzen keinen Sinn für Gott (Jes 57,11), und doch haben sie ein übertriebenes Interesse an kultischer Reinheit; sie sagen: „Bleib, wo du bist, komm mir nicht nahe, sonst bist du geweiht" (Jes 65,5a; vgl. Ez 44,19). Folglich sind ihre Opfer Rauch, der Gottes Nase stört (Jes 65,5b; vgl. 58,4f.). Selbst ihre Aktivität für den Wiederaufbau des Tempels dient letztlich nur der Selbstverherrlichung. Aus diesem Grunde fürchtet der Autor dieser Texte nach alter prophetischer Tradition jeden menschlichen Versuch, die Gegenwart des lebendigen Gottes zu fixieren, ihn in einen vorgegebenen Raum einzusperren:

> So spricht der Herr:
> Der Himmel ist mein Thron
> und die Erde der Schemel für meine Füße.
> Was wäre das für ein Haus,
> das ihr mir bauen könntet?
> Was wäre das für ein Ort,

an dem ich ausruhen könnte?
Denn all das hat meine Hand gemacht;
es gehört mir ja schon – Spruch des Herrn.
(Jes 66,1-2 a; vgl. 63,15; 57,15; 2. Sam 7,5-7; 1. Kön 8,27; Ps 127,1)

Und schließlich beschreibt der Autor in beißendem Sarkasmus den Kult seiner Gegner mit den Begriffen der rituellen Unreinheit, die sie vor allem anderen verabscheuen (Jes 65,2-4; 66,3.17; 57,6-9): der „hoch aufragende Berg" (Jes 57,7; vgl. Ez 17,22), als heidnisches Heiligtum, ist der Berg Zion selbst!

Trifft diese Kennzeichnung seiner Gegenspieler zu, dann können wir auch wagen, die Herkunft dieses Propheten einzuschätzen. Er scheint aus einem von Deuterojesaja angeregten Kreis zu kommen, dessen Mitglieder schnell in Widerspruch zu denen gerieten, die für den Wiederaufbau des Tempels und den dort abgehaltenen Gottesdienst verantwortlich waren. Der Enthusiasmus dieser Gruppe mag im Urteil der mehr „realistischen" Herrscher eine gefährliche utopische Einstellung wirklichkeitsfremder Visionäre gewesen sein. Vielleicht wurden sie aus diesem Grund ausgeschlossen:

Eure Brüder, die euch hassen,
die euch um meines Namens willen verstoßen,
sie sagen: Der Herr soll doch seine Herrlichkeit zeigen,
damit wir eure Freude miterleben.
Aber sie werden beschämt.
(Jes 66,5)[15]

Dieser „kleine Rest", der sich freiwillig als „niedrig" betrachtet (Jes 57,15; 66,2 b; vgl. 61,1), als die „Auserwählten" (Jes 65,9.15.22) oder die „Gläubigen", „Frommen", „Gerechten" (Jes 57,1), sieht die Herrschenden in radikaler Untreue gegen Gott. Sie predigen rituelle Reinheit, während sie sich weigern, auf den Herrn zu hören (Jes 65,12; 66,4). Sie sind bereit, mit jedem ein Bündnis einzugehen, wenn es nur ihren eigenen Wohlstand und ihre Macht vergrößert. Ihr Gottesdienst ist deshalb Frevel in Gottes Augen. Diese Kritik geht weiter als bei Maleachi, und sie läßt keine konkreten Möglichkeiten zur Umkehr erkennen, so daß der Bruch endgültig zu sein scheint.

Noch etwas wurde in diesen Kapiteln oft festgestellt, aber nicht befriedigend erklärt: das göttliche Eingreifen, das mit Begriffen beschrieben wird, die man apokalyptisch nennen kann, also mit archaischen und gewaltigen Bildern, die eine endgültige Verwandlung des Universums und der Menschheitsgeschichte ankündigen. Angesichts der leuchtenden Vision des großen Exilspropheten und der totalen Enttäuschung in deren Gefolge hatten die Menschen buchstäblich keine andere Zuflucht. Die Realität Israels zeigte keine Ähnlichkeit mit dem Gegenstand ihrer Hoffnungen, ihre Vorhaltungen blieben wirkungslos (vgl. Jes 63,16). Wo konnten sie also Hoffnung finden, wenn nicht in der Erwartung eines plötzlichen und gewaltigen Eingriffs, wodurch Gott die Dinge wieder in Ordnung bringen würde?

> Das hat der Herr gesehen,
> und ihm mißfiel, daß es kein Recht (*misphat*) mehr gab.
> Er sah, daß keiner sich regte,
> und war entsetzt, daß niemand einschritt.
> Da half ihm sein eigener Arm,
> seine eigene Gerechtigkeit war seine Stütze.
>
> (Jes 59,15 b-16; vgl. 63,5)

Gott selbst greift ein und läutert die Nation, aber „um meiner Knechte willen" (vgl. Jes 65,8) wird es keine vollständige Zerstörung sein. Der Titel „Knecht Gottes", der in Jesaja 40-55 die rätselhafte Gestalt bezeichnete, die die Erfüllung von Gottes Plan durch *mishpat* (Recht) bewirkte, wird nun auf diesen kleinen Rest der Niedrigen angewandt. Sie erben das Land (Jes 65,9; vgl. 57,13; 60,21; Ps 37,11) und erhalten einen neuen Namen (Jes 65,15), da Gott im Begriff ist, „einen neuen Himmel und eine neue Erde" zu erschaffen (Jes 65,17), so daß seine Verheißungen endlich Wirklichkeit werden (Jes 65,16-25).

Jesaja 66 scheint zum Teil aus einer etwas früheren Zeit zu stammen, als das vorangehende Kapitel. Die Heftigkeit ist weniger stark, so daß die Spaltung in der Gemeinde wohl noch nicht ihren Höhepunkt erreicht hat.[16] Hier wird das unerwartete Eingreifen des Herrn, das seine zweifelnden Gegner in Verwirrung stürzen wird, mit einem Geburtsakt verglichen: Die Stadt bringt eine neue Bevölkerung zur Welt. Aber es ist eine übernatürliche Geburt, denn „noch ehe die Frau ihre Wehen bekommt, hat sie schon geboren; ehe die Wehen über sie kamen, brachte sie einen Knaben zur Welt" (Jes 66,7). Das Bild der Geburt für die Hoffnung auf Gott hatte in der Verkündigung der Propheten schon eine lange Geschichte, besonders seit den messianischen Weissagungen Jesajas (Jes 7,14; aber vgl. auch 8,3; 9,6; Mi 5,1 f. etc.). Im allgemeinen geht es um die erwartete Geburt eines gerechten Königs. Jeremia seinerseits gebraucht das Bild einer Frau in Wehen öfter zur Beschreibung des Leidens, das die „Tochter Zion" durchmachen wird (Jer 4,31; 13,21; 22,23; 30,6; vgl. 4,19), aber an dem glücklichen Ausgang dieses Leidens scheint er nicht interessiert zu sein. Der Autor von Jesaja 66 nimmt diese Motive auf neuartige Weise auf. Er schildert eine Frau bei einer Geburt ohne Schmerzen (vgl. Jes 65,16 b-17), und es ist nicht die Geburt eines Königs, sondern einer ganzen Nation:

> Wer hat so etwas je gehört,
> wer hat je dergleichen gesehen?
> Wird ein Land an einem einzigen Tag geboren,

kommt ein Volk auf einmal zur Welt?
Doch Zion, kaum in den Wehen,
hat schon ihre Kinder geboren.

(Jes 66,8)

So führt der Autor die „Demokratisierung" der Davidsverheißung fort,
die Deuterojesaja begonnen hatte (Jes 55,3). Diese Tendenz findet sich
auch noch anderswo in Jesaja 56-66 („meine Knechte", „meine Auserwählten"), sie nahm ihren Ausgang bei Jesaja selbst, in seiner Vision
vom Rest (vgl. Jes 8,16-18).

Die Weissagung von der Geburt (Jes 66,5 ff.) wurde später scheinbar
polemisch ausgeweitet: Das Eingreifen des Herrn führt zur Zerstörung
seiner Feinde, die jetzt als Götzendiener bezeichnet werden (Jes
66,14b-17).[17] Das Kapitel schließt mit der Beschreibung einer universalen Versammlung der Nationen in Jerusalem: Die Überlebenden
werden ausgesandt, um anderen Völkern die gute Botschaft zu verkünden und die Kinder Israels wieder nach Hause zu bringen (Jes 66,18-
20; vgl. 14,1 f.). Darüber hinaus wird Gott einige „von ihnen als Priester
und Leviten auswählen" (Jes 66,21), und dieses „ihnen" läßt sich auf
Ausländer beziehen, obwohl der erhaltene Text nicht ohne eine gewisse
Zweideutigkeit ist. Damit wurde den Heiden ein unerhörtes Privileg
verliehen; so wurde die endgültige Fassung möglicherweise überarbeitet, um die implizite Polemik gegen Israel und seine Herrscher herunterzuspielen (Jes 66,22).[18] Die Polemik ging hier tatsächlich so weit, daß
die Kontinuität mit dem Rest der biblischen Tradition und den Vor-
rechten des auserwählten Volkes praktisch gebrochen war. Ähnlich
kühn hatte Maleachi in seiner Kontroverse mit den Priestern den Kult
von Jerusalem relativiert: „Vom Aufgang der Sonne bis zu ihrem
Untergang steht mein Name groß da bei den Völkern, und an jedem
Ort wird meinem Namen ein Rauchopfer dargebracht und eine reine
Opfergabe" (Mal 1,11). Die Tradition versuchte diesen etwas peinli-
chen Text auf verschiedene Weise zu integrieren, indem sie ihn entweder auf die Zukunft übertrug oder ihn auf die Juden der Diaspora
begrenzte.[19]

Diese äußerst universalistische Sicht des erwählten Volkes der späteren Jesaja-Schule findet sich auch am Anfang der Kapitel 56-66 –
vielleicht ein Hinweis darauf, daß sie aus der letzten Stufe der Überarbeitung des Buches stammt. Auch hier sehen wir, daß die Grenzen der
anbetenden Gemeinde aufgelöst werden und sich auf alle ausweiten, die
ihr angehören wollen (Jes 56,3-8); „denn mein Haus wird ein Haus des
Gebets für alle Völker genannt" (Jes 56,7b). Wir können diesen Text
als eine weitere scharfe Entgegnung auf die exklusive Einstellung
betrachten, die von den zadokitischen Priestern aufrechterhalten wurde
(vgl. Ez 44,9).[20] Und auch hier scheint der Text noch einmal in anderer

Hand gewesen zu sein, um seine Radikalität zu entschärfen, hauptsächlich durch die Erwähnung des Sabbats (Jes 56,2.4.6; vgl. 58,13 f.;
66,23).

Der Apokalypse entgegen

In Jesaja 56-66 können wir die Anfänge einer weiteren Richtung beobachten, die ur- oder vorapokalyptisch genannt wird. Sie folgte der Enttäuschung auf das Exil. Die Kritik eines Propheten wie Maleachi wurde
eine Generation später in den Reformen von Nehemia und Esra aufgenommen und beantwortet. Für manche war die Wunde aber viel zu tief,
um sie durch bloße menschliche Bemühungen zu heilen. In ihren
Augen war das direkte Eingreifen von Gott selbst dringend notwendig.
Die großen Propheten richteten ihre Worte jeweils an die Verantwortli-
chen in einer bestimmten historischen Situation und boten ihnen einen
Freiraum und die Möglichkeit zur Umkehr an. Die neue Bewegung
nahm den entgegengesetzten Kurs. Sie interessierte sich für geschichtliche Ereignisse, ganz gleich wie wichtig oder unwichtig sie waren – die
Zerstörung einer Stadt, eine Heuschreckeninvasion –, immer mit der
gleichen Zielsetzung: das endgültige Kommen des Herrn, das Verschwinden von allem, was seine Pläne durchkreuzt, und die Erfüllung
alldessen, was seinen Erwählten verheißen war. Diese Literatur wollte
nicht in erster Linie die Rebellen bekehren oder gar die Lauen aufrüt-
teln, vielmehr wollte sie die Hoffnung und das Vertrauen der „Armen
Gottes" bestätigen, die unter der bestürzenden Erkenntnis litten, daß
sich die Erfüllung ihrer Hoffnung immer weiter weg bewegte, je mehr
sie sich ihr zu nähern glaubten.

Nicht ohne Grund sprechen manche in diesem Zusammenhang von
einer „Flucht aus der Geschichte". Und doch darf man nicht vergessen,
daß es nicht einfach um irgendeine Ausflucht geht, sondern um eine
Flucht zu Gott, und zwar genau deshalb, weil es keinen anderen Ausweg gibt. Es regt sich ein verborgener Drang, noch einmal ganz von
vorne anzufangen und eine Geschichte auszuradieren, die die Kulisse
zahlloser Enttäuschungen, Treulosigkeiten und Verweigerungen war.
Jede menschliche Sprache ist unvollkommen, ja manchmal sogar zwei-
deutig, wenn sie Gottes Wirklichkeit ausdrücken will. Mit apokalyptischen Bildern muß man deswegen besonders feinfühlig umgehen. In
ihren Spitzenaussagen kann die menschliche Sprache den Schrei von
Gläubigen zum Ausdruck bringen, die jeden Kompromiß mit einer
ihnen fremd gewordenen Welt verweigert haben. Anstatt sich mit der
Falschheit zu arrangieren, ziehen sie es vor, ihre Augen fest auf den
Horizont zu richten, im sehnsüchtigen Warten auf „Ihn, der da
kommt". Vielleicht läßt sich auf die apokalyptischen Schriften anwen-

den, was Karl Marx zur Erklärung der Religion im allgemeinen gesagt hat: „Die Religion ist der Seufzer der bedrängten Kreatur, das Gemüt einer herzlosen Welt, wie sie der Geist geistloser Zustände ist."[21] Aber Marx übersah, daß diese Geisteshaltung nur ein einzelner Moment in einer viel größeren Realität, in einer Geschichte der Befreiung, in einer langen Reise der Verheißung entgegen war. Denn Gott hatte dieser „herzlosen Welt" bereits ein neues Herz, nicht aus Stein, sondern aus Fleisch und Blut verheißen.

Die endzeitliche Sicht dieser vorapokalyptischen Literatur trieb ihre Wurzeln tief in die biblische Tradition. Sie war den prophetischen Schriften besonders eng verbunden, und aus diesem Grunde ist es unangemessen, die beiden zu trennen oder gegeneinander auszuspielen. Ja, die Sicht eines Gottes, der – menschlich gesprochen – eingreift, um die zu engen Grenzen der Geschichte zu sprengen, liegt eigentlich der ganzen Bibel zugrunde. So war es schon in der Exodus-Geschichte – die Israeliten durchqueren das Meer, während Gott sich mit ihren Feinden befaßt: „Rosse und Wagen warf er ins Meer" (Ex 15,1). Später finden wir diesen Ausblick in den alten Theophanien der Eroberung (Ri 5), in der prophetischen Verkündigung vom Tag des Herrn (Zeph 1) und in den Drohreden gegen die Völker (Jer 46 ff.). Manchmal erfüllt die Vision eines großen Konflikts, der zur Erlösung der Gerechten führt, das ganze Denken des Propheten als eine Art Rekapitulation der gesamten Heilsgeschichte, zum Beispiel bei der Zerstörung von Ninive, die Nahum beschreibt, oder von Edom, die Obadja schildert. Ezechiel geht einen Schritt weiter: Gog, der König von Magog, eine fiktive Figur, läßt seine Armeen gegen Israel in eine unbestimmte Zukunft marschieren. Gott fordert ihn zum Kampf heraus und besiegt ihn und seine Heerscharen vernichtend und verschafft seinem Volk auf diese Weise eine Zeit des Friedens (Ez 38-39). Das ist keine wahre Geschichte, sondern eher eine Deutung, die aus dem tiefgründigen Nachdenken über die Ereignisse der Heilsgeschichte erwachsen ist. Diese Kapitel sind also eine Art Kommentar für Gläubige über die Bedeutung und das Ziel der Geschichte und damit eine Trostbotschaft, die an die Treue und Allmacht Gottes erinnert.

Erfüllung in einem kommenden Zeitalter

Die Literatur, die wir als vorapokalyptisch bezeichnet haben, findet sich vor allem in den letzten Ergänzungen des Jesaja-Buches (Jes 34-35; 24-27). JESAJA 34-35 schildert im einzelnen die Zerstörung von Edom und die darauffolgende Friedenszeit. Der Autor sieht in Edom nicht nur ein Volk unter anderen, sondern ein Symbol für alle bösen Mächte. Selbst hinsichtlich des Buches Obadja sind wir weit von der gewöhnlichen Menschheitsgeschichte entfernt: Der völlige Zusammenbruch wird mit kosmischen Begriffen beschrieben, und Bilder aus der Natur sind reichlich vorhanden. Außerdem verwendet der Verfasser bei der Schilderung des kommenden goldenen Zeitalters Aussagen Deuterojesajas, ohne auf ihren Zusammenhang zu achten. Es wird eine Zeit der Heilung sein, die alle menschlichen Möglichkeiten weit übersteigt:

> Dann werden die Augen der Blinden geöffnet,
> auch die Ohren der Tauben sind wieder offen.
> Dann springt der Lahme wie ein Hirsch,
> die Zunge des Stummen jauchzt auf.
> In der Wüste brechen Quellen hervor,
> und Bäche fließen in der Steppe.
>
> (Jes 35,5 f.)

Wieder begegnen wir dem Thema des neuen Exodus, aber mit einem bedeutenden Unterschied: Die Straße zum Zion ist denen, die als „unrein" und „gottlos" gelten, ausdrücklich verboten. Die Spaltungen innerhalb der Gemeinde sind immer noch virulent:

> Eine Straße wird es dort geben;
> man nennt sie den Heiligen Weg.
> Kein Unreiner darf ihn betreten.
> Er gehört dem, der auf ihm geht.
> Unerfahrene gehen nicht mehr in die Irre ...
> Dort gehen nur die Erlösten.
> Die vom Herrn Befreiten kehren zurück
> und kommen voll Jubel nach Zion.
> Ewige Freude ruht auf ihren Häuptern.
> Wonne und Freude stellen sich ein,
> Kummer und Seufzen entfliehen.
>
> (Jes 35,8-10)

JESAJA 24-27 spricht die gleichen Zusammenhänge an. Diese Kapitel befassen sich mit der Zerstörung einer Stadt und davon, daß dies für Gläubige eine gute Nachricht ist. Man hat immer wieder versucht, diese Stadt zu identifizieren. Die meisten Theologen vermuten, daß sich der Text auf die Zerstörung Babylons im Jahre 485 v. Chr. durch Xerxes I. bezieht, während andere ihn erst bei der Plünderung von Tyrus durch Alexander den Großen (332 v. Chr.) ansetzen. Aber auch hier würde die genaue Identifikation der Stadt kaum zum Verständnis des Textes beitragen. Denn die Stadt ist zu einem Symbol geworden, die „Stadt des Bösen" (vgl. Jes 24,10), ein Ort der Zwietracht und Zerstörung im Gegensatz zu Zion, dem Berg Gottes. Es könnte genauso wie Babylon und Tyrus auch Jerusalem sein – nämlich das untreue Jerusalem, in dem die Einwohner nicht das tun, was Gott wünscht.[22] Es wäre eine Mißdeutung der literarischen Gattung, würde man die Bedeutung dieser Passage auf bestimmte Ereignisse der Weltgeschichte beschränken. Außerdem betont die Textkritik die Vielfalt der sprachlichen Mittel in diesen Kapiteln. Das hält uns davon ab, eine simple Einheit von Verfasser und Epoche als gegeben vorauszusetzen.[23]

Der allererste Vers gibt den Ton dieser Kapitel an: „Seht her! Der Herr verheert und verwüstet die Erde; er verändert ihr Gesicht und zerstreut ihre Bewohner" (Jes 24,1). Die Zerstörung der „Stadt des Bösen" wird mit weltweiten, ja sogar kosmischen Konsequenzen geschildert (Jes 24,4). Aber die Zeit der Verwüstung ist nur ein Vorspiel zur Inthronisation Gottes auf dem Berg Zion (Jes 24,23). Dann wird das einfache Volk Jubel- und Preislieder anstimmen; denn es hat seine Hoffnung auf ihn gesetzt (Jes 25,1-5). Schließlich wird auf dem heiligen Berg eine allumfassende Versammlung abgehalten. Es wird eine Zeit der Freude sein, die alles übersteigt, was Menschen sich vorstellen können; sogar der Tod wird ausgelöscht sein:

Der Herr der Heere wird auf diesem Berg
für alle Völker ein Festmahl geben
mit den feinsten Speisen,
ein Gelage mit erlesenen Weinen,
mit den besten und feinsten Speisen,
mit den besten, erlesenen Weinen.
Er zerreißt auf diesem Berg die Hülle,
die alle Nationen verhüllt,
und die Decke, die alle Völker bedeckt.
Er beseitigt den Tod für immer.
Gott, der Herr, wischt die Tränen ab von jedem Gesicht.
Auf der ganzen Erde nimmt er von seinem Volk die Schande hinweg.
Ja, der Herr hat gesprochen.
An jenem Tag wird man sagen:
Seht, das ist unser Gott,
auf ihn haben wir unsere Hoffnung gesetzt,
er wird uns retten.
Das ist der Herr, auf ihn setzen wir unsere Hoffnung.
Wir wollen jubeln und uns freuen über seine rettende Tat.

(Jes 25,6-9; vgl. 55,1-3)

Die Schule Jesajas hält noch an ihrem universalistischen Ansatz fest, das mahnt zu besonders sorgfältiger Auslegung, wo von Tod und Zerstörung die Rede ist. In diesen Schriften ist der negative Aspekt nur ein Vorspiel, eine Vorbedingung für die Erfüllung der göttlichen Verheißungen – niemals ein Selbstzweck. Hier werden „alle Völker" zu dem endzeitlichen Festmahl geladen; ob sie überhaupt „überleben", wird nicht einmal erwähnt. Die Absicht der Zerstörung war, das Böse auszurotten, nicht die Menschen (vgl. Jes 24,6); darauf folgt eine Art Auferstehung (vgl. Jes 26,19).

Im Rest dieser Kapitel setzt sich die Spannung zwischen Läuterung und Erfüllung fort. Motive älterer Prophetien werden aufgenommen und weiterentwickelt: die Geburtswehen (Jes 26,17f.) – hier ohne Hoffnung auf ein erfolgreiches Ergebnis, bis Gott dann mit der Ankündigung der Auferstehung antwortet – das Vorübergehen des Würgeengels während des Auszugs aus Ägypten (Jes 26,20; vgl. Ex 12,21-23), der Weinberg des Herrn (Jes 27,2-6) und schließlich die Rückkehr der versprengten Kinder Israel nach Jerusalem:

> An jenem Tag wird der Herr Ähren ausklopfen
> vom Euphrat bis zum Grenzbach Ägyptens;
> dann, ihr Söhne Israels, liest man euch auf,
> einen nach dem andern.
> An jenem Tag wird man das große Widderhorn blasen,
> dann kommen die Verirrten aus Assur nach Hause,
> und die in Ägypten Verstreuten kehren zurück;
> sie fallen vor dem Herrn in Jerusalem nieder,
> auf dem heiligen Berg.
>
> (Jes 27,12f.)

In dieser Zeit wurde die Prophetie literarischer, man dachte über die Weissagungen einer früheren Zeit nach und setzte ältere und bekannte Motive bewußt ein, ganz anders als Elia oder Amos, die spontan und präzise reagiert hatten. Jetzt ist man sich mehr und mehr dessen bewußt, daß es einen Teil der Tradition zu formen und sie wohlüberlegt zu benutzen gilt, und es erfordert Vertrautheit mit dieser Tradition, um ihre Botschaft voll verstehen zu können. Manche nennen dies einen „anthologischen (= sammelnden) Stil", der seinen Höhepunkt in der *midrash* erreichte, einer Überarbeitung von Teilen der Schrift, mit dem Ziel, sie auf neue Situationen anzuwenden und ihre Bedeutung für die Gegenwart zu lehren.

In diesen Zusammenhang gehört das Buch JOEL: Es ist eins der am schwierigsten zu datierenden prophetischen Bücher; denn es nimmt fast keinen Bezug auf historische Ereignisse, mit Ausnahme einer Heuschreckeninvasion, die als endzeitliche Läuterung des Landes geschildert wird und die tatsächlich Umkehr bewirkt. Es folgt eine Vision des Überflusses, ein neues Zeitalter, das vom Ausgießen des Geistes Gottes auf „alles Fleisch" (Joel 3,1f.) gekennzeichnet ist. Die Gabe, die früher das persönliche Vorrecht eines Königs oder Propheten war, wird nun dem ganzen Volk, sogar einschließlich seiner Sklaven, verliehen. Der zweite Teil des Buches kündigt ein großes Gericht über die Völker an, die der Herr in einem Tal in der Nähe von Jerusalem zusammenkommen läßt. Besonderes Gewicht wird Jerusalem-Zion beigemessen, der Wohnstätte Gottes (Joel 4,16. 17.21) und dem Zufluchtsort derer, die ihm treu sind (Joel 3,5; 4,16; vgl. Obd 17). Das Erstaunliche an Joel ist seine Fähigkeit, die Themen und Motive früherer prophetischer Schriften miteinander zu verschmelzen und sie zu einem zusammenhängenden Ganzen zu formen: „... die Abhängigkeit Joels im Hinblick auf die exilischen und nachexilischen Propheten ist sehr ausgeprägt, aber nicht sklavisch. Man hat etwa vierzig Verbindungen von Begriffen oder Vorstellungen festgestellt ... Das Werk ist die Frucht einer gelehrten, aber nicht papierenen Arbeit."[24] Wir sind auf dem besten Wege zur *midrash*.

Sacharja 9-14

Im zweiten Teil des Buches Sacharja (Sach 9-14) stoßen wir auf die nächste Schicht apokalyptischer Literatur. Das Ganze ist hier weniger aus einem Guß als bei Joel, aber die Abhängigkeit von der vorausgehenden Tradition ist gleich stark. Mit seiner fast magischen Sprache und einer großen Anzahl von Textkorrekturen ist dieser anthologische Stil schwer auszulegen. Jeder Abschnitt ist wie eine Pflanze, die ihre Wurzeln und Zweige in jede Richtung ausstreckt, oder wie ein musikalischer Ton mit all seinen Obertönen. Das einzige, was man tun kann, ist, einige der wichtigsten Gesichtspunkte herauszustellen, und das ist auch die Art und Weise, wie spätere Generationen diese Kapitel im allgemeinen behandelt haben.

Das Grundgerüst von Sacharja 9-14 besteht aus dramatischen Eingriffen des Pilger-Gottes, der sein treues Volk in titanischen Kämpfen gegen feindliche Mächte zu läutern und zu retten und (endlich!) die verheißene Heilszeit einzuleiten kommt (vgl. Sach 9,12b und Jes 40,2). Einmal kommt Gott vom Norden (Sach 9,1-8), ein anderes Mal aus dem Süden (Sach 9,14), und dann vom Osten (Sach 14,1-5). Diese Eingriffe sind immer mit der Rückkehr der zerstreuten Teile des Volkes verknüpft. Das wird in Worten geschildert, die sowohl an den Exodus aus Ägypten als auch an die Rückkehr aus der Babylonischen Gefangenschaft („Assyrien") erinnern (Sach 10,8-12). Auf übernatürliche Weise tut sich mitten auf dem Ölberg östlich von Jerusalem eine königliche Straße auf, und „dann wird der Herr, mein Gott, kommen und alle Heiligen mit ihm" (Sach 14,5). Aber am Ende werden auch die Überlebenden der Nationen kommen: Sie werden jedes Jahr nach Jerusalem hinaufziehen, um an der größten Pilgerfahrt in Israel zum Laubhüttenfest teilzunehmen (Sach 14,16-19). Von da an umfaßt die anbetende Gemeinde die ganze Welt.

Sacharja 9-14 ist in seiner Kritik an den Führern des Volkes eng mit Jesaja 56-66 und Maleachi verwandt. Aber besonders wird der Verfasser des zweiten Teils von Sacharja durch Ezechiel angeregt. Er nimmt dessen Allegorie vom bösen und guten Hirten geschickt auf (Sach 11,4-

17; 13,7-9; vgl. Ez 34; Jer 23,1-6) und kündigt das Austauschen der „Hirten" durch neue Herrscher aus dem Haus Juda an (Sach 10,2b-5).[25] Er bedient sich auch der Polemik, wo die Landbewohner gegen die Einwohner Jerusalems ausgespielt werden. Das wird besonders in Sacharja 12 deutlich: „Dann wird der Herr zuerst die Zelte Judas retten, damit der Stolz des Hauses David und der Stolz der Einwohner Jerusalems nicht zu groß wird gegenüber Juda" (Sach 12,7). Hier wird auch Interesse an einer Wiedervereinigung des ganzen Israel deutlich: Juda wird mit Bedacht an die Seite von „Ephraim" und „Josef", den früheren Nordstämmen, gesetzt (Sach 9,13; 10,6f.; vgl. 9,10; 11,14), was in starkem Kontrast zu Esras und Nehemias Schmähreden gegen das „Volk des Landes" und gegen die Samaritaner steht. Das schließt jedoch eine echte Verehrung des Verfassers für Jerusalem nicht aus (Sach 12,6; 13,1), das am Ende eine Quelle lebendigen Wassers für die ganze Welt (Sach 14,8) und ein Sammelplatz für alle Nationen sein wird, was durch die geographische Umgestaltung des Landes noch unterstrichen wird: „Das ganze Land ... wird sich in eine Ebene verwandeln, Jerusalem aber wird hoch emporragen und an seinem Platz bleiben" (Sach 14,10; vgl. Jes 2,2).

Auch in diesem zweiten Teil Sacharjas werden die falschen Propheten angegriffen (Sach 13,2-6), damit wird ein Thema aufgenommen, das den meisten klassischen Propheten zuvor vertraut war (z. B. Jer 23,9-40; Ez 13). Wer sind nun die Priester und Propheten, die Führer der Nation: die „Wahrsager", die die „Lügen schauten" (Sach 10,2), oder die „Händler", die schließlich aus dem Tempel geworfen werden (Sach 14,21)? Der Text bleibt in dieser Hinsicht wahrscheinlich mit Absicht mehrdeutig.[26]

Ein letztes Thema in Sacharja 9-14 sollte hervorgehoben werden: das Wiederaufleben eines gewissen Messianismus. Die folgende Weissagung ist ein klassisches Beispiel dafür:

Juble laut, Tochter Zion!
Jauchze, Tochter Jerusalem!
Siehe, dein König kommt zu dir.
Er ist gerecht und hilft;
er ist demütig und reitet auf einem Esel,
auf einem Fohlen, dem Jungen einer Eselin.
Ich vernichte die Streitwagen aus Ephraim
und die Rosse aus Jerusalem,
vernichtet wird der Kriegsbogen.
Er verkündet für die Völker den Frieden;
seine Herrschaft reicht von Meer zu Meer
und vom Euphrat bis an die Enden der Erde.

(Sach 9,9f.)

Die auffallendste Eigenschaft dieses kommenden Königs ist seine Zurückhaltung; er ist nichts anderes als ein Stellvertreter für den Herrn, den wahren, universalen König (Sach 14,9.16.17) – er verbreitet Klarheit und enthält niemandem etwas vor. Die Worte, die im allgemeinen mit „er ist gerecht und hilft" übersetzt werden, stehen eigentlich im Passiv, so daß es genauer so heißen müßte: „der Empfänger der Gerechtigkeit und Hilfe, die von Gott kommt."[27] Auch „demütig" ist nicht die Übersetzung von 'anaw, sondern von 'ani, das eine konkretere, weniger geistliche Färbung hat: Es bezeichnet jemanden, der niedergebeugt oder sogar bedrückt ist.[28] Dieser bescheidene König läßt einen sehr alten Brauch wieder aufleben: Er reitet auf einem Esel und verachtet Pferde. Wo in der Bibel, besonders beim Zweiten Sacharja, von Pferden die Rede ist, da sind sie oft ein Symbol menschlicher Macht, die ohne Gott oder sogar gegen ihn ausgeübt wird (Sach 10,5; 12,4; vgl. 10,3; 14,20; Ps 33,16f.; 20,8f.; 147,10f.; Ex 14-15). Indem er Kriegsgerät aus einem wiedervereinigten Israel vernichtet, wird der neue König eine Friedenszeit für die ganze Erde „von Meer zu Meer" einleiten. Hier ist nicht von einem Sieg in einer Schlacht die Rede, sondern vielmehr von einer Umwandlung des auserwählten Volkes, die in einer Art Osmose den Übergang in eine neue Lebensform für die ganze menschliche Rasse bewirkt. Die Parallele mit dem Gottesknecht Deuterojesajas ist deutlich erkennbar, wenn auch nicht auf der sprachlichen Ebene, so doch auf einer tieferen Bedeutungsebene.

Die Parallele zum Gottesknecht setzt sich in der zweiten messianischen Gestalt dieser Kapitel noch weiter fort, falls wir diesen Begriff für jemanden verwenden können, der niemals in Person da ist, sondern nur in der Rückschau gesehen wird, und am Ende mit der Gestalt Gottes selbst verschmilzt. Das ist der „Durchbohrte", dessen Tod große Trauer in Jerusalem bewirkt, und aus ihr entspringt eine Quelle zur Reinigung der Stadt (Sach 12,10-13,1). Noch einmal: Die Parallele zum Gottesknecht ist eher eine Frage des Inhalts als der Form.[29] In beiden Fällen wird der wahre Wert der Gestalt erst nach ihrem Tod erkannt – einem Tod, der für andere lebensspendend ist. Die Weissagung sagt fast nichts über die Person des „Durchbohrten" aus, nur daß er mit einem Einzelkind und einem erstgeborenen Sohn verglichen wird. Im übrigen tritt er hinter Gott zurück: In Sacharja 12,10 steht im hebräischen Text „mich, den sie durchbohrt haben".

Zur voll ausgebildeten apokalyptischen Literatur der Bibel gehört DANIEL 7-12. Dort finden wir sowohl Kontinuität als auch Weiterentwicklung. Es handelt von einer wesentlich späteren historischen Periode. Die Abfassung dieses Buches kann man mit ziemlicher Genauigkeit den Jahren der Judenverfolgung durch den hellenistischen König Antiochus IV Epiphanes 167-164 v. Chr. zuordnen; er wurde schließlich von den Hasmonäern, Judas Makkabäus und seiner Familie besiegt. Der Verfasser des Buches Daniel ist jedoch kein aktives Mitglied dieser „revolutionären" Partei. Er sucht die Erlösung allein bei Gott. In seinen Schriften versucht er, die Verfolgten zu trösten, indem er sie mit „historischen" Beispielen ermutigt und ihnen baldige Befreiung ankündigt.

Seit der Rückkehr aus Babylon sind Jahrhunderte vergangen, aber es besteht immer noch die gleiche Problematik: Die Hoffnung muß neu belebt und Verzögerungen der Verheißung müssen erklärt werden. Das beste Beispiel dafür ist die Prophetie von den sieben Wochen, die wir in Daniel 9 finden. Im Buch Jeremia war die Dauer des Exils auf rund siebzig Jahre angesetzt worden (Jer 25,11f.; 29,10; vgl. 2. Chron. 36,20f.). Aber der Verfasser des Buches Daniel legt das so aus, als ob es siebzig „Jahrwochen", mit anderen Worten 490 Jahre bedeutet. So wird der Hoffnung neue Nahrung gegeben. Jetzt können wir nicht mehr von einer „Flucht aus der Geschichte" sprechen. Im Vergleich mit den vorapokalyptischen Büchern taucht bei Daniel ein neues Interesse an der Entwicklung historischer Ereignisse auf. Aber dieses Interesse unterscheidet sich sowohl von dem der klassischen Propheten, als auch von dem der modernen Geschichtsschreibung. Bei Daniel werden die Geschehnisse sorgfältig untersucht und erzählt, als ob sie eine Botschaft seien, die entschlüsselt werden muß, um die wirkliche, unter der Oberfläche verborgene Bedeutung herauszufinden. Stärker als je zuvor tritt hier die Vorliebe für das Geheimnisvolle und Verschlungene zutage. Dabei steht das Geheimnis Gottes in der Gefahr, auf ein ungelöstes Rätsel oder Puzzle reduziert zu werden. Die vorapokalyptischen Texte konzentrierten die historischen Ereignisse auf das endgültige Kommen des Herrn. Jetzt beginnt die Begeisterung des Sehers zur eiskalten Methodenlehre zu werden, zur systematisch angewandten Auslegungsregel.

Der Messianismus Daniels ist ein weiteres Beispiel für die thematische Kontinuität. Auf der einen Seite erkannten wir von Deuterojesaja her eine „Demokratisierung" der messianischen Verheißungen in der vorapokalyptischen Literatur: Die Erfüllung schließt das Volk als Ganzes ein, oder genauer den treuen Rest (die Erwählten, die Knechte des

Herrn). Auf der anderen Seite wird die messianische Gestalt, besonders im zweiten Teil Sacharjas, so von Gott überschattet, daß man ihn kaum von seinem Herrn unterscheiden kann. Diese beiden Linien treffen sich bei Daniel in der mysteriösen Vision vom „Menschensohn":

> Da kam mit den Wolken des Himmels
> einer wie ein Menschensohn.
> Er gelangte bis zu dem Hochbetagten
> und wurde vor ihn geführt.
> Ihm wurden Herrschaft,
> Würde und Königtum gegeben.
> Alle Völker, Nationen und Sprachen
> müssen ihm dienen.
> Seine Herrschaft ist eine ewige,
> unvergängliche Herrschaft.
> Sein Reich geht niemals unter.
> (Dan 7,13 f.)

Wörtlich genommen bezieht sich der Ausdruck „Menschensohn" zunächst auf ein menschliches Wesen im Unterschied zu den vier Tieren, den fast menschlichen Wesen der vorhergehenden Vision (Dan 7,1-8). Die Auslegung sieht in ihm das Volk Israel – genauer „die Heiligen des Höchsten" – im Unterschied zu den vier großen historischen Weltreichen der Babylonier, Meder, Perser und Griechen. Sie unterdrückten nacheinander das Volk Gottes; durch Gottes Eingreifen kommt jetzt ihre Willkürherrschaft zu einem Ende (Dan 7,17,27). Das Wort „Menschensohn" steht auch für eine Einzelperson, einen König ähnlich den Königen der Nationen: Zum Schluß der Vision beherrscht er ein Königreich, das in Raum und Zeit unbegrenzt ist (Dan 7,14). Und schließlich stellt der Menschensohn auch eine himmlische Figur dar, die „mit den Wolken des Himmels" kommt.[30] Im Buch Daniel spielen Engel oder Boten des Himmels eine wichtige Rolle, die immer als „einer, der aussah wie ein Mann" beschrieben werden (Dan 8,15; 9,21; 10,5.16.18). Überdies wird sich das, was auf der Erde geschieht, im Himmel widerspiegeln (Dan 10,13.20f.; 12,1; vgl. 8,9-12; 12,3).

So kann man im „Menschensohn" Daniels eine himmlische Entsprechung zum Gottesknecht Deuterojesajas sehen. Form und Sprache sind jedoch völlig verschieden. Die Entsprechung gehört überhaupt nicht in den Bereich literarischer Bezüge. Der Akzent wird schließlich auf die Rechtfertigung des Auserwählten des Herrn gelegt, als ob der Verfasser die Ereignisse am Ende des vierten Gottesknechtliedes vom Standpunkt Gottes aus zu beschreiben versuchte. In beiden Fällen sind es Gestalten, die die Erwählung des Gottesvolkes verkörpern und die von Gott kommen, bevor sie ihm von Angesicht zu Angesicht gegenübertreten. Beide Verfasser bemühen sich darum, daß die Gabe Gottes an sein

Volk unmerklich in die Erwiderung einmündet, die Gott sich von denen, die er formt und ruft, ersehnt. Hier sehen wir für einen kurzen Moment, daß die göttliche Gabe und die menschliche Erwiderung zwei Seiten ein und derselben Wirklichkeit sind.[31]

Reformer und Visionäre

Versuchen wir am Ende dieses langen Kapitels, unsere Entdeckungen zusammenzufassen: Wie ihre Vorgänger wollten auch die nachexilischen Propheten in ihren Hörern und Lesern das Bewußtsein dafür lebendig halten, ein Volk unterwegs auf der Straße der Verheißung zu sein. Aber nach der schmerzlichen Erfahrung der Gefangenschaft in einem fremden Land und nach den Verheißungen des Wiederaufbaus durch Ezechiel und besonders Deuterojesaja verschiebt sich der Blickwinkel. Die Propheten der Rückkehr suchen den Willen Gottes vor allem in einer Erfüllung, die man schon ahnt, die man aber noch nicht erreicht hat. Der Pilger-Glaube wird in die Aufforderung umgesetzt, sich nicht der Enttäuschung und Resignation zu überlassen, sondern offen zu bleiben im Vertrauen auf Gottes Treue und wie Abraham in der festen Überzeugung, „daß Gott die Macht besitzt zu tun, was er verheißen hat" (Röm 4,21).

In der nachexilischen Prophetie tauchen sehr schnell zwei Strömungen auf, die sich beide in der unbedingten Nachfolge der Exilspropheten verstehen. Die erste, vertreten von Haggai, Sacharja 1-8 und Maleachi, ist stärker mit konkreten Ereignissen in der Zeit des Wiederaufbaus verknüpft – dem Wiederaufbau des Tempels und der Wiedereinsetzung und Erneuerung des Gottesdienstes. Diese Strömung hat deutlich einen Drang zur Reform, und das war auch ein Aspekt der Verkündigung der klassischen Propheten. Tatsächlich stehen diese Männer in einer direkten und offenkundigen Kontinuität mit ihren Vorläufern. Diese Tendenz der Prophetie wird durch die Reformen von Nehemia und Esra bestätigt und stirbt dann in Israel aus.

Die andere Strömung ist dem Buchstaben nach mit ihren Vorläufern weniger verbunden, sie wurde aber ihrem Geist in größerem Maße gerecht. In den letzten Ergänzungen zum Buch Jesaja sowie bei Joel und Sacharja 9-14 führt diese Tendenz zur sogenannten apokalyptischen Literatur, deren größter Teil nicht zu den kanonischen Büchern der Bibel zählt. Die apokalyptischen Bücher stammen im allgemeinen aus Kreisen, die am Rande der herrschenden Orthodoxie stehen, also von Gruppen, die sich bewußt abgesetzt oder ausgeschlossen hatten oder die sogar verfolgt wurden. Es handelt sich um Menschen, die – oft nach einer Reihe von Enttäuschungen – ansatzweise erfaßt hatten, daß die Erfüllung der Verheißungen niemals das Ergebnis bloßer menschlicher Reformen sein konnte: Gott selbst müsse eingreifen und zwar direkt, endgültig, unerwartet und unverdient. In diesem Sinne waren sie Erben der Botschaft von Jeremia und Ezechiel, wonach für das Volk ohne ein von Gott gegebenes neues Herz keine Hoffnung bestand, in Gemeinschaft mit ihm zu leben. Ebenso gehen die apokalyptischen Bücher direkt auf Deuterojesaja zurück, für den der zweite Exodus allein Gottes Werk war. Jedoch verbanden die Exilspropheten ihre Hoffnung auf Gott mit der Wirklichkeit und Lebenssituation des Menschen: Ezechiels Wiederaufbau-Programm (Ez 40-48) hatte eine visionäre Seite, aber es umfaßte auch recht bodenständige Erwägungen, und der neue Exodus Deuterojesajas wurde durch das Handeln des persischen Königs Kyrus eingeleitet. Diese geschichtliche Denkweise geht in der vorapokalyptischen Literatur verloren. Man greift eher zu Bildern, ohne sie mit der geschichtlichen Situation zu verknüpfen. So läßt sich eine Erwartung zum Ausdruck bringen, die sich im bloßen Alltagsleben niemals hätte erfüllen können.

Trotz des Gegensatzes sind beide Strömungen, die „realistische" und die „visionäre", im Kanon der Bibel zu finden, und allein diese Tatsache sollte uns vor einer einseitigen Beurteilung warnen. Das visionäre Feuer der einen Gruppe, das manchmal zu einem Ausschließlichkeitsanspruch neigt, korrigiert bis zu einem gewissen Grad den zu pragmatischen Geist, die aufrichtige, aber etwas engstirnige Frömmigkeit der anderen Seite. Und beide halten ihre Augen fest auf Jerusalem-Zion, den „heiligen Berg", gerichtet, den sie als das eigentliche Zentrum des Universums betrachten. Beide träumen von der großen Pilgerfahrt, die der Stadt eines Tages alle ihre zerstreuten Kinder wiederbringen wird, wozu bis dahin (wer weiß wann?) die gesamte menschliche Familie gehören wird.

Fragen zum Nachdenken

1. In welcher Hinsicht befindet sich unsere heutige Gesellschaft in einer „nachexilischen" Situation? Welche Aufgabe ist uns Gläubigen in einer solchen Zeit gestellt? Wie können wir als einzelne Glaubende und als ganze Kirche Menschen der Hoffnung sein?

2. Seit dem Exil wurde die „heilige Stadt" zum Ziel der Pilgerfahrt des Glaubens. Welche Bedeutung könnte dieses Bild für unseren eigenen Glauben haben?

3. In den Jahrhunderten nach der Rückkehr aus Babylon haben wir in der jüdischen Glaubensgemeinschaft eine Spannung zwischen einer „realistischen" und einer „visionären" Strömung festgestellt. Ist dies

173

auch für uns heute ein Problem? Wie hilft uns die biblische Botschaft, damit umzugehen? Wo liegen die Stärken und Schwächen beider Pole?

4. Inwiefern können wir uns mit der Denkweise, die wir als apokalyptisch bezeichnen, auf das Kommen Christi vorbereiten?

5. Auf welche Weise sind die messianischen Gestalten im zweiten Teil Sacharjas und der Menschensohn bei Daniel Schlüsselfiguren für unser Verständnis von Jesus von Nazareth?

8. KAPITEL *Pilger-Seelen und demütige Herzen*

Empfohlene Lektüre
Psalm 107; 84; 122; 126; 73; 113;
69; 37; 51

Wer die Entwicklung des biblischen Glaubens aus der Sicht der Propheten und Verfasser der Bibel beschreibt, mißt einem kleinen Teil des Gottesvolkes eine herausgehobene Bedeutung bei, nämlich seinen Führern, seinen herausragenden Männern und Frauen, d. h. seiner geistlichen Elite. Nicht daß das Volk als Ganzes in den biblischen Berichten nicht vorkäme. Im Gegenteil, es ist auf jeder Seite gegenwärtig, und zwar als einer der beiden Hauptakteure der Heilsgeschichte, als Gegenüber des Pilger-Gottes. Darüber hinaus erzählt die Heilige Schrift von vielen verschiedenen Gestalten, von Reichen und Armen, Frommen und Gottlosen, Juden und Nichtjuden – für jeden ist Platz. Und doch werden alle diese Personen vom Standpunkt des Verfassers oder Propheten aus beschrieben, der rückschauend fast immer weiter sieht, als es die Handelnden selbst erfassen konnten. In der Selbstbetrachtung erscheinen die Unzulänglichkeiten nie so schwerwiegend und die Hoffnungen nie so rein wie in der Rückschau dessen, dem Gott die Augen geöffnet und erleuchtet hat. So stellt sich die Frage: Was für einen Glauben hat das gewöhnliche Volk, die schweigende Mehrheit, diejenigen, die niemals in der Öffentlichkeit vor ihren Zeitgenossen sprechen?

Eine Zeit der Erwiderung

Die Frage nach dem Glauben des Volkes wird in den Jahrhunderten nach dem Exil besonders wichtig. Man kann sagen, daß der Schwerpunkt des biblischen Glaubens sich in diesen Jahren von den verschiedenen Eliten zu den einfachen Gläubigen hin verschob. Dem Königreich Israel war die Religionsgemeinschaft des frühen Judentums gefolgt, die sich auf die Thora und die liturgische Anbetung stützte. In dieser Zeit der persönlichen Frömmigkeit war der Glaube ohnehin Sache eines jeden einzelnen. Es ist kein Zufall, daß die Verfasser der Bücher, die zuletzt in den biblischen Kanon eingingen, alle anonym blieben oder Pseudonyme führten (Daniel, Baruch, Weisheit, Kohelet). Wenn in dieser Zeit Persönlichkeiten von der Größe eines David oder Jesaja fehlen, ist zu vermuten, daß die historische Situation solche hervorragenden Leute nicht brauchte. Als die Verfolgung des Antiochus IV. Epiphanes auf dem Höhepunkt war und die jüdische Gemeinde in der Gefahr stand, ihre Identität, ja sogar ihre Existenz zu verlieren, kam die rettende Hilfe nicht von den Führern des Volkes in Jerusalem, sondern aus einer kleinen Provinzstadt, und sie war auch nicht das Werk einer Einzelperson, sondern einer ganzen Familie.

Vereinfacht gesagt, ist diese letzte Periode vor Christus vor allem eine Zeit der Erwiderung des Rufes Gottes und der Verinnerlichung der göttlichen Botschaft. Natürlich waren schon seit der Zeit Abrahams Ruf und Erwiderung wie die beiden Seiten ein- und derselben Münze nicht voneinander zu trennen. Jedoch enthält diese Vereinfachung eine tiefe Wahrheit: Mit der Endfassung der meisten Schriften des Alten Testaments um das Jahr 300 v. Chr. wurden die Hauptlinien der Offenbarung festgehalten. Von da an war man nicht mehr in erster Linie bestrebt, ihrem Inhalt etwas hinzuzufügen, sondern sie zu erläutern und dem Volk nahezubringen, was durch die Arbeit der Schriftgelehrten und Weisheitslehrer geschah. Sie versenkten sich in die Lehren der Thora durch die Anbetung in den Synagogen und vor allem im Tempel von Jerusalem.

Von diesem Prozeß der Verinnerlichung besitzen wir ein wunderbares Zeugnis: die für die Liturgie im zweiten Tempel herausgegebene Sammlung von Lobliedern – nämlich das Buch der Psalmen, wie wir es heute in unserer Bibel finden. Nicht alle diese Hymnen sind in der Zeit nach dem Exil geschrieben worden. Im Gegenteil, obwohl das Datieren äußerst schwierig und hypothetisch ist, sind die meisten Theologen davon überzeugt, daß zahlreiche Psalmen vor dem Exil geschrieben wurden und manche höchstwahrscheinlich bis in die Zeit des Königs David selbst zurückgehen, den die Tradition als Autor des Psalters ansieht.[1] Allerdings unterliegen liturgische Lieder durch den ständigen Gebrauch im Gottesdienst einer Art natürlichem Auswahlprozeß. Entsprechen sie nicht mehr den Bedürfnissen der Zeit, dann werden sie überarbeitet, oder es treten neue Lieder an ihre Stelle. In der Auswahl für die Liturgie des nachexilischen Tempels können wir also einen relativ wirklichkeitsgetreuen Spiegel der Bedürfnisse der Gläubigen in jener Zeit finden. Wir sehen, wie die Lebensader des geistlichen Erbes Israels die Herzen des Volkes erreichte und allmählich umwandelte und so das Gegenüber formte, das Gott sich gewünscht hatte. Wir sollten uns nicht von der Polemik einer späteren Zeit beirren lassen: denn bei denjenigen, deren Leben in der Thora verwurzelt war, begannen sich die Hoffnungen von Jeremia und Ezechiel hinsichtlich eines neuen Bundes zu erfüllen, dessen Gebote direkt in das menschliche Herz geschrieben sein sollten.

Die Psalmen sind sozusagen eine Wiederholung der biblischen Botschaft von der anderen Seite aus, nämlich von der Seite des Menschen, der antwortet, bittet und empfängt. Aber das läßt uns zusätzlich, wie bei einem Foto-Negativ, die rettende, rufende und gebende Seite Gottes erkennen. Das, was wir den Pilger-Glauben nennen, ist im Psalter in einer großen Vielfalt an Bildern und Ausdrucksformen vorhanden. Wer beim Singen der Psalmen auch nur gelegentlich auf die Bedeutung der Worte achtete, dem mußten sich geradezu die Wertvorstellungen des hoffnungsvollen Vertrauens und der Offenheit gegen Gott, aber auch die Fragwürdigkeiten aller rein menschlichen Sicherheiten erschließen – und das war die Spannweite, in der Abraham sich auf den Weg machte im Gehorsam gegen einen Ruf, der ihn über all das hinausführte, was er bis dahin kennengelernt hatte.

In den Fußstapfen Gottes

Eine erste Bildreihe der Psalmen für den Pilger-Glauben ist die vom *Weg*. Von Straßen, Wegen und Pfaden ist in diesen Liedern immer wieder die Rede. Hier ist Reise weniger im buchstäblichen Sinne des Wortes gemeint, sondern eher im übertragenen Sinn einer „geistlichen Reise". Diese Verinnerlichung oder Vergeistigung der Vorstellung vom Weg ist typisch für die hebräische Sprache, die abstrakte Vorstellungen oft in konkreten Bildern ausdrückt. Überall in der Bibel finden sich Ausdrücke wie „die Wege des Herrn", oder es wird von jemandem gesagt, „er war gerecht in all seinen Wegen", wenn man von seinem Handeln oder Verhalten sprechen will. Der Ausdruck „die Wege Gottes" meint besonders die Thora, die Gebote. Sie sind eine Umschreibung des göttlichen Handelns, das der Mensch nachahmen soll, um die Fülle des Lebens zu erlangen.[2] Bilder der Straße begegnen uns häufig in der Weisheitsliteratur (Hiob, Sprichwörter, etc.), weil sie einem Hauptanliegen dieser Bücher entsprechen, nämlich Menschen im Sinne eines neuen Lebensstils zu prägen:

> Laßt ab von der Torheit, dann bleibt ihr am Leben,
> und geht auf dem Weg der Einsicht!
>
> (Spr 9,6)[3]

Dieser Standpunkt wird in vielen Psalmen eingenommen. Die Psalmisten gebrauchen Bilder vom Weg, um den menschlichen Wunsch nach Gemeinschaft mit Gott zum Ausdruck zu bringen. Diese Gemeinschaft wird konkrete Wirklichkeit, indem wir den Maßstab Gottes annehmen und sein Verhalten nachahmen. In der Sprache der Bibel heißt das, wir

„gehen die Wege Gottes" (vgl. Ps 17,4f.). So betet der Psalmist: „Leite mich, Herr, in deiner Gerechtigkeit... ebne deinen Weg vor mir" (Ps 5,9); „du zeigst mir den Pfad zum Leben" (Ps 16,11); „zeige mir, Herr, deine Wege, lehre mich deine Pfade" (Ps 25,4; vgl. 27,11); „zeig mir den Weg, den ich gehen soll" (Ps 143,8); „und leite mich auf dem altbewährten Weg (Ps 139,24)." Und Psalm 119 sagt ausdrücklich, daß die Straße Gottes ein Weg des Lebens und des Glücks für die ist, die sie wählen – und nichts anderes ist die Thora, das Gesetz Gottes. Das wiederholt dieser lange Psalm immer und immer wieder auf jede mögliche Weise. Es ist, als ob die Liebe zur Thora in einer unerschöpflichen Flut von den Lippen des Autors fließt:

> Wohl denen, deren Weg ohne Tadel ist,
> die leben nach der Weisung des Herrn.
> Nach deinen Vorschriften zu leben,
> freut mich mehr als großer Besitz.
> Ich eile voran auf dem Weg deiner Gebote,
> denn mein Herz machst du weit.
> Führe mich auf dem Pfad deiner Gebote!
> Ich habe an ihm Gefallen.
> Dein Wort ist meinem Fuß eine Leuchte,
> ein Licht für meine Pfade.
> (Ps 119,1.14.32.35.105)

Wir müssen uns jedoch davor hüten, von diesen Redewendungen eine ausdrückliche „Spiritualität des Weges" abzuleiten. Oft sind es einfach Metaphern, deren ursprüngliche Bedeutung tief unter der Oberfläche begraben liegt. In anderen Fällen wiederum legt sich die wörtliche Bedeutung näher. Das ist in den historischen Psalmen besonders deutlich, die an den Auszug aus Ägypten und an die Wüstenwanderung erinnern. Der Psalmist durchlebt im Geiste noch einmal die Stufen der Geschichte des Volkes unter der Führung des Herrn. So werden die Zeitgenossen dazu eingeladen, dankbar zu sein und auf ihren Erlöser zu vertrauen:

> Er führte sein Volk heraus mit Silber und Gold;
> in seinen Stämmen fand sich kein Schwächling.
> Eine Wolke breitete er aus, um sie zu decken,
> und Feuer, um die Nacht zu erleuchten.
> Er führte sein Volk heraus in Freude,
> seine Erwählten in Jubel.
> (Ps 105,37.39.43; vgl. 78,13f.52-54)

Später verbindet sich das Motiv des Wanderns mit der Erinnerung an die Untreue des Volkes:

> Sie, die umherirrten in der Wüste, im Ödland,
> und den Weg zur wohnlichen Stadt nicht fanden,
> die Hunger litten und Durst,

denen das Leben dahinschwand,
die dann in ihrer Bedrängnis schrien zum Herrn,
die er ihren Ängsten entriß
und die er führte auf geraden Wegen,
so daß sie zur wohnlichen Stadt gelangten...

(Ps 107,4-7; vgl. 106)

Vor langer Zeit führte der Pilger-Gott sein Volk durch die Wüste (Ps 136,16), und auch heute leitet er alle, die auf dem Weg des Glaubens sind. Er ist der „Hirte Israels..., der Josef weidet wie eine Herde" (Ps 80,2). Der 23.Psalm nimmt dieses Bild vom Hirten auf und gestaltet es zu einem herrlichen Lobpreis des Vertrauens, der durch die Jahrhunderte hindurch überliefert wurde, ohne etwas von seiner tröstenden Kraft einzubüßen:

Der Herr ist mein Hirte,
mir wird nichts mangeln.
Er weidet mich auf einer grünen Aue
und führet mich zum frischen Wasser.
Er erquicket meine Seele.
Er führt mich auf rechter Straße um seines Namens willen. ...

(Ps 23,1-3LÜ)

Ein anderer Psalm spricht von einem Glaubenden, der Gottes Pläne nicht verstehen konnte; schließlich gelingt es ihm aber doch, nachdem er, auch ohne sie zu verstehen, Gott die Treue gehalten hatte:

Ich aber bleibe immer bei dir,
du hältst mich an meiner Rechten.
Du leitest mich nach deinem Ratschluß
und nimmst mich am Ende auf in Herrlichkeit.

(Ps 73,23 f.)

Wieder ein anderer Psalmist singt in einem flehenderen Ton:

Hilf deinem Volk, und segne dein Erbe,
führe und trage es in Ewigkeit!

(Ps 28,9)

Der Psalter bringt auch die Angst der Menschen einem Gott gegenüber zum Ausdruck, der manchmal nur mit Schweigen zu antworten scheint. Psalm 77 vergleicht den gegenwärtigen Kummer des Glaubenden mit den Wundern, die der Herr in vergangenen Tagen vollbracht hat:

Gott, dein Weg ist heilig.
Wo ist ein Gott, so groß wie unser Gott?
Du allein bist der Gott, der Wunder tut,
du hast deine Macht den Völkern kundgetan.
Du hast mit starkem Arm dein Volk erlöst,

die Kinder Jakobs und Josefs . . .
Durch das Meer ging dein Weg,
dein Pfad durch gewaltige Wasser,
doch niemand sah deine Spuren.
Du führtest dein Volk wie eine Herde
durch die Hand von Mose und Aaron.

(Ps 77,14-16.20f.)

Ein anderer Psalm, der aller Wahrscheinlichkeit nach für das als große Herbst-Wallfahrt gefeierte Laubhüttenfest gedacht war, beschreibt ähnliches diesmal vom Standpunkt Gottes aus. Der Herr beklagt die Undankbarkeit des Volkes, das er durch das Wunder des Exodus geformt hatte:

Ich bin der Herr, dein Gott,
der dich heraufgeführt hat aus Ägypten . . .
Doch mein Volk hat nicht auf meine Stimme gehört;
Israel hat mich nicht gewollt.
Da überließ ich sie ihrem verstockten Herzen,
und sie handelten nach ihren eigenen Plänen.
Ach, daß doch mein Volk auf mich hörte,
daß Israel gehen wollte auf meinen Wegen!
Wie bald würde ich seine Feinde beugen,
meine Hand gegen seine Bedränger wenden.

(Ps 81,11-15)

In den beiden zuletzt genannten Psalmen werden die Bilder der Straße mit historischen Rückblicken auf die Exodus-Geschichte verschmolzen, was die Kraft dieser Metaphern verstärkt.

„Sie werden von Höhe zu Höhe wandern"

Zum Thema des „Weges" gehört die *Pilgerfahrt* im engeren Sinne, die Wallfahrt hinauf nach Jerusalem-Zion zu den drei großen religiösen Festen, die das Jahr einteilen (vgl. Ex 23,14-17). Diese Art der Pilgerreise findet man in sehr vielen verschiedenen Kulturen und Religionen. Sie ist mit der Vorstellung von einem heiligen Ort eng verknüpft: der Gläubige reist zu dem Ort, wo sich die Gottheit offenbart, und hofft auf eine heilende, stärkende oder verwandelnde Kraft. Wie in vielen anderen Bereichen nahm Israel diese Vorstellung auf, paßte sie aber dem eigenen Glauben so an, daß seine Einzigartigkeit damit ausgedrückt werden konnte.

Schon von den Patriarchen wird berichtet, daß sie im Verlauf ihrer Wanderungen bestimmte Plätze – wahrscheinlich frühere kanaanäische Heiligtümer – ihrem Gott weihten (z.B. Gen 12,7f.; 21,33; 26,25; 28,17-19). Mit dieser Handlung machten sie aus einem Naturkult einen Ort des geschichtlichen Andenkens der Sippe oder Familie. Zur Richterzeit gab es mehrere Heiligtümer dieser Art in Kanaan, die als Zentren der Einheit des Volkes dienten – Sichem, Gilgal, Schilo, etc. Mit David und den Anfängen der Monarchie ging eine fortschreitende Zentralisierung des Kults in Jerusalem einher, der die politische Zentralisierung erst begleitete und dann überdauerte. Nach dem Exil wurden die Wallfahrten nach Jerusalem wieder aufgenommen, sogar in größerem Ausmaß als zuvor. Der jüdische Historiker Flavius Josephus berichtet, daß zu einem Passahfest während des ersten Jahrhunderts n. Chr. etwa zweieinhalb Millionen Pilger in Jerusalem waren. Selbst wenn wir die typisch nationalistische Übertreibung in Betracht ziehen, waren die großen jährlichen Pilgerfahrten zum Zion wichtige Höhepunkte im religiösen Leben der Nation[4].

Wir fragten uns bereits[5], ob die Pilgerfahrten in Israel nicht deshalb so wichtig waren, weil sie in Beziehung zum Exodus und zum Wüstenglauben gesetzt wurden. Die drei ursprünglich stark bäuerlich geprägten Hauptfeste wurden mehr und mehr mit der Befreiung aus Ägypten und der Wüstenwanderung verknüpft. So wurden auch die Wallfahrten als wesentlicher Bestandteil dieser Feiern[6] zu „Gedenkfeiern", und damit zu einer Möglichkeit, die nomadischen Ursprünge der Nation, die Jahre der Wüstenwanderung bewußt oder unbewußt noch einmal zu durchleben. Die Texte selbst sprechen diesen Zusammenhang allerdings kaum aus. Jedoch im Bereich der Spiritualität und der Lebenseinstellung lassen sich Verbindungslinien aufzeigen. Die Psalmen sind ein Beweis dafür: an einer Wallfahrt teilzunehmen, bedeutet, ein provisorisches Leben ohne menschliche Beständigkeit einzuüben, ein Leben, das ganz auf die Freude einer Begegnung mit dem Herrn gerichtet ist. Diese unmittelbar bevorstehende Begegnung beansprucht alle Energien und Willenskräfte des Menschen. Die Wallfahrt ist auf diese Weise eine Schule des Vertrauens auf den Pilger-Gott.[7]

Viele Psalmen wurden vorwiegend für Wallfahrten gebraucht. Ein ganzer Abschnitt des Psalters (Ps 120-134) trägt sogar den Titel „Wallfahrtslieder" – es sind Hymnen für die Pilgerfahrt auf der Straße nach Jerusalem. So singen die Wallfahrer von ihrem Vertrauen auf Gott, der während ihrer Reise über sie wacht (Ps 121), von ihrer Freude über das Ende der Verbannung (Ps 120; 126) und über die baldige Ankunft in Jerusalem, der Stadt Davids (Ps 132), dem Ort des Friedens (Ps 122), der Geborgenheit (Ps 125) und des Lebens in der Gemeinschaft (Ps 133). Psalm 95, eine weitere Wallfahrts-Hymne, ist ein seltenes Beispiel für die Verbindung der Einladung zum Tempel mit der Wüstenwanderung, die hier als negatives Beispiel einer Wanderung durch die Wildnis gesehen wird, dem man nicht folgen sollte.

Meistens stehen für den Pilger nicht der Exodus, sondern der Zion und das Haus Gottes als Ziel der Reise im Mittelpunkt des Interesses.

Ein gutes Beispiel dafür ist Psalm 84, vielleicht das schönste Wallfahrtslied. Der Psalmist singt vom Tempel des Herrn, nach dem sich seine Seele „in Sehnsucht verzehrt" (V 3), wo sogar die Vögel zuhause sind (V 4). Ein Tag dort in Gottes Gegenwart wiegt tausend Tage anderswo auf (V 11). Schon das Vorhaben einer Wallfahrt ist lebensspendend: „Wohl den Menschen, die Kraft finden in dir, wenn sie sich zur Wallfahrt rüsten" (V 6). Allen, die zum Herrn unterwegs sind, wird ihr Kummer in Freude verwandelt: „Ziehen sie durch das trostlose Tal, wird es für sie zum Quellgrund" (V 7). Das „trostlose Tal" oder „Tal von Baca" lag wahrscheinlich in der Nähe von Jerusalem; die Pilger mußten es auf ihrem Weg passieren, aber ein Wortspiel erinnert an das Wasserwunder während des Exodus und an das Passah, das Hindurchgehen vom Tod zum Leben. Der Psalm fährt fort: „Sie schreiten dahin mit wachsender Kraft; dann schauen sie Gott auf dem Zion" (V 8). Irgendwie führt Gottes Straße immer über Höhen, selbst wenn zwischen den Kuppen und Gipfeln noch tiefe und düstere Täler liegen.

Dieser Lobgesang ist mit anderen Psalmen verwandt. Obwohl sie eine Wallfahrt nicht direkt erwähnen, erzählen sie von der glühenden Sehnsucht des Gläubigen, sich Gott und seiner Wohnstätte zu nähern. Sehnsucht nach Gott zu haben bedeutet eigentlich schon unterwegs zu sein; denn dieser Wunsch entwurzelt uns und treibt uns vorwärts zu einem neuen Leben. Im Herzen des Verbannten, weit weg von der Heimat, brechen diese Gefühle mit voller Kraft auf. Einer der wenigen Psalmen, die man mit Sicherheit datieren kann, stammt aus der Exilssituation in Babylon. Dort besingen die Gefangenen ihr Heimweh nach der verwüsteten Stadt:

> An den Strömen von Babel,
> da saßen wir und weinten,
> wenn wir an Zion dachten...
> Wie könnten wir singen die Lieder des Herrn,
> fern, auf fremder Erde?
> Wenn ich dich je vergesse, Jerusalem,
> dann soll mir die rechte Hand verdorren.
>
> (Ps 137,1.4f.)

Ähnlich werden in Psalm 42 und 43 die Leiden eines Gläubigen fern der Heimat in Versen von betörender Schönheit verklärt:

> Wie der Hirsch lechzt nach frischem Wasser,
> so lechzt meine Seele, Gott, nach dir.
> Meine Seele dürstet nach Gott,
> nach dem lebendigen Gott.
> Wann darf ich kommen
> und Gottes Antlitz schauen?...
> Das Herz geht mir über, wenn ich daran denke:

wie ich zum Haus Gottes zog in festlicher Schar,
mit Jubel und Dank in feiernder Menge ...
Sende dein Licht und deine Wahrheit,
damit sie mich leiten;
sie sollen mich führen zu deinem heiligen Berg
und zu deiner Wohnung.

(Ps 42,2.5; 43,3; vgl. 63; 61)

Lieder des Zion

Zion-Jerusalem gewann seit dem Exil für das jüdische Volk, wie wir gehört haben, eine immer größere Bedeutung, bis es schließlich fast mit dem verheißenen Land insgesamt gleichgesetzt wurde. Das spiegelt sich in dem Psalter wider, der für die Liturgie des zweiten Tempels gedichtet wurde (vgl. Ps 107,7; 78,54). Hat die absolute Sakralisierung eines Ortes nicht negative Folgen für den Glauben des Gottesvolkes? Haben sich die Propheten nicht immer wieder gegen all die Sicherheiten gewandt, die in Konkurrenz traten zu dem Vertrauen auf Gott allein? Der Psalter scheint diese Gefahr kaum zu kennen. Die heilige Stadt und der Tempel werden so sehr mit Gott identifiziert, daß für solch eine Konkurrenz kein Raum bleibt.

Die Psalmen sind in erster Linie an Gott gerichtete Gebete – sie suchen nach Gemeinschaft mit dem Herrn und sind gleichzeitig Ausdruck dieser Gemeinschaft. Wenn der Zion in diesem Zusammenhang erwähnt wird, dann steht er nicht für sich, er ist vielmehr der Ort, das greifbare Zeichen, das „Sakrament", wo diese Gemeinschaft Wirklichkeit wird. In den Psalmen – wie bei Jesaja, dem großen Propheten der Heiligen Stadt – ist der Zion nicht eine Wand, die die Gläubigen von Gott abschirmt. Er weist über sich hinaus und spricht eine deutliche Sprache, um das Vertrauen der Gläubigen zu Gott neu zum Ausdruck zu bringen. Aus diesem Grunde übrigens ist es für Menschen ohne direkte Bindung an die historische Stadt Jerusalem (so z. B. die große Mehrheit der Christen) nicht schwierig, diese Loblieder als eigene Gebete zu sprechen. Mit dem Lobpreis der Stadt ist eigentlich Gottes Gegenwart mitten unter den Menschen gemeint. Das damalige Israel war, wie jede Nation, nicht immun gegen die Gefahr eines engen Nationalismus. Aber in den Psalmen ist der Zion der herausragende Ort der Begegnung mit Gott.

Natürlich gibt es unter den Psalmen, die vom Zion oder vom Tempel sprechen, verschiedene Schattierungen. Manche sind enger mit historischen Ereignissen verknüpft: eine Klage über die Zerstörung Jerusalems (Ps 74; 79), oder ein Gebet für seinen Wiederaufbau (Ps 51,20; 69,36; 102,14-18). Andere rufen den Gedanken an den Zion in der Anbetung wach: „Ich habe laut zum Herrn gerufen; da erhörte er mich von seinem heiligen Berg" (Ps 3,5; vgl. 24; 116,18f.; 134; 135,2.21). Eine dritte Gruppe spricht von der Haltung des Glaubenden, und hier hat die historische Stadt die geringste Bedeutung. Die Liebe der Gläubigen zum Zion drückt ihre Sehnsucht aus, sich mit allen Fasern ihres Seins an Gott zu klammern (Ps 26,8; 63,2f.). Im 27. Psalm, einer Hymne des Vertrauens, heißt es:

> Nur eines erbitte ich vom Herrn,
> danach verlangt mich:
> Im Haus des Herrn zu wohnen
> alle Tage meines Lebens,
> die Freundlichkeit des Herrn zu schauen
> und nachzusinnen in seinem Tempel.
>
> (Ps 27,4; vgl. 23,6)

Der Psalm enthält auch eine Anspielung auf das Leben in der Wüste: der Tempel wird mit einem Zelt verglichen, denn sein Vorgänger während der Exodus-Jahre war ja ein Zelt gewesen (Ps 27,5; vgl. 76,3; 61,5).

Schließlich reden einige Psalmen in archaischer Form von der Unverwundbarkeit des Zion, um die absolute Sicherheit zu loben, die allein Gott bieten kann:

> Gott ist in ihrer Mitte, darum wird sie niemals wanken;
> Gott hilft ihr, wenn der Morgen anbricht.
>
> (Ps 46,6)

Gegen die Stadt des Zion ist menschliche Gewalt machtlos (Ps 48; vgl. Ps 2). Daher:

> Wer auf den Herrn vertraut, steht fest wie der Zionsberg,
> der niemals wankt, der ewig bleibt.
> Wie Berge Jerusalem rings umgeben,
> so ist der Herr um sein Volk, von nun an auf ewig.
>
> (Ps 125,1f.)

Das gleiche Thema wird immer wieder aufgenommen: Gott ist die Quelle aller wahren Sicherheit; „er entreißt [die Gerechten] all ihren Ängsten" (Ps 34,18).

Die Armut und die Armen

Eine weitere Eigenart der Psalmen, den Wüstenglauben zum Ausdruck zu bringen, ist die Sprache der *Armut*. Diese Hymnen sind vor allem die Gebete der Armen. Wir wollen der Sache nachgehen, indem wir kurz die biblische Sicht der Armut und der Armen untersuchen.[8]

Es wird manchmal behauptet, daß Armut als positiver religiöser Wert erst mit dem Evangelium von Jesus Christus beginnt. Zur Zeit des Alten Bundes, so scheint es, ist der Wohlstand ein Zeichen göttlichen Segens. Das gilt schon für Abraham (Gen 13,2), aber das beste Beispiel ist offensichtlich König Salomo (1.Kön 10). Entsprechend wurde Mittellosigkeit als Fluch gedeutet (vgl. Dtn 28). Wichtig ist der Hinweis, daß es in Israel bis dahin kein Bewußtsein einer Vergeltung nach dem Tode gab. Alles Wichtige ereignet sich im Leben vor dem Tode.

Diese Anschauung bleibt in Israel über die Jahrhunderte hinweg mehr oder weniger bestehen. Zur Zeit Jesu wird sie von der Partei der Sadduzäer vertreten, die sich aus den großen Familien zusammensetzt. Ihnen gehörte der größte Teil des Reichtums und der Macht im Lande. Sie glaubten nicht an eine Auferstehung nach dem Tod. Ihrer Meinung nach muß man Beweise für Gottes Segen während des Lebens hier auf der Erde suchen... und tatsächlich gibt es für sie solche Beweise in reicher Zahl. Mit dem Maßstab moderner Einsicht und einem gesunden Schuß Mißtrauen läßt sich an diesem Beispiel nachweisen, daß es hier weniger um den Glauben als vielmehr um eine Legitimation ungerechtfertigter Privilegien ging. Damals begann sich im Volk Gottes die Erkenntnis durchzusetzen, daß die Dinge nicht immer so einfach sind, als ob die Gerechten von allein reich und glücklich und die Gottlosen arm und elend wären. Der Verfasser von Psalm 73 zum Beispiel beginnt an Gottes Güte zu zweifeln, als er den Wohlstand der Gottlosen bemerkt. Er gerät in eine tiefe Glaubenskrise, aus der er sozusagen nur von oben gezogen werden kann, indem er ein noch größeres Glück in der unerschütterlichen Gemeinschaft mit Gott entdeckt.

Obwohl sich die Vorstellung vom Wohlstand als Segen Gottes schließlich als unbefriedigend erweist, hat sie die biblische Sicht von Armut und Reichtum dennoch mitgeprägt. Sie erinnert uns zumindest daran, daß der Gott der Bibel auf seine Schöpfung nicht voller Mißtrauen schaut. „Gott sah alles an, was er gemacht hatte: Es war sehr gut" (Gen 1,31). Ein erfülltes menschliches Leben schließt die Teilhabe an den Gaben Gottes ein, die er seinen Geschöpfen bereitet hat. Ihrer beraubt zu werden, ist gegen die von Gott eingesetzte Schöpfungsordnung (vgl. Gen 1,28f.). So können glaubende Menschen den Mangel als Übel und Schmach betrachten.

Aber wenn die Armut – objektiv gesprochen – ein Mißstand ist, dann liegt die Schuld dafür nicht notwendigerweise oder ausschließlich bei den Armen selbst. Schon im achten Jahrhundert vor unserer Zeitrechnung durchschaute der Prophet Amos klar die Beziehung zwischen dem Reichtum einiger und der Armut anderer: nämlich daß sie „mit Geld die Hilflosen kaufen, für ein Paar Sandalen die Armen" (Am 8,6). Die Verstädterung des Landes und die sozio-politischen Veränderungen durch die Monarchie zerstörten die Ethik des Teilens, die für die traditionelle, familienbezogene Gesellschaft kennzeichnend war. Die Lebensregel des Pilger-Volkes war eine Regel des Teilens und der Solidarität. Als dieses Volk seßhaft wurde, folgte sehr bald eine Spaltung zwischen Arm und Reich, und an Stelle von Solidarität machten sich Konkurrenz und Ausbeutung breit.

Eine Gesellschaft, in der die Armut nicht nur moralisch begründet wird, braucht Institutionen zur Wiederherstellung eines Mindestmaßes an Gerechtigkeit. Daher wurden in Israel Gesetze aufgestellt, die den Notleidenden, d. h. „den Waisen, den Witwen und den Fremden" (vgl. Ex 21-23), besonderen Schutz gewähren sollten. Die Bedürftigsten erhielten gewisse Vorrechte (Sabbatjahr und Jubeljahr, das Recht, die Felder sauber zu lesen, etc.), und es gab Gerichte und Richter, um sicher zu gehen, daß die Starken die Schwachen nicht ungestraft unterdrückten. In den Ländern des alten Nahen Ostens galt der König als Hauptverteidiger derer, die sich nirgendwo anders hinwenden konnten. Er ist ihr Wächter, ihr Retter.[9] Die tatsächlichen historischen Könige waren weit davon entfernt, ihrer Verpflichtung in dieser Hinsicht immer befriedigend nachzukommen. Diese Pflicht blieb dennoch ein wichtiger Maßstab zur Beurteilung ihrer Herrschaft. Das gilt auch für Israel, wie das Portrait des idealen Königs in Psalm 72 deutlich macht:

> Verleih dein Richteramt, o Gott, dem König,
> dem Königssohn gib dein gerechtes Walten!
> Er regiere dein Volk in Gerechtigkeit
> und deine Armen durch rechtes Urteil ...
> Er wird Recht verschaffen den Gebeugten im Volk,
> Hilfe bringen den Kindern der Armen,
> er wird die Unterdrücker zermalmen ...
> Die Gerechtigkeit blühe auf in seinen Tagen
> und großer Friede, bis der Mond nicht mehr da ist ...
> Denn er rettet den Gebeugten, der um Hilfe schreit,
> den Armen und den, der keinen Helfer hat.
> Er erbarmt sich des Gebeugten und Schwachen,
> er rettet das Leben der Armen.
> Von Unterdrückung und Gewalttat befreit er sie,
> ihr Blut ist in seinen Augen kostbar.
> (Ps 72,1f.4.7.12-14; vgl. Ps 82)

Was für den König gilt, gilt noch viel mehr für den Gott Israels, den Hirten seines Volkes. Die ganze tausendjährige Geschichte des Gottesvolkes bezeugt Gott als den, der sich um die kümmert, die niemanden haben, der auf ihre Rechte achtet oder sie vor Unterdrückung bewahrt. Diese höchste Wahrheit verbindet sie mit der Existenz des Volkes Israel. Lange vor der Monarchie und noch vor der Ankunft in Kanaan befreite Gott eine Handvoll Heimatloser von der Zwangsherrschaft der Ägypter und führte sie Wege, die nur er kannte, machte sie zu seinem eigenen Volk, damit sie so vor der ganzen Menschheit Zeugen seiner Barmherzigkeit seien. Und als sie nicht mehr weiter wußten und in ihrer Not wieder Gott anriefen, wiederholte er für sie das Wunder des Exodus. Das ist das Thema von Psalm 107, der die Geschichte Israels nachzeichnet und mit diesen Worten schließt: „Die Armen hob er aus dem Elend empor" (Ps 107,41 a). Ein solches Handeln Gottes veranschaulicht sein Wesen am allerbesten. Seine Vorliebe für die Bedürftigen dieser Welt ist der Beweis dafür, daß wir weit entfernt sind vom Verdienst- und Leistungsdenken; statt dessen begegnen wir der unverdienten Liebe:

> Nicht weil ihr zahlreicher als die anderen Völker wäret, hat euch der Herr ins Herz geschlossen und ausgewählt; ihr seid das kleinste unter allen Völkern. Weil der Herr euch liebt und weil er auf den Schwur achtet, den er euren Vätern geleistet hat, deshalb hat der Herr euch mit starker Hand herausgeführt und euch aus dem Sklavenhaus freigekauft, aus der Hand des Pharao, des Königs von Ägypten. (Dtn 7,7 f.)

Gott erhebt den Demütigen und wirft den Stolzen nieder

Obwohl das Gottesvolk mit Reichtum und Macht liebäugelte, um „wie die anderen Völker" zu sein, ging das Bewußtsein nie ganz verloren – und sei es nur im Gebet –, daß vor allem der Schrei der Armen bei Gott Gehör findet. Viele Psalmen, die später von allen Gläubigen gesungen wurden, verdanken ihre Entstehung notleidenden Menschen, die an Krankheit litten oder in ausweglosen Situationen gefangen waren. Damit ist die Behauptung widerlegt, daß es in den hebräischen Schriften nur um die Haltung des von Jesus gebrandmarkten Pharisäers gehe: der Selbstsichere, der von Gott nur die Bestätigung erwartet, daß er tatsächlich gerecht und auf dem rechten Weg ist... wenn er überhaupt so lange zuhört.

In Wirklichkeit spricht sich im Psalter meistens der arme oder unglückliche Einzelne aus. Seine unfrommen Gegenspieler sind nicht in erster Linie solche, die die Vorschriften des Gesetzes mißachten, sondern vielmehr die Stolzen: „Sie haben ihr hartes Herz verschlossen, sie führen stolze Worte im Mund" (Ps 17,10), der Hochmütige, der „lästert und verachtet den Herrn" (Ps 10,3) und vertraut selbstgefällig auf seine eigene Kraft und Fähigkeit. Im Gleichnis vom Pharisäer und vom Zöllner (Luk 18,9-14) ähnelt das Gebet des Zöllners viel mehr den Psalmen als das des Pharisäers. Daraus können wir einen wichtigen Schluß ziehen: die „pharisäische" Haltung, die Jesus kritisierte, steht nicht nur im Gegensatz zum Evangelium, sondern sie ist auch in bezug auf die eigentliche Religion Israels ein Irrweg, eine Karikatur des wahren Glaubens.

Vor diesem Hintergrund können wir besser verstehen, warum der Psalmist die Feinde oft mit überdeutlichen Worten der Gewalt verwünscht, auch wenn es uns zu schaffen macht, weil wir mit der Lehre Jesu vertraut sind, die Gewaltlosigkeit predigt. Eine solche Haltung soll nicht gerechtfertigt oder gar als Vorbild für unser eigenes Verhalten hingestellt werden. Für Christen können nur die Worte Jesu am Kreuz, die er im Blick auf seine Henker sprach, ein „Vorbild" sein: „Vater, vergib ihnen, denn sie wissen nicht, was sie tun" (Luk 23,34). Ein „Rache-Psalm" ist weniger wegen der ausgedrückten Gefühle verfehlt, sondern vielmehr wegen der Unfähigkeit, zwischen dem Bösen selbst und dem Menschen zu unterscheiden, der das Böse verkörpert, von dem wir aber annehmen müssen, daß er zu einer Bekehrung fähig ist.

Halten wir fest, daß der „Gottlose" in den Psalmen nicht der von Schuld gequälte arme Sünder ist, sondern der Überhebliche und Selbstgefällige, der skrupellos auf den Wehrlosen herumtrampelt und keinen freigebigen Gott ertragen kann, welcher die beschenkt, die mit leeren Händen zu ihm kommen. Diese Menschen hintertreiben die barmherzigen Pläne Gottes in einem Maß, daß den Gläubigen nur der Wunsch bleibt, sie mögen von der Bühne der Geschichte verschwinden – im Interesse Gottes und der Gläubigen, die in diesen Gegnern kaum mehr als die Personifikation des Bösen sehen können. Die unschuldigen Verletzten hatten in ihrer Trübsal wenig Sinn für die Worte Ezechiels, der in Gottes Namen spricht: „Ich habe kein Gefallen am Tod des Schuldigen, sondern daran, daß er auf seinem Weg umkehrt und am Leben bleibt" (Ez 33,11).

Bei alledem dürfen wir nicht ins andere Extrem fallen und den Menschen die Verantwortung für ihr Handeln absprechen. Wenn wir das tun, erniedrigen wir sie zu Robotern, die Böses von Gutem nicht unterscheiden können. Jesus selbst ging mit harten Worten gegen die vor, die zwar Gottes Willen erkannten, aber vorzogen, ihrem eigenen Schatten zu folgen; so zogen sie viele andere mit ins Verderben, besonders „die Kleinen". Dennoch hat Jesus nie die Vergebung verweigert. Er sah in jedem Menschen überraschende Möglichkeiten der Veränderung.

Die Anklagen des Psalmisten drücken oft die Weigerung aus, sich mit den Mächten der Gewalt, der Zerstörung und des Todes abzufinden. Tatsächlich ist in manchen Fällen ein grollender Unterton nicht zu überhören – diese Seite ihrer Gebete wollen wir nicht gutheißen. Nachahmenswert ist an ihrer Haltung ihre absolute Aufrichtigkeit. In ihrem Zwiegespräch mit dem Herrn wagen sie, alles auszusprechen, ohne vorher zu entscheiden, was passend ist und was nicht. Von ihrer Haltung der Offenheit und fast naiven Direktheit, ja von ihrer Weigerung, in Gottes Gegenwart eine Maske zu tragen, können wir viel lernen. Wenn wir unsererseits Gott nicht um Rache anflehen, kann das daher kommen, daß wir uns unseren Gegnern gegenüber freundlich und vergebungsbereit verhalten, oder aber daher, daß wir lieber selbst unsere Rechnungen begleichen und Gott mit seinem heilenden Licht aus der Finsternis unseres Wesens heraushalten möchten.

Zurück zum Thema „Armut": Durch den ganzen Psalter zieht sich die Überzeugung, daß Gott die sichere Zuflucht für die Schwachen und Verwundbaren dieser Welt ist. „Herr, wer ist wie du? Du entreißt den Schwachen dem, der Stärker ist, den Schwachen und Armen dem, der ihn ausraubt (Ps 35,10); der Herr... richtet alle Gebeugten auf (Ps 145,14); Recht verschafft er dem Unterdrückten (Ps 146,7); der Herr behütet die schlichten Herzen; ich war in Not, und er brachte mir Hilfe (Ps 116,6); da ist ein Armer; er rief, und der Herr erhörte ihn. Er half ihm aus all seinen Nöten (Ps 34,7); die Schwachen werden unterdrückt, die Armen seufzen. Darum spricht der Herr: ,Jetzt stehe ich auf, dem Verachteten bringe ich Heil' (Ps 12,6)." Und schließlich: „Gott erhebt [sich] zum Gericht, um allen Gebeugten auf der Erde zu helfen" (Ps 76,10).

Manchmal wird die Zuflucht der Schwachen mit der Demütigung der Stolzen verknüpft, um die Umkehrung der Zustände und Werte zu schildern, die der Pilger-Gott bewirkt. Gott handelte auf diese Weise schon vor langer Zeit während der Befreiung aus Ägypten (vgl. Ex 15), und er wird es in noch eindrucksvollerer Weise bei der Geburt Jesu tun, der – das prophetische Lied seiner Mutter erfüllend – arm unter Armen geboren wurde. (Luk 1,46-55; vgl. 1.Sam 2,1-10). Auch die Psalmen sprechen von der Umwertung aller Werte: „Der Herr... schaut auf die Niedrigen, und die Stolzen erkennt er von fern" (Ps 138,6); „der Herr hilft den Gebeugten auf und erniedrigt die Frevler" (Ps 147,6); „dem bedrückten Volk bringst du Heil, doch die Blicke der Stolzen zwingst du nieder" (Ps 18,28). Hier liegt der Akzent nicht auf Bestrafung oder Rache – der Glaubende ist hier an der Wiederherstellung der Gerechtigkeit in einer ungerechten Welt interessiert. In einer ungerechten Gesellschaft bedeutet die Erhebung der Erniedrigten notwendigerweise, daß die, denen es gut geht, einige ihrer Privilegien hergeben müssen, aber das ist eine Folge der Wiederherstellung der Gerechtigkeit, und nicht ein Ziel an sich. Das geht aus einem anderen Psalm klar hervor, wo das gleiche ausgesprochen wird, ohne überhaupt die zu erwähnen, die verzichten müssen:

Wer gleicht dem Herrn, unserm Gott,...
der den Schwachen aus dem Staub emporhebt
und den Armen erhöht, der im Schmutz liegt?
Er gibt ihm einen Sitz bei den Edlen,
bei den Edlen seines Volkes.

Die Frau, die kinderlos war, läßt er im Hause wohnen;
sie wird Mutter und freut sich an ihren Kindern.
Halleluja!

(Ps 113,5-9)

„Selig sind, die da geistlich arm sind..."

Die Armut kann wie gesagt ein Fluch sein. Dem scheinen Aussagen der Bibel zu widersprechen, nämlich daß die Armen und Unglücklichen dem Gott der Bibel besonders am Herzen liegen, daß er die Schwachen verteidigt und auf ihren Schrei hört. Diese beiden Aussagen können in der Praxis durchaus nebeneinander bestehen, denn die eine betrifft die Menschen, und die andere betrifft Gott. Die Tatsache, daß Gott sich in besonderer Weise um die Armen kümmert, ist also nicht unbedingt ein Argument dafür, selbst arm zu werden. Aber diese zweite Wahrheit führt bei den Gläubigen allmählich zu einer Vertiefung und Verinnerlichung der Armut. Armut ist dann nicht nur ein sozialer Zustand, der Verachtung oder Mitleid verdient, sondern ein Leben im Vertrauen auf Gott, der „die Niedrigen erhebt". Die Sprache der Armut „neigt dazu, eine lehrmäßige Bedeutung anzunehmen. Zunächst drückt sie eine soziologische Wirklichkeit aus, gibt jedoch am Ende eine Glaubenshaltung wieder. Der arme Mensch wird ein ‚Schützling Gottes'. Die Armut neigt dazu, Offenheit und Demut vor Gott erkennen zu lassen."[10] Schließlich entwickelt sich die Sprache der Armut zu einer weiteren Möglichkeit, den Pilger-Glauben zum Ausdruck zu bringen.

Ziehen wir kurz die Schritte dieser Entwicklung nach. Wenn nicht der äußerlichen Form, so doch der inneren Bedeutung nach ist die „geistliche Armut" schon bei Jesaja, dem großen Propheten von Jerusalem, vorhanden. Sie ist eigentlich der Eckstein seiner Botschaft. Vertraut auf Gott und seine Verheißungen, und nicht auf eure eigene Klugheit: das ist die Botschaft, die er während der Jahre seines Wirkens zur Zeit und Unzeit verkündet. Deshalb verurteilt er menschliche Überheblichkeit (siehe z. B. Jes 5,15.21) und fordert „Umkehr und Ruhe... Stille und Vertrauen" (Jes 30,15). Zugegeben, um diese Wirklichkeit darzustellen, benützt Jesaja nur selten die Sprache der Armut, (vgl. aber Jes 14,30-32; 29,19). Diesen Schritt macht dann Zephanja, indem er die Armut (*'anawah*, in unseren Bibeln oft mit „Demut" übersetzt) mit Gerechtigkeit oder Rechtschaffenheit als einer Gott gefälligen Haltung gleichsetzt (Zeph 2,3). Die Armen Gottes (*'anawim*) werden die drohende Katastrophe überleben und das Herzstück des neuen Gottesvolkes bilden (Zeph 3,11-20).

Auch der Prophet Jeremia gebraucht die Sprache der Armut selten, ist aber selbst das genaue Abbild eines Armen vor Gott. Als sanfter, sogar schüchterner Mensch empfängt er den Ruf, das anspruchsvolle

Wort Gottes einer Nation zu verkünden, die es nicht hören will. Am eigenen Leib erfährt er Ablehnung, ja sogar Verfolgung. Verlassen und mißverstanden, breitet er sein Leiden vor Gott in Form von Klageliedern aus, die echte „Psalmen der Geplagten" sind. Nur einmal bezeichnet er sich selbst mit einem Begriff aus der Sprache der Armut (Jer 20,13 *ebyon*, der Arme). Jeremia kann sehr wohl ein Vorbild für den Gottesknecht Deuterojesajas gewesen sein. Dieser Gottesknecht ist das Urbild der geistlichen Armut, „verachtet und von den Menschen gemieden, ein Mann voller Schmerzen, mit Krankheit vertraut. Wie einer, vor dem man das Gesicht verhüllt, war er verachtet; wir schätzten ihn nicht" (Jes 53,3).

Im Exil und danach konnte die Lage des Volkes besonders zutreffend mit der Sprache der Armut beschrieben werden. Das galt für die Zeit in Babylon (Jes 41,17; 49,13) und auch für den Teil des Volkes, der ab 538 v. Chr. nach Palästina zurückkehrte. Die wirtschaftliche Lage der Heimkehrer war äußerst bedenklich (Hag 1,6.11; 2,19). Besonders in den letzten Ergänzungen des Jesaja-Buches kommt die Sprache der geistlichen Armut voll zur Geltung. So wird die Linie verlängert, die von Jeremia zum Gottesknecht Deuterojesajas läuft. Das gilt nicht nur für eine Einzelperson, sondern für den ganzen „treuen Rest". In den letzten Teilen des Buches Jesaja beschreiben die Rechtschaffenen sich selbst als „die Armen" unter Gottes besonderem Schutz, meistens mit einem Anflug von Aggressivität gegen die Mächtigen, die Gott in das Haus einschließen wollen, das sie ihm gebaut haben (Jes 66,1 f.; 57,15; 25,2-5; 26,4-6). Ihre Botschaft ist eine „gute Nachricht", die allen Armen gilt: den Verbannten, Gefangenen, Blinden, Tauben, Lahmen, Stummen... (Jes 61,1 f.; 35,5 f.). Die messianische Weissagung bei Sacharja (Sach 9,9 f.) stellt schließlich den Höhepunkt der biblischen Lehre von der Armut dar. Der Messias selbst wird als *'ani'*, bezeichnet, als der vor Gott Arme. Durch diesen kommenden König scheint Gottes reine Klarheit hindurch, und er wird zum Mittler eines weltweiten Königreiches des Friedens.

Mehrere Psalmen kann man in der Nachfolge dieser prophetischen Schule verstehen. Man hat zum Beispiel Parallelen zwischen Psalm 51 und Jesaja 56-66 entdeckt.[11] Außerdem gehört Psalm 69 in das gleiche geistliche Umfeld. Der Verfasser dieses Psalms brennt vor Eifer für Gott und erleidet deshalb Verfolgung: „... der Eifer für dein Haus hat mich verzehrt; die Schmähungen derer, die dich schmähen, haben mich getroffen" (V 10). Er wird von seiner eigenen Familie abgelehnt (V 9) und wegen seines Glaubens zur Zielscheibe für Hohn und Spott (V 11-13). Er bekommt von seinen Kameraden weder Trost noch Mitgefühl (V 21; vgl. Jes 40,1), sondern erntet nur Verrat (V 22), so daß er sie verflucht: „Sie seien aus dem Buch des Lebens getilgt und nicht bei den Gerechten verzeichnet" (V 29). Wenn die Namen seiner Feinde im Buch des Lebens stehen, dann sind sie nicht Heiden, sondern offensichtlich fromme Juden. Außerdem bezeichnet sich der Psalmist selbst als Gottes Knecht (V 18) und spricht für die, die auf den Herrn hoffen (V 7), die den Herrn suchen (V 33), er spricht auch für die „Armen" (V 33 f.), die am Ende den Zion und die umliegenden Städte erben werden (V 36 f.). Schließlich kritisiert er unausgesprochen das Festhalten an sinnentleerten Ritualen in seiner Umgebung (V 31 f.). All diese verschiedenen Aussagen – außer der positiven Erwähnung des Fastens (V 11 f.; vgl. Jes 58) – finden sich auch in Jesaja 56-66, so stammen die beiden Werke wohl aus Kreisen mit ähnlicher Spiritualität.

Die Vorstellung von geistlicher Armut als Ausdruck des Vertrauens und der Offenheit gegen Gott taucht an anderer Stelle im Psalter wieder auf. Da gibt es Gebete, in denen die Armen hauptsächlich als Menschen gesehen werden, die Gottes Hilfe brauchen. Andere Psalmen bedienen sich der für die biblische Dichtkunst so kennzeichnenden Parallelkonstruktionen. Sie beschreiben die Armen andeutungsweise als die Gerechten, als diejenigen, die tun, was Gott gefällt. Leider ist uns diese Aussage heutzutage zu sehr vertraut, und wir vergessen leicht, wie überraschend, ja schockierend es ist, wenn Armut zum Attribut des Lobes wird. Im Evangelium wird das am Staunen der Jünger spürbar, als Jesus erklärt, daß ein Reicher nur mit großen Schwierigkeiten ins Reich Gottes kommen kann (Mk 10,17-31). Denn an sich ist die Armut ein Mangel, ein Makel – wie konnte sie zu einer Beschreibung derer werden, die Gott am nächsten stehen? Die Erklärung ist einfach, aber sie übersteigt jede rein menschliche Logik: Zunächst gibt es einen Übergang von der Frage „Wer ist Gott?" (der Gnädige, der Heiland der Schwachen und Bedürftigen) zu der Frage „Was für ein Gegenüber wünscht Gott sich?" (solche, die mit leeren Händen zu ihm kommen, um seine Liebe zu empfangen). Zuerst werden die Armen indirekt aufgewertet, weil sie Gott die Gelegenheit geben, seine große Güte und Barmherzigkeit zu beweisen. Das führt zu einer direkteren Würdigung der Armut, indem sie fast zu einem Wert an sich wird – zum „leeren Grab", zu einer Leere, die die Kehrseite der überfließenden Großzügigkeit Gottes in dieser Welt ist. Damit nähern wir uns bereits der verblüffenden Logik der Seligpreisungen Jesu an (vgl. die beiden Versionen Mt 5,3 und Lk 6,20). Ganz allmählich gestaltet Gott durch diese Selbstoffenbarung den Partner, der ihm entspricht.

So werden zum Beispiel die Armen in Psalm 9-10 den Gottlosen, den Hochmütigen und den heidnischen Völkern (*goyim*) gegenübergestellt; dieser letzte Begriff kann auch gut eine Textberichtigung für das Wort „stolz" (*ge'im*) sein.[12] In Psalm 37 werden sie den Bösen und Gottlosen entgegengestellt, denen, die Schlechtes tun, den Feinden des

Herrn und den Sündern, in Psalm 86 schließlich den Überheblichen und Skrupellosen. Es ist offensichtlich, daß hier die Armut weit mehr als eine simple soziologische Kategorie ist: die Armen sind die Verfolgten, die bei Gott Zuflucht suchen.

Auf ähnliche Weise werden die Armen in einigen Psalmen mit den Gerechten verglichen (Ps 14; 34; 37; 140), mit den Untadeligen, den Aufrichtigen, mit Menschen des Friedens (Ps 37), mit denen, die Gott suchen (Ps 22; 34; 40; 69; 70), mit seinen Knechten (Ps 34; 86; 119), seinen Freunden (Ps 86), seinen Getreuen (Ps 34; 132; 149) und sogar mit seinem ganzen Volk (Ps 149). Psalm 37 konkretisiert dies in einer interessanten Parallele: in V 9 heißt es, „die aber auf den Herrn hoffen, werden das Land besitzen", während es in V 11 die „Armen" oder die „Elenden" (LÜ) sind, in V 22 „wen der Herr segnet" und in V 29 „die Gerechten". Die vor Gott Armen sind also die wichtigsten Nutznießer der Abrahams-Verheißung (Gen 12,7; 15,18-21; 17,8; vgl. Mt 5,5).

Solche Synonyme finden sich besonders zahlreich im 34. Psalm. Dieses alphabetische Gedicht vergleicht die Armen mit denen, die Gott fürchten, mit denen, die bei ihm Zuflucht suchen, mit den Gerechten, den Heiligen, mit denen, die den Herrn suchen, mit seinen Knechten. Außerdem geht ein Vers noch einen Schritt weiter:

Nahe ist der Herr den zerbrochen Herzen,
er hilft denen auf, die zerknirscht sind.

(Ps 34,19)

Hier ist die Armut eindeutig ein Attribut des Herzens oder des Geistes, und Psalm 51 führt diesen Gedankengang fort:

Das Opfer, das Gott gefällt, ist ein zerknirschter Geist,
ein zerbrochenes und zerschlagenes Herz
wirst du, Gott, nicht verschmähen.

(Ps 51,19)

Die Armen, die Gott mit besonderer Zuneigung liebt, sind Sünder, die zu ihm umkehren. Ihre „zerbrochenen Herzen" werden dann in ein „reines Herz" verwandelt, und ihr „zerknirschter Geist" wird ein „neuer, beständiger Geist" (vgl. Ps 51,12). Hier wird wieder der Boden bereitet, aus dem eines Tages die Seligpreisungen Jesu hervorgehen werden. In diesen Liedern taucht einen Augenblick lang das Bild des neuen Bundes auf, den Jeremia und Ezechiel vorhergesagt haben.

Das Vokabular der Armut wird teilweise mit anderen Bildern verknüpft, zum Beispiel mit dem des Weges. Psalm 25 beschreibt die Armen mit zerbrochenem Herzen, als diejenigen, die in den Fußstapfen Gottes gehen:

Gut und gerecht ist der Herr,
darum weist er die Irrenden auf den rechten Weg.

Die Demütigen leitet er nach seinem Recht,
die Gebeugten lehrt er seinen Weg.

(Ps 25,8f.)

Und der Verfasser des ausgedehnten Psalms 119, der vor allem anderen die Thora hochhält und auf diese Weise Gottes Wege geht, hat in seinem Leben Armut erfahren (V 67,71,75). Das Verb, das in diesen drei Versen gebraucht und mit „gedemütigt werden" oder mit „gebeugt werden" übersetzt wird, hat den gleichen Wortstamm wie das Wort ‚ani' (arm); wörtlich bedeutet es „gebeugt, niedergedrückt sein". Außerdem fühlt sich der Psalmist wie ein Fremdling auf der Erde, wie ein Pilger oder Reisender (V 19,54; vgl. Ps 39,13). Psalm 68 verbindet dann wieder das Thema der Armut mit dem des Exodus. Dadurch steht er in der Kontinuität des Pilger-Glaubens – trotz all der Veränderungen des Sprachgebrauchs und der geschichtlichen Situation:

Deine Geschöpfe finden dort Wohnung;
Gott, in deiner Güte versorgst du die Armen.

(Ps 68,11)

Schließlich wird die Gesinnung der geistlichen Armut auf großartige Weise in einem kurzen Psalm zusammengefaßt, in dem das Wort selbst nicht einmal vorkommt. Statt dessen zieht der Psalmist den Vergleich mit einem kleinen Kind:

Herr, mein Herz ist nicht stolz,
nicht hochmütig blicken meine Augen.
Ich gehe nicht um mit Dingen,
die mir zu wunderbar und zu hoch sind.
Ich ließ meine Seele ruhig werden und still;
wie ein kleines Kind bei der Mutter
ist meine Seele still in mir.
Israel, harre auf den Herrn
von nun an bis in Ewigkeit!

(Ps 131)

Wer sind die Getreuen des Psalters?

In einer Fülle von Formen und Bildern vermitteln uns die Psalmen eine Beschreibung des (idealen) Gläubigen zur Zeit des zweiten Tempels. Männer und Frauen nahmen den „Pilger-Glauben" in sich auf, der dem Ruf Gottes an Abraham entsprang. Sie gehen lieber in den Fußspuren Gottes, als daß sie „verwerfliche Wege" betreten (vgl. Ps 36,5). Sie folgen den Führungen des Pilger-Gottes, auf den sie ihr ganzes Vertrauen setzen. Durch die Teilnahme an den Wallfahrten zur Heiligen Stadt und zum Tempel bringen sie immer wieder neu zum Ausdruck, daß sie den Herrn zum Mittelpunkt ihres Lebens gewählt haben und für immer bei ihm bleiben möchten (vgl. Ps 23,6). Manchmal erfahren sie Not und Entbehrung, aber das ist für sie nur eine weitere Gelegenheit, sich vertrauensvoll in Gottes Arme zu werfen, „wie ein kleines Kind bei der Mutter" (Ps 131,2). Es ist ihnen geradezu eine Ehre, als „arm" betrachtet zu werden, denn das ist ihr Glaube:

> Die Armen sollen essen und sich sättigen;
> den Herrn sollen preisen, die ihn suchen.
> (Ps 22,27)

Kann man diese Getreuen noch näher beschreiben? Wer sind diese Armen, diese Pilger mit zerbrochenem Herzen? Manche sehen in ihnen eine soziale Gruppe, die man mehr oder weniger zutreffend als „eine Gruppierung frommer Leute, die nach dem Exil gegründet wurde", definiert hat. Sie verstehen sich als das authentische Israel im Unterschied zu denjenigen, die sich von der Lebensart der Heiden angezogen fühlen. Für andere wiederum stellen die Psalmen der Armen lediglich Gebete dar, die von unglücklichen Einzelpersonen verfaßt wurden.[13] Wie soll man zwischen diesen beiden Interpretationen entscheiden?

Durch diese Darstellung des Problems schaffen wir einen unauflösbaren Widerspruch. Um eine Lösung zu finden, müssen wir uns auf eine andere Ebene hinbewegen. Einerseits ist es sehr wahrscheinlich, ja fast sicher, daß es nach dem Exil Gruppen von Juden gab, die sich selbst als den „treuen Rest" der Nation verstanden. Wir kennen sie aus den prophetischen Schriften, die unmittelbar nach der Rückkehr aus Babylon verfaßt wurden. Es fehlen uns für diesen Zeitabschnitt allerdings feste historische Daten, die diese Hypothese bestätigen könnten. Später jedoch wissen wir mit Sicherheit von der Existenz solcher Gruppen: die *Chassidim* („Fromme", vgl. 1.Makk 2,42) während der Verfolgung von Antiochus IV. Epiphanes im zweiten Jahrhundert v. Chr.; die Qumran-Gemeinschaft, ein Mönchsorden, der sich in der Wüste nahe dem Toten Meer niederließ; und schließlich die Partei der Pharisäer („Abgesonderte") zur Zeit Jesu. Es ist nicht ausgeschlossen, daß einige der Psalmen aus Gruppen oder Parteien dieser Art stammen könnten. Und selbst wenn andere Psalmen zunächst nur die Klage einzelner Personen darstellten, wäre es einleuchtend, daß diese Minderheiten und Gruppen sie ohne weiteres als Ausdruck ihrer eigenen Spiritualität übernommen hätten.

Es gibt andererseits überhaupt keinen direkten historischen Zusammenhang zwischen all diesen verschiedenen „pietistischen" Minderheiten. Im Gegenteil, die Trennungslinien sind überraschend beweglich. Die Priester der Hasmonäer-Dynastie zum Beispiel, die Nachkommen derer, die der hellenistischen Verfolgung siegreich widerstanden hatten und sich auch nicht von Juden mit fremden Wertvorstellungen hatten ‚infizieren' lassen, wurden ihrerseits sehr schnell korrumpiert. Das führte zu einem Bruch mit einigen zadokitischen Priestern, die den Tempel verließen und in der Nähe des Toten Meers Zuflucht suchten. Das war vermutlich der Ursprung der Qumran-Gemeinschaft.[14] Ihre Mitglieder bezeichnen sich selbst als die Armen Gottes[15], als die Gemeinschaft des Neuen Bundes, die „den Weg des Herrn bereitet" und ihre endgültige Befreiung erwartet. Zuvor jedoch waren es die Priester dieser Dynastie, die sich mit den hellenistischen Herrschern zusammenschlossen und die dadurch kompromittiert wurden (vgl. 2 Makk 4,12-15): die Chassidim bekämpften sie hart. Außerdem – wenn unsere hypothetische Rekonstruktion zutrifft – waren es Mitglieder derselben Dynastie, die nach der Rückkehr aus dem Exil mit Macht für den Ausschluß der vorapokalyptischen Kreise eintraten.

Wir werden also nicht herausfinden, wer die „Armen Gottes" waren, wenn wir lediglich den Rivalitäten zwischen verschiedenen Gruppen im jüdischen Volk nachgehen. Wie beim Gottesknecht Deuterojesajas müssen wir auch hier die rein soziologische Ebene verlassen, um eine Lösung zu finden. Die Psalmen sind zweifellos Gebete, die von Gläubigen aus verschiedenen Kreisen und aus verschiedenen Gründen verfaßt wurden. Aber darüber hinaus sind es vor allem Äußerungen von Menschen, die die Lehren der Thora und den Kern des Glaubens Israels während der Pilgerschaft durch die Geschichte tief in sich aufgenommen haben. Dieser von Gott geschenkte und in seinem Wort bezeugte Glaube verschmolz so sehr mit ihrer eigenen Erfahrung, daß ihre Lieder ein Bild des idealen Gläubigen zeichneten – nicht nach menschlichem Ermessen, sondern aus der Sicht Gottes.

Nicht in jeder Zeile eines Psalms wird dieses Ideal sichtbar – das versteht sich von selbst –: noch bestand keine Einheit zwischen dem tatsächlichen Leben des Volkes und der von Gott gewünschten Sicht dieses Lebens. Deshalb ist hier ein Unterscheidungsprozeß nötig; und schon diese Urteilsfähigkeit ist eine Gabe Gottes, eine Gabe, die uns erlaubt, inmitten des Zweitrangigen und Vorläufigen das Wesentliche zu erkennen. Sie enthüllt im Buch der Psalmen die Umrisse einer Gestalt mit den Gesichtszügen jenes Gegenübers, das Gott sich wünscht. Von diesem Gesicht als Ebenbild Gottes – und nicht von irgendeiner willkürlich gewählten menschlichen Systematik – hängt die Einheit des Psalters, ja die Einheit der ganzen Bibel ab. Jeder Versuch, dieses Gesicht durch Kriterien zu ersetzen, die aus unserer eigenen Philosophie, Ideologie oder gar Wissenschaft herrühren, führt unvermeidlich zur Beschneidung wesentlicher Aussagen der Bibel und zur Kanonisierung unwesentlicher und vergänglicher Gesichtspunkte, kurz, zu einem Zerrbild.

Streng rational oder abstrakt geurteilt, können wir zwischen Gottes Selbstoffenbarung und seinen Wünschen für sein Volk unterscheiden, etwa mit den Fragen „Wer ist Gott?" und „Was will Gott für sein Volk?" Aber was uns wie zwei Fragen vorkommt, ist für Gott eigentlich nur eine einzige. Letzten Endes hat Gott nur eine Wirklichkeit mitzuteilen – und diese Wirklichkeit ist er selbst. Was aus Gottes Sicht einfach aussieht, nämlich sein Wunsch, die Gemeinschaft zwischen ihm und uns herzustellen, droht an uns Menschen zu scheitern: wenn Gott anfängt, mit uns zu sprechen, ist es für uns nahezu unmöglich, seine Sprache zu verstehen. Deshalb fordert Gott uns zu einer Reise auf, wenn er mit uns in Verbindung tritt. Ehe wir Gott verstehen und uns ihm öffnen können, müssen wir verwandelt werden; und das Paradoxe ist, daß nur Gott diese Verwandlung herbeiführen kann, indem er sich uns offenbart. Darin verbergen sich das Geheimnis der Bibel und ihre hintergründige Logik: Gott spricht zur Menschheit, und nach und nach durchdringt sein Wort das Ohr seiner Zuhörer und bewirkt das allmähliche Verstehen seiner Sprache. In einem anderen Bild ausgedrückt: das Licht, das Gottes Antlitz ausstrahlt, trifft auf das steinharte menschliche Herz und verwandelt es in einen Spiegel, so daß darin Gottes Ebenbild sichtbar wird.

Diese Verwandlung geschieht nicht geradlinig ohne Lücken oder Rückfälle. Sie ist wie das Wasser, das immer seinen Weg findet und selbst durch den härtesten Felsen eine Kerbe gräbt. Gerade wenn wir nicht immer der Spur dieses Wassers folgen können (z. B. wenn wir die Identität der „Armen" im Psalter nicht eindeutig feststellen können), dann ist das vielleicht erst recht ein Zeichen dafür, daß wir es mit dem Handeln Gottes zu tun haben, und nicht mit einer menschlichen Ideologie, ja daß sich der Schlüssel zur Kontinuität des göttlichen Handelns nicht zuallererst in der Hand der Menschen befindet.

Einer Sache können wir sicher sein: in der Zeit nach dem Exil durchdrang das Wort Gottes, das in seinen Grundzügen bereits schriftlich festgehalten war, die Herzen der Gläubigen und arbeitete in ihnen wie Hefe, die allmählich den Teig aufgehen läßt. Durch fortlaufende, unendlich vorsichtige Eingriffe formte Gott Pilgerseelen und demütige Herzen, Menschen, die bereit waren, ihn zu erkennen und willkommen zu heißen. Besonders auf der Schwelle zum Evangelium Jesu Christi begegnen wir diesen „Armen vor Gott". Wir denken dabei an Johannes den Täufer, aber auch an all jene, die in den Geschichten um die Geburt Jesu vorkommen, besonders im Bericht des Lukas: Elisabeth, Simeon, die Hirten, und vor allem Maria, die Mutter des Herrn, die Personifikation der „Tochter Zion", die von der Sehnsucht nach ihrem Heiland bewegt ist. Ihr wird die Erfüllung der Segensverheißung zugesagt, die Jahrhunderte zuvor an ihren Ahnvater Abraham ergangen war, eine Verheißung, die die gesamte Heilsgeschichte in Bewegung brachte:

> Gesegnet bist du mehr als alle anderen Frauen,
> und gesegnet ist die Frucht deines Leibes.
>
> (Lk 1,42; vgl. 1,54 f.)

Und in Maria blüht diese Verheißung zu einer Seligpreisung auf, die schließlich all jenen verkündet wird, deren Leben im Pilger-Glauben verwurzelt ist:

> Selig ist die, die geglaubt hat,
> daß sich erfüllt, was der Herr ihr sagen ließ.
>
> (Lk 1,45)

Mit Maria, der zierlichen Blume des Bundes Gottes mit Israel, ist der Augenblick gekommen, in dem Gott so sehr auf den Menschen eingeht, daß der Bund zu etwas ganz Neuem wird. Aber das übersteigt die Grenzen unserer Betrachtung.

Fragen zum Nachdenken

1. Zahlreiche Psalmen sind Wallfahrtslieder (z. B. Ps 84; 120-134), die von den Pilgern an den drei hohen jüdischen Feiertagen auf dem Weg nach Jerusalem gesungen wurden. Was lernen wir für unseren eigenen Glauben in diesen Psalmen, etwa wenn wir selbst eine Pilgerreise machen?

2. Was bedeutet es für mich, „im Haus des Herrn zu wohnen alle Tage meines Lebens" (Ps 27,4)?

3. Die Bibel bietet uns ein tiefgründiges und vielschichtiges Verständnis der Armut an: Zwar ist Armut an sich nichts Gutes, dennoch können wir mit der Sprache der Armut unsere Bindung an Gott zum Ausdruck bringen. Welche Lehren können wir aus der biblischen Theologie der Armut ziehen? Wie können wir konkret die Werte der Einfachheit und des Teilens in die Praxis umsetzen?

4. Wie würde die Schilderung der „Gottlosen" aus den Psalmen in unserer Zeit aussehen? Können wir einige ihrer charakteristischen Merkmale in unserem eigenen Verhalten entdecken?

5. Jesus faßt das biblische Verständnis der Armut in der ersten Seligpreisung zusammen (Mt 5,3 und Lk 6,20). Auf wen bezieht sich diese Seligpreisung? In welcher Hinsicht ist sie eine Beschreibung meines eigenen Lebens?

Ziel der Reise

Mit all den Frauen und Männern von Abraham bis Maria, die bei der Herausbildung des geistlichen Bewußtseins in Israel beteiligt waren, nimmt die Entwicklung des Liebes-Bundes zwischen Gott und seinem Volk die Gestalt einer langen Pilgerreise an. Aber Reise bedeutet hier kein Mittel zum Zweck, keine Übergangsperiode, die zu etwas anderem führt, vielmehr ist das Unterwegs-Sein an sich die grundlegende Gestalt des biblischen Glaubens. Hier ist der Weg bereits das Ziel, zu dem der Weg führt – und diese Logik ist für uns Menschen kaum faßbar. Schon ganz am Anfang der Reise war das Ziel gegenwärtig und wirksam, auch wenn das erst am Tag der endgültigen Erfüllung im Rückblick voll offenbar wird.

Die Grundlage für den Pilger-Glauben ist in den ersten Büchern der Bibel gelegt: Zuallererst im Leben Abrahams und seiner Nachkommen – jener Wanderer, die das Gottesvolk als die Erzväter verehrt, weil sie das Schicksal Israels schon vorwegnehmen. Danach folgt in der Exodus-Geschichte die Befreiungs-Erfahrung einer Reise durch die Wüste, zur Begegnung mit Gott, dem Land der Verheißung entgegen. Es ist eine Geschichte von Prüfungen und Gnade, von Untreue und Barmherzigkeit, die der Reiseweg des ganzen Volkes wie auch jedes einzelnen Gläubigen exemplarisch darstellt.

Nachdem die Vätergeschichten und der Exodus die Hauptlinien des Pilger-Glaubens vorgezeichnet haben, folgt in den nächsten Jahrhunderten eine Vertiefung und Entwicklung dieses Glaubens durch die herausragenden Gestalten der Geschichte Israels. Der Same, den Gott in den Menschen als „Krone der Schöpfung" gepflanzt hat, geht auf und wird zu einem prachtvollen Baum.

Mit der Einführung der Monarchie kommt der Aspekt der *Inkarnation* des Glaubens zur Geltung – so sieht es insbesondere der Prophet Jesaja. Die Inkarnation ist von Anfang an im biblischen Glauben durch die Tatsache enthalten, daß Gott ins konkrete Dasein seiner Geschöpfe eintritt, indem er sie zum Aufbruch ruft; und schon die ersten Männer und Frauen, die sich auf den Weg machen, sind ein lebendiges Gleichnis seiner Existenz und seines Wesens. Mit Jesaja bekommt das Geschehen der Inkarnation dann Ausdruck und Struktur: der König, die Stadt und der Tempel sind Zeichen, Unterpfand für die Treue des Herrn zu seinen Verheißungen, sie sind „Sakramente" seiner Gegenwart inmitten unserer Welt. Der Prophet vermeidet auf diese Weise eine doppelte Gefahr: die übermäßige Verflüchtigung der göttlichen Gegenwart auf der einen und ihre vergötzende Fixierung auf der anderen Seite. Aber seine nuancierte und ausgewogene Ansicht ist nur ein kurzer Augenblick in einer geistlichen Reise, in der das Volk meistens zwischen den beiden Extremen hin- und hergeworfen wird. Und dennoch ist die Grundeinsicht eines Glaubens, der sich in irdischen Wirklichkeiten verkörpert, ohne auf sie reduziert zu werden, mit Jesaja gefestigt. Dieser Glaube ermöglicht eine Kontinuität in Raum und Zeit, eine Religion, die Kristallisationspunkte innerhalb der menschlichen Geschichte bietet. So unterscheidet sich der Glaube Israels von einem Glauben, der eine reine Weltflucht wäre; er bietet der ganzen menschlichen Familie die Möglichkeit einer Versöhnung an, die konkret hier auf der Erde beginnt.

Sodann geht es um den Gesichtspunkt der *Verinnerlichung*, der persönlichen Antwort, die schon bei Abraham vorhanden ist in dem persönlichen Ruf des unbekannten Gottes, der ihn auf den Weg der Verheißung führt. Aber mit Jeremia und Ezechiel kommt diese Dimension des Glaubens erst richtig zur Geltung. In einer Zeit, in der die politischen und religiösen Institutionen der Nation bedroht sind, erkennen diese beiden Propheten, daß jenseits dieser Institutionen das Herz jedes Gläubigen ein Brennpunkt der Gegenwart Gottes sein kann und sein soll. So spüren diese Propheten die Notwendigkeit einer radikalen Neuschöpfung des menschlichen Herzens, die Notwendigkeit seiner Verwandlung durch eine völlig neue Initiative, die allein das Werk Gottes sein wird. Jeremia erfährt in seinem eigenen Leben als Prophet eine Art Vorwegnahme dieser Umwandlung und wird auf diese Weise für sein Volk zu einem Abbild des Einen, der da kommen soll.

Mit der Verinnerlichung ist die *Erwiderung* verknüpft, wie wir sie an den Psalmen näher untersucht haben. Gottes Ruf fordert und ermöglicht eine Erwiderung durch den Gerufenen. Gott nimmt die Freiheit des Menschen so ernst, daß seine Absicht, Leben zu schenken, ohne ein freies und vertrauensvolles Ja seines Partners undenkbar wäre. Aber es bleibt nicht beim göttlichen Ruf als Anlaß für diese Erwiderung, denn nur auf sich selbst angewiesen wären die Menschen nicht in der Lage, die Prüfungen des Lebens zu bestehen und Gott das Geschenk zu geben, das er will und braucht. Deshalb formt Gottes Ruf langsam aber sicher eine Person, die seine Sprache verstehen und sprechen kann. Auf diese Weise prägt der Pilger-Gott die Pilger-Seelen und schafft demütige Herzen – Menschen, die sich seine Wege zu eigen gemacht haben und daher wirklich fähig sind, ihm zu folgen. Hier wird die Erwiderung zur Nachfolge, aus dem Handeln wird ein Annehmen mit dem Ziel eines verwandelten, ja verklärten Lebens.

Dann gibt es den Bereich des *Neuen, Unvorhersehbaren*. Insgesamt haben wir vor allem die Kontinuität in Gottes Plan herausgestellt, und das ist äußerst wichtig in einer Zeit, die ihr Gedächtnis verloren hat und die weitgehend ohne echte Zukunftshoffnung lebt. Diese Kontinuität besteht aus Stillständen und immer neuen Anfängen, aus falschen Wegen und einem Neubeginn, so daß deutlich wird, wie Menschen sich dem verblüffend Neuen an Gott öffnen können. Es begann schon mit den allerersten Worten, die an Abraham gerichtet waren: „Geh aus deinem Land...", und jedesmal, wenn Gott wieder spricht, enthält sein Wort die Aufforderung zu einem weiteren Schritt, zu einem neuen Anfang. Auf sich selbst gestellt würden die Menschen sich unvermeidlich niederlassen oder ziellos umherwandern. Aber mit dem Wort Gottes dringt etwas Ewiges an das Ohr der Menschen, das nicht alt werden kann und das für jeden neuen Tag gleichermaßen gültig ist, das ewig neu ist und das die Menschen aus dem gewohnten Gleis bringt und sie auf den Weg in eine Zukunft setzt, die all ihr Hoffen übersteigt.

Das ständig neu wirkende Wort erschließt die ihm innewohnende *Universalität*. Aus seiner ewigen Liebe heraus umfaßt Gott in seinem Heilsplan die Gesamtheit der Schöpfung. Dieser Plan verwirklicht sich Schritt für Schritt in einer Reihe von Synthesen, so daß sich immer mehr Teile zusammenfügen. So kann jeder Neubeginn, der für die Betroffenen oft wie eine Prüfung aussieht, das Vorspiel zu einer größeren Gemeinschaft sein. Alte Trennmauern werden niedergerissen, um eine Einheit in Gott zu schaffen, die noch mehr umfaßt. Das zeigt sich in unübertrefflicher Weise in der Zeit der Babylonischen Gefangenschaft, die den tiefsten Bruch in der Geschichte des alten Israels darstellt. Das gilt sogar für die biblischen Texte selbst: Nach der Zerstörung des Nordreichs fanden die bedeutendsten Überlieferungen in Jerusalem, dem Zentrum der nationalen Einheit, ein Zuhause. Aber die schmerzhafte Krise des Exils war notwendig, um diese Traditionen zu einer neuen und lebendigen Synthese zu verschmelzen, aus der dann ein neuer Ausgangspunkt wurde. Der universale Horizont des traditionellen Glaubens erreichte seine größte Weite bei Deuterojesaja, dem anonymen Propheten des Exils. So fielen der geistliche Höhepunkt des Alten Bundes und der Zeitpunkt seines größten Bruchs mit der Vergangenheit zusammen. Wie nie zuvor hatte dieser Glaube damals eine erfrischende und universale Ausstrahlung.

Unsere Studie endet an einem Punkt, an dem noch nichts gelöst ist. Es bahnt sich eine Alternative an, die den biblischen Glauben des Alten Testaments in zwei große, parallel verlaufende Wege aufspalten wird. Der erste ist das Judentum. Mit der Konsolidierung der rabbinischen Tradition und dem Triumph der von den Pharisäern vertretenen Richtung beginnt das Judentum nach der Einnahme Jerusalems durch die

Römer und nach der Zerstörung des zweiten Tempels im Jahr 70 n. Chr. die Form anzunehmen, die es durch die kommenden Jahrhunderte hindurch bewahrt hat. Die andere Linie beginnt mit dem Leben und Sterben des Jesus von Nazareth, der – in den Augen seiner Jünger – all die Dimensionen der geistlichen Pilgerfahrt des auserwählten Volkes in seiner Person vereint. In dieser Sicht ist Jesus sowohl das Ziel des Weges als auch der Schlüssel, um den Verlauf und die Logik dieses Weges zu enträtseln. Inkarnation und Personalität, Wort und Antwort, Kontinuität und Universalität – für Christen finden all diese Aspekte aus Gottes Heilsplan ihren Höhepunkt in Christus. Was sonst bloße Linien wären, die sich kreuzen und die nebeneinanderher-, aufeinanderzu- oder voneinanderweglaufen, das verschmilzt schließlich und nimmt ein erkennbares Gesicht an.

Auch für diese neue Stufe gilt die überraschende Tatsache, daß derjenige, den die Christen als das Ziel der Reise betrachten, gleichzeitig ein neuer Ausgangspunkt ist. Jesus ist keineswegs ein unbeweglicher und abgeschlossener Endpunkt. Er verkörpert das Pilger-Dasein mehr als jeder andere. Bei ihm gibt es keinen Stillstand. Er geht den Weg Gottes mit einer solchen Konsequenz, daß er selbst als „der Weg" bezeichnet werden kann (vgl. Joh 14,6). Und er ruft seinerseits Männer und Frauen in die Nachfolge und erlaubt ihnen nicht einmal zurückzuschauen (Lk 9,62). Noch einmal: diejenigen, die sich von der unberechenbaren Einmaligkeit Gottes erfassen lassen, werden, wenn sich der Staub gelegt hat, feststellen, daß sie in einer unverwechselbaren Kontinuität stehen, die mehr ist als jede menschliche Tradition. Gott läßt sich durch seinen Sohn in die Tiefe seines Herzens schauen. So lädt er, der Pilger-Gott, sein Volk zu einem noch radikaleren Aufbruch ein, der in die wahre Heimat führt, wo Gott alle willkommen heißt. Am Ende einer über tausend Jahre dauernden Pilgerreise werden wir also erneut aufgefordert und ermutigt, die Reise ins Unbekannte anzutreten. Aber ein Bericht über diese neue Pilgerreise in den Fußspuren Jesu wird auf ein neues Buch warten müssen.

ANMERKUNGEN

ZUM 1. KAPITEL: DIE REISE BEGINNT

1 Es gibt heutzutage in einigen Kreisen eine wachsende Tendenz, den Gebrauch maskuliner Pronomen für Gott zu vermeiden und Gott als vollkommen jenseits der Aufteilung in maskulin – feminin zu betrachten. Die Arbeit von feministischen Gelehrten ist insofern zuträglich, als sie die Transzendenz des Gottes der Bibel schützt und uns davon abhält, eine plumpe menschliche Männlichkeit auf Gott zu übertragen. Sie erinnert uns daran, daß ‚feminine' Werte genauso ein Wesensmerkmal des Gottes Israels sind (z. B. Jes 66,13; Jer 31,20; Ps 91,4). Siehe z. B. Phyllis Trible, *God and the Rhetoric of Sexuality* (Philadelphia: Fortress, 1978). Und doch gebraucht die Schrift stets maskuline grammatische Formen, wenn sie von Gott spricht (vgl. *ebd.*, S. 23, Anm. 5). Ich werde auf diesen Seiten diesem Brauch folgen, zum einen um der Annehmlichkeit und um der Treue willen, zum anderen aus einem tieferen thematischen Grund: Ehemann und Ehefrau stehen in der Schrift häufig als Bild für Gott und sein Volk. Während das im simplen, buchstäblichen Sinne nicht zutrifft (und hier können die Feministen triftige Gründe vorlegen), birgt es doch eine tiefe Wahrheit über Gott. Ein zwitterartiger Gott wäre völlig in sich geschlossen und egozentrisch und nicht wirklich in die menschliche Geschichte verwickelt. Das ist sicherlich nicht das, worum es dem Gott der Bibel geht, wie diese Kapitel – hoffe ich – klarmachen.

2 Siehe zum Beispiel, Roland de Vaux, *Histoire ancienne d'Israel* Band I (Paris: Gabalda 1971.), S. 213-243. Was den gegenwärtigen Stand in dieser Frage betrifft, habe ich dem Kommentar von Claus Westermann zu danken: *Genesis 12-36* (Neukirchener Verlag, 1981), S. 1-149. Eine scharfe Kritik der Hypothese des Hirten-Nomadentums zur Erklärung der Ursprünge Israels bietet Norman K. Gottwald, *The Tribes of Yahweh* (Maryknoll, N. Y.: Orbis, 1979), bes. S. 435-473. In diesem vorliegenden Buch – das sollte klar sein – geht es mir nicht in erster Linie darum, eine soziologische Hypothese abzulehnen oder zu verteidigen, sondern darum, das Bild der Pilgerreise als Schlüssel zur biblischen Botschaft zu untersuchen.

3 Dieser Ausblick ist zweifellos die Frucht der positivistischen Sicht der Gesellschaft und Geschichte, die uns das neunzehnte Jahrhundert überliefert hat. Obwohl die Philosophen seither zu anderen Dingen übergegangen sind, übt der Positivismus auf die moderne Massenkultur Einfluß aus. Er führt uns dazu, die Realität so zu sehen, als ob sie aus einer unendlichen Zahl roher ‚Fakten' bestünde, während die Verbindungen zwischen den Fakten nur als zweitrangiges und künstliches Rüstmaterial gesehen werden. Oder wir stellen uns einen historischen Bericht als einen „Film" dessen vor, „was wirklich geschehen ist", während wir vergessen, was jeder Filmemacher weiß – nämlich daß ein Film nicht ein einfacher Spiegel „roher Fakten" ist, sondern das Ergebnis eines komplizierten Bearbeitungsvorgangs, der klare Entscheidungen zwischen einer zahllosen Menge von Alternativen einschließt.

4 Pierre Teilhard de Chardin, *Le Phenomène humain* (Paris: Seuil, 1955), S. 128-129; deutsch: *Der Mensch im Kosmos* (München: Beck, 1959).

5 Vgl. Gen 18, wo Gott als Reisender, als vorüberziehender Gast (oder deren drei) erscheint.

6 Westermann, S. 170.

7 Die Tendenz, Abraham als jemanden zu sehen, der mit den Göttern seiner Vorfahren brach, als „ersten Bekehrten", begann sehr früh. Spuren davon finden wir schon in der Bibel (Jos 24,2f.; Judith 5,6-8). Diese Tendenz wird im späteren Judaismus sogar

noch stärker behauptet und vom Koran aufgegriffen, der Abrahams Kämpfe gegen den Götzendienst betont. Siehe Robert Martin-Achard, *Actualité d'Abraham* (Neuchâtel: Delachaux & Niestlé, 1969), bes. Kap. IIIA und C. Martin-Achard ist sich der Dimension des Neuen, die ich versucht habe herauszuarbeiten, wohl bewußt: *Ebd.*, S. 73,107-110. Abraham ist ein „Zeuge der Hoffnung".

8 Genaugenommen wird das Bild des Umherwanderns in der Geschichte vom Sündenfall am deutlichsten (Gen 3). Hier enthüllt der inspirierte Autor seine tiefsten Wurzeln: die Flucht des Sünders vor Gott (3,9f.), von der Schuld getrieben, um sich vor dem Einzigen, der heilen kann, zu verstecken. Auf diese Weise gibt es in der endgültigen Analyse nur zwei grundlegende Bewegungen: entweder Weg-Laufen oder Hin-Laufen. Mit Abraham sehen wir den Anfang der zweiten Bewegung, und das Neue Testament wird uns ihre Erfüllung in Jesus Christus zeigen („Ja, ich komme": Hebr 10,7+9), der ja auch der Gute Hirte ist und das verlorene Schaf sucht (Lk 15; Joh 10).

9 Wenn Abraham aufgrund eigener Wahl oder einer Sitte ein Nomadenleben geführt hätte, dann könnte man argumentieren, es hätte ihn nicht als besonders risikoreiche Angelegenheit berührt. Vgl. Westermann, S. 170, 176f. Es ist zweifellos wahr, daß diejenigen, die ein seßhaftes Dasein führen, dieses Element des Risikos und der Unsicherheit eines Lebens auf der Straße deutlicher wahrnehmen. Und dennoch taucht der Aspekt des Nomadenlebens immer wieder auf. In dieser Hinsicht ist es interessant, daß *Städte* im Buch Genesis ausschließlich in negativen Worten erwähnt werden. Babel (Kap 11) und Sodom und Gomorrah (Kap 19) sind Orte, in denen die Menschen nicht den Wegen Gottes folgen. Und Kain, der erste Wanderer, wird ausdrücklich „Gründer einer Stadt" genannt (4,17). All diese Städte sind Prototypen von Ninive oder Babylon in den prophetischen Büchern und von der „hochragenden Stadt" in der apokalyptischen Literatur (vgl. Jes 25,2; 26,5; Offb 18). Später wird ihr Gegenstück erscheinen – Jerusalem, die Stadt Gottes; für Abraham existiert diese Realität noch nicht (aber vgl. Gen 14,18).

10 Die Metapher des Samens ist wenig dazu geeignet, das Neue und die unvorhersagbare Beschaffenheit beim Eintreten Gottes in die Welt zu beschreiben. Das trifft besonders für eine Zivilisation zu, die durch die ‚wissenschaftliche Revolution' tief beeinflußt wurde: Da wir uns fast ausschließlich mit beobachtbaren und meßbaren Phänomenen befassen, haben wir praktisch aufgehört, das Wachstum eines Lebewesens als Wunder zu betrachten. Wenn es Kontinuität und Fortschritt in der Logik des Glaubens gibt, dann ist das in erster Linie von Gottes Seite her offenkundig und für den Menschen nur durch die Rückschau zugänglich, durch einen Blick zurück, erleuchtet vom Heiligen Geist. Aus der Sicht der Männer und Frauen, die mit Gott leben, scheint die Geschichte ihrer Beziehung zu Gott vor allem aus Fehlstarts, Trennung, Versagen und Neuanfang zu bestehen. Und nach jeder Unterbrechung – ob nun im Leben eines Menschen oder im Übergang von einer Generation zur anderen – haben wir immer den Eindruck, als ob Gottes Gabe zum allerersten Mal entdeckt würde. Das wird aus der Haltung des Staunens deutlich, die an jedem Wendepunkt der Bibel auftaucht, vom Lied der Mirjam (Ex 15) bis zum Lied der Jungfrau Maria (Lk 1).

11 Siehe zum Beispiel Bertrand de Margerie, *Introduction à l'histoire de l'exégèse: I. Les pères grecs et orientaux* (Paris: Cerf, 1980). Hinsichtlich der Bedeutung der Kirchenväter für die gegenwärtige Situation der Schriftstudien siehe besonders das Vorwort von Ignace de la Potterie. Siehe auch Henri de Lubac, *L'Ecriture dans la Tradition* (Paris: Aubier, 1966).

12 Martin-Achard, S. 126: „Für die Rabbiner gab es keinen Zweifel, daß Abraham mit der Thora des Mose vertraut war" (vgl. Gen 26,5). Siehe auch Jacques Goldstain, *Les valeurs de la Loi: La Torah, lumière sur la route* (Paris: Beauchesne, 1980), S.247-253.

13 Irenaeus von Lyon, *Gegen die Häresien* Buch IV, 5,3-4.

14 *Ebd.*, 25,1. Vgl. auch 7,1; 8,1; 21,1; 25,3.

15 St. Maximus Confessor, *Quaest. ad Thal.*, 59 Migne Patrologiae Graecae = MPG 90, 613C 616A). Diese Erkenntnis schließt ebenfalls ein, daß biblische Theologie ein gewisses Maß an *Anachronismus* nicht zu fürchten braucht und dies auch in dem Maße gerechtfertigt ist, in dem die Menschen im Lebensvollzug unfähig sind, die Bedeutung ihres Daseins vom Blickwinkel Gottes aus völlig zu verstehen. Die Dynamik der Heilsgeschichte, die aufeinanderfolgenden Neuinterpretationen der Vergangenheit als Ergebnis dessen, was später kommt, beruhen auf genau diesem Riß zwischen dem, was Gott beabsichtigt, und dem Bewußtsein, das Menschen dafür haben. Im Hinblick auf kritische Exegese bestehen biblische Theologie und Spiritualität mit Recht darauf, daß die erste Interpretation eines Ereignisses nicht notwendigerweise die authentischste ist. Die wissenschaftliche Exegese hilft dem Theologen, sich nicht zu weit von der *terra firma*, dem festen Grund des Textes in all seiner Dichte zu entfernen, aber sie kann ihm nicht seine Interpretationsmaßstäbe diktieren. Vgl. DeLubac, S. 81, ANM. 3.

16 Lewis Mumford, *The City in History* (New York: Harcourt, Brace & World, 1961), S.7. *Die Stadt*. Geschichte und Ausblick. 2 Bde (dt. Erstausgabe 1963; München: dtv wiss. Reihe, 1979).

17 Martin-Achard, S. 109, zögert nicht, im Fall der Patriarchen von "realisierter Eschatologie" zu sprechen. Siehe auch Pierre Grelot, *Sens chrétien de l'Ancien Testament* (Paris: Desclée, 1962), Kap. III, bes. S. 139-141, 150, 156-160.

18 Vgl. auch Jes 54,3; Ps 37,1; Mt 5,5. Andere Beispiele, besonders außerhalb des Kanons der Heiligen Schrift, befinden sich bei Jacques Dupont, *Les Béatitudes*, Bd. III (Paris: Gabalda, 1973), S.475-486. Hinsichtlich der Entwicklung dieser Formel, die sich durch die Bibel zieht, siehe Jacques Guillet, *Thèmes bibliques. Etudes sur l'expression et le development de la Révélation* (Paris: Aubier 1951), „Posséder la terre", S. 181-196; deutsch: *Leitgedanken der Bibel*. Studien über Ausdruck und Entfaltung der Offenbarung. Übers. Odilo Zurkinden. Luzern: Räber (1954).

ZUM 2. KAPITEL: EXODUS: DIE STRASSE IN DER WÜSTE

1 Von einem streng exegetischen Blickwinkel aus gesehen ist es völlig in Ordnung, den Unterschied zwischen den beiden Überlieferungskomplexen zu betonen. Siehe z. B. Westermann, *Genesis* 12-36, S. 183 f. Aber jeder, der versucht, die Bedeutung der Schrift als Ganzes zu ermitteln, muß mit der fundamentalen Einheit beginnen, die diesen Unterschieden zugrunde liegt: Für Israel und für die christliche Kirche gibt es keinen Zweifel, daß der Gott des Exodus „der Gott Abrahams, Isaaks und Jakobs" *ist* (Ex 3,6). Die Unterschiede zwischen Genesis und Exodus werden dann als gegenseitige Ergänzung gesehen. Vgl. Walter Zimmerli, „Erwägungen zur Gestalt einer alttestamentlichen Theologie", in *Studien zur alttestamentlichen Theologie und Prophetie* (München: Chr. Kaiser, 1974), S. 27. 29 f. Dies schließt natürlich nicht die Möglichkeit aus, daß man in der Endfassung dieser Bücher den rückwirkenden Einfluß des Exodus auf die Vätergeschichten sehen kann.

2 Den Rest des Abschnitts verdanke ich dem Artikel von J. Wijngaards, „hwsy' and h'lh: a twofold approach to the Exodus", *Vetus Testamentum* 15 (1965), S. 91-102.

3 Einer der bekanntesten Versuche dieser Art war der Sigmund Freuds. In seinem *Der Mann Moses und die menschliche Religion* (1931[1], Fischer TB 1981[3]) sah Freud sich zu der Annahme genötigt, es hätten zwei Mose existiert, nämlich ein ägyptischer und ein midianitischer, jeder mit seinem eigenen Gott. Auf der einen Seite steht der Sonnengott Aton und auf der anderen Seite der Vulkan-Gott Jahwe, „ein unheimlicher, blutgieriger Dämon, der bei Nacht umgeht und das Tageslicht scheut" (zitiert nach: Studienausgabe, Band IX, S. 484). Vielleicht sollten wir uns fragen, ob für diejenigen, die versuchen, die Geheimnisse Gottes ausschließlich mit dem menschlichen Verstand – losgelöst von jeglichem Glauben – zu untersuchen, nicht immer solch ein extremer Dualismus einleuchtender erscheinen wird als ein Gott, der auf irgendeine geheimnisvolle Weise die ganze Komplexität der Wirklichkeit in sich selbst versöhnt.

4 Die Methodologie, die darin besteht, Elemente der Bibel auf der Grundlage irgendeines außerbiblischen Maßstabs zu akzeptieren oder abzulehnen, ist eine ständig wiederkehrende Versuchung für uns alle, ob wir nun Glaubende sind oder nicht. Das führt unvermeidlich zu der verborgenen Annahme eines „Kanons im Kanon" der Schrift. Natürlich muß jede Interpretation der Bibel irgendwo beginnen und wird zweifellos einige Elemente zuungunsten anderer betonen. Es gibt jedoch eine feine, aber reale Linie zwischen dieser menschlich erklärbaren Unvollständigkeit und dem Ablehnen einiger Teile der Schrift als nicht authentisch, denen wir zufällig nicht zustimmen. Darüber hinaus wird sich der Christ daran erinnern, daß der einzig wirklich authentische Ausleger der Schrift Jesus Christus ist, Gottes fleischgewordenes Wort, lebendig durch seinen Geist in der Gemeinschaft der Glaubenden anwesend (vgl. Lk 24; Joh 1,18).

5 Es ist interessant zu sehen, wie die verschiedenen Stufen der biblischen Überlieferung die Figur des Mose verstanden haben. Siehe Gerhard von Rad, *Theologie des Alten Testaments: Bd. 1. Die Theologie der geschichtlichen Überlieferung Israels*, 1957, S. 288-294. Das Buch Deuteronomium, in dem Mose als „leidender Mittler" erscheint, ist in dieser Hinsicht besonders bedeutsam. Siehe auch Johannes Schildenberger, „Moses als Idealgestalt eines armen Jahwes", in *Mémorial A. Gelin* (Lyon, 1961), S. 71-84.

6 Nahum N. Glatzer (Hrsg.), *The Passover Haggadah* (New York: Schocken Books, 1953, 1969), S. 49. Mehr Information über das Passahfest in „Passover", *Dictionary of Biblical Theology*, ed. Xavier Léon-Dufour (New York: Seabury, 1973), S. 406-409. In bezug auf die biblische Vorstellung der Gedächtnisfeier siehe Max Thurian, *L'Eucharistie. Mémorial du Seigneur. Sacrifice d'action de grâce et d'intercession* (Neuchâtel: Delachaux et Niestlé, 1963).

7 In diesem – und nur in diesem Sinne – können wir mit Guillet, *Thèmes bibliques*, S. 17, Anm. 45 (dt. Ausgabe s. 1. Kapitel Anm. 18), sagen: „Die Versuchung ist ein Vorrecht des auserwählten Volkes." Es ist eine Tatsache, daß andere Völker in der Bibel niemals Prüfungen unterzogen werden, die für diejenigen reserviert sind, die auf Gottes Wegen gehen. Noch einmal – es sollte klar sein, daß nichts von dem, was hier gesagt wird, als Rechtfertigung des Leidens an sich verstanden werden soll.

8 Dieses Verb ,murren' wird oft in den Berichten über Prüfungen in der Wüste gebraucht, und immer mit der gleichen Absicht (Ex 15,24; 16,2 etc.; vgl. Joh 6,41). Außerhalb dieses Zusammenhangs taucht das Wort nur zweimal in der ganzen Bibel auf. Zur Diskussion über die Tradition des Murrens siehe Brevard S. Childs, *The Book of Exodus: A Critical, Theological Commentary* (Philadelphia: Westminster, 1974), besonders S. 254-264.

9 Das kann nur ein fruchtloser Versuch sein. Indem wir uns selbst als die Quelle unseres eigenen Seins betrachten, rebellieren wir gegen eine Ordnung der Dinge, die

in das Universum und in unser eigenes Selbst eingraviert ist. Das erklärt die notwendige Dimension der Heuchelei und der Ausreden, oder, in biblischer Sprache, der Dunkelheit und Lügen, die jede Verweigerung begleiten. Dieser Versuch, unsere wahre Identität zu leugnen, indem wir absolute Kontrolle über uns selbst haben wollen, schafft eine Kluft zwischen dem, was wir sind, und dem, was wir zu sein beanspruchen. Dadurch, daß wir vergeblich versuchen, diese Lücke mit unseren eigenen Erfindungen zu stopfen, wird alles nur schlimmer. Ohne die befreiende Gegenwart Gottes, die uns immerzu angeboten wird, würden wir in eine Art Teufelskreis der „Sünde, die zum Tod führt" geraten. Das rechtfertigt den Namen „Erbsünde", mit dem diese Kluft herkömmlicherweise bezeichnet wird.

10 Der Gott, der im Goldenen Kalb verkörpert wird, ist für das Volk der Herr, der es aus Ägypten geführt hat (Ex 32,4). In Wirklichkeit ist es der äußerste Gegensatz zu der göttlichen Identität, die genau in der Tatsache besteht, daß Gott – und Gott allein – sich seines eigenen Wesens vollkommen entäußert, um es mit anderen zu teilen: „Ich bin, der ich bin" (Ex 3,14 [nach Schlachter]; siehe *Jerusalem Bible*, künftig zitiert als JB, Anm. h, S. 81). Noch nicht zufrieden in dem Bemühen, die völlige Kontrolle über sein eigenes Dasein zu gewinnen und seine eigene Quelle zu sein, versucht das Volk auch noch, Gott zu besitzen. Die Weigerung, durch die Prüfung zu gehen, führt so zum Götzendienst – nicht in dem Sinn der Anbetung eines anderen Gottes, sondern als Versuch, nach unserem eigenen Bild einen Gott zu schaffen; das bedeutet in Wirklichkeit, uns selbst an Gottes Stelle zu setzen. Eine echte Beziehung zu Gott kann andererseits nur auf dem Willen beruhen, „Gott Gott sein zu lassen", was ein grundlegendes Thema des Dekalogs darstellt (vgl. Ex 20,1-7).

11 Die Bibel hilft uns nicht viel bei der Beantwortung der mehr hypothetischen Frage: Warum leben wir eigentlich in einem Universum, in dem der Weg zum Glück unvermeidlich Prüfungen mit sich bringt? Das kommt daher, daß die Schrift uns vor allem helfen möchte, noch vollständiger in *dieser* Welt, der einzigen, die wir kennen, zu leben. Was die Realität des Bösen in dieser Welt betrifft, so bekräftigen die biblischen Autoren zum einen, daß es nicht von Gott kommt, und zum anderen, daß Gott es auf geheimnisvolle Weise in seine Heilspläne für alle einschließt.

12 Zur biblischen Bedeutung der Prüfung siehe auch *Traduction Oecuménique de la Bible, Nouveau Testament* (édition intégrale), Anm. d zu Mt 6,13, S. 59. Wenn wir im Vaterunser beten: „Führe uns nicht in Versuchung" oder besser: „Laß uns nicht in die Prüfung hineingehen" (und der bösen Macht zum Opfer fallen oder den Versucher stillschweigend dulden – Mt 6,13; vgl. 26,41), dann bitten wir damit nicht, von allen Prüfungssituationen verschont zu werden, was einem vollkommenen Stillstand gleichkommen würde. Wir bitten Gott vertrauensvoll, uns in solch einem kritischen Moment nicht der Macht des Bösen zu überlassen, sondern uns durch seine befreiende Gegenwart zu stützen, wie er es vor in der Vergangenheit immer getan hat (vgl. 1.Kor 10,13).

13 Guillet, S. 1.

14 Siehe Artikel „Shekhinah", *Encyclopaedia Judaica* (Jerusalem, 1971), Band XIV, Spalten 1349-1354. Die *Shekhinah* ist verwandt mit dem, was die priesterlichen Schreiber in der Bibel „die Herrlichkeit des Herrn" nennen (Ex 24,16; 40,34 etc.). Der Prophet Ezechiel sah sie den Tempel von Jerusalem verlassen, um sich den Israeliten im Exil anzuschließen (Ez 1; 10,18-22; 11,22-25).

15 Siehe Roland de Vaux; „Arche d'alliance et Tente de Réunion", in *Mémorial Albert Gelin*, S. 55-70; idem, *Histoire ancienne d'Israel*, Band I, S. 435-437.

16 Gerhard von Rad isolierte zwei Tendenzen in der biblischen Theologie der göttlichen Gegenwart voneinander. Er unterschied zwischen einer (vorübergehenden) Theologie der Erscheinung, die sich um das Offenbarungszelt drehte, und einer (konstanten) Theologie der Gegenwart, die sich um den ‚Thron' der Bundeslade drehte. Siehe seinen Artikel „Zelt und Lade" (1931) in *Gesammelte Studien zum Alten Testament* (München: Chr. Kaiser, 1958), S. 109-129. Diese Ideen brachte er später in seiner Theologie des Alten Testaments Bd. I, S. 233-240 zum Ausdruck. Walter Eichrodt korrigiert in seiner *Theology of the Old Testament*, Bd. I (Philadelphia: Westminster, 1961), S. 107-112, deutsch: *Theologie des Alten Testaments*, Bd. I, 8. durchgesehene Auflage (Stuttgart, Göttingen: Klotz, Vandenhoek & Ruprecht 1968) das, was er als falsche Dichotomie sieht, und betont die Komplementarität zwischen den beiden Tendenzen. Schließlich bleibt Gottes Gegenwart auf seinem Thron der Bundeslade unsichtbar. Childs gibt S. 529-537 einen Bericht über die verschiedenen Stadien dieser Diskussion, die durch die Geschichte der Theologie hindurch unter der Rubrik der Immanenz und Transzendenz Gottes weitergehen wird.

17 Genaugenommen gibt es keinen Konsens, was die Auslegung dieses schwierigen Verses (Ex 19,6) anbelangt. Einige Exegeten betrachten die Existenz einer universalen Auffassung in Israel in solch früher Zeit als unwahrscheinlich und erachten den Abschnitt entweder als spätere Hinzufügung oder interpretieren ihn anders. Aber selbst wenn der Ausdruck „Königreich von *Priestern*" anfangs im wesentlichen als Parallele zum *„heiligen* Volk" gesehen wurde, so enthält er nichtsdestoweniger einen latenten Universalismus, den man nicht ignorieren sollte.

18 In der jüdischen Tradition deckt das Wort „Thora" eine Reihe von konzentrischen Kreisen ab: die Teile des Pentateuch, die das Gesetz betreffen, den ganzen Pentateuch, alle inspirierten Schriften und schließlich alle Schriften einschließlich der Kommentare (die „mündliche Thora"), die wie eine ‚Hecke' um sie herumwuchsen. Darüber hinaus ist die Grundbedeutung dieses Wortes nicht „Gesetz", sondern „Lehre".

19 Siehe F. Noetscher, *Gottes und Menschenwege in der Bibel und in Qumran* (Bonn, 1958), bes. S. 28-30; Stanislas Lyonnet, „„La Voie' dans les Actes des Apôtres", *Recherches de Science Religieuse* 69 (1981-1), S. 149-164.

20 In bezug auf diese Abschnitte habe ich das lehrreiche Buch von Jacques Goldstain, *Les valeurs de la Loi* (siehe Kap. I, Anm. 12) herangezogen, das aufzeigt, wie Christen durch ihre Überreaktion gegen die Gesetzlichkeit versäumt haben, die Schätze des Glaubens und der Spiritualität zu entdecken, die das Alte Testament und die jüdische Auffassung vom Gesetz enthalten. Auf einem theoretischen Niveau ist auch das schwierige, aber wichtige Werk von Gérard Siegwalt zu empfehlen: *La Loi, chemin du Salut: Étude sur la signification de la loi de l'Ancien Testament* (Neuchâtel: Delachaux et Niestlé, 1971).

ZUM 3. KAPITEL: WIDERSTAND ODER KOMPROMISS

1 Es ist wahr, daß diese Form der Pilgerreise strenggenommen etwas anderes ist als das Wanderleben der Patriarchen oder der Exodus, weil sie eine zentripetale Bewegung zu einem Heiligtum einschließt und nicht ein Vorwärtsgehen ins Unbekannte auf den Spuren des Pilger-Gottes. Darin ist sie Erscheinungen, die man in vielen anderen Religionen beobachten kann, näher verwandt. Aber die Ursprünglichkeit biblischer Offenbarung besteht nicht darin, daß sie in allen Einzelheiten festgelegt vom Himmel herunterkommt, sondern vielmehr darin, daß sie menschliche Formen umgestaltet, läutert und bearbeitet, indem sie sie mit neuem Inhalt füllt. Könnte diese Umfor-

mung im Fall der Pilgerreise nicht in die Richtung gehen, daß der *Straße,* im Unterschied zum *Ort,* größere Bedeutung eingeräumt wird – also der behelfsmäßigen *Nachahmung* des Wanderlebens der Vorfahren auf der Straße zur Verheißung? Vgl. den Artikel von François Bourdeau, „Le pèlerinage chrétien entre l'espace et le temps", in *Permanence et renouveau du pèlerinage* (Lyon: Ed. du Chalet, 1976), S. 153-167; der Autor sieht in der christlichen Pilgerreise eine ähnliche Akzentverschiebung vom *Ort* zur *Zeit.* Ein eng verwandter Ausblick ist bei Goldstain, *Les valeurs de la Loi,* Kap. VIII, bes. S. 140f., zu finden. Die meisten Forscher, die über die jüdisch-christliche Pilgerreise nachdenken, tun dies jedoch nur auf der Grundlage der allgemeinen Kategorien der vergleichenden Religionswissenschaft – ein ziemlich schwerwiegender methodologischer Fehler. Vgl. auch unten, S. 145; 180ff.

2 Wir dürfen nicht annehmen, daß alle (oder auch nur eine Mehrheit) der Vorfahren des späteren Volkes Israel Teil der Exodus-Gruppe waren, die zweifellos in ihrer Größe sehr begrenzt war. Die Erfahrung dieser kleinen Gruppe wurde jedoch für das ganze Volk normativ – eine ziemlich vertraute Erscheinung in der Geschichte von Nationen. Vgl. Gottwald, *The Tribes of Yahweh,* S. 206f., 496.

3 Von Rad, *Theologie des Alten Testaments,* Bd I, S. 70.

4 Diese Periode in der Geschichte Israels gehört zu den Zeiträumen, über die wir am wenigsten wissen. Nach M. Noth, *Das System der zwölf Stämme Israels* (1930), war es früher üblich, von einem Bund oder einem Zusammenschluß von zwölf Stämmen zu sprechen, gewöhnlich als *Amphiktyonie* bezeichnet. In letzter Zeit ist diese Hypothese, zumindest in ihrer detailliertesten Form, aus mehreren verschiedenen Richtungen in Zweifel gezogen worden. Siehe unter anderem De Vaux, *Histoire ancienne d'Israel,* Band II, (Paris: Gabalda 1973), vor allem S. 19-36. Soweit wir sie rekonstruieren können, scheint die sozio-politische Struktur Israels in diesen Jahrhunderten viel fließender zu sein, als man früher allgemein annahm. Norman Gottwalds jüngster Versuch, die Geburt Israels durch den Aufstand kanaanäischer „anti-dirigistischer Elemente" zu erklären, die sich einer Kerngruppe von ‚Jahwisten' anschlossen, die als Katalysator wirkten, hat in der Forschung Interesse, ja sogar Zustimmung erfahren.

5 Gottwald, S. 563 und Anmerkung 499.

6 Hinsichtlich dieser Auffassung von Krieg in den Jahren nach dem Exodus, siehe den Artikel von Albert de Pury, „La guerre sainte israélite", *Etudes théologiques et religieuses,* 56 (1981-1), S. 5-38 (Bibliographie S. 39-45). Der Begriff des „Heiligen Kriegs" wurde hervorragend von Gerhard von Rad entfaltet, in *Der Heilige Krieg im alten Israel* (1951). Von Rad sprach von einer „Theorie" oder „Ideologie" des heiligen Kriegs, die schon zur Zeit der Richter wirksam war. Heutzutage nehmen die meisten Forscher eine nuanciertere Position ein und sehen diese „Ideologie" in weiten Teilen als eine spätere Systematisierung an, die zeitlich zurückprojiziert wurde. Die Grundlage für diese Entwicklung ist anscheinend die Erfahrung, daß Gott sein Volk in einer Kampfsituation befreit, genauso wie er es während des Exodus tat (vgl. Ri 5).

7 Frühere Generationen von Exegeten, die Wellhausen folgten, betrachteten die monarchistische Version als die einzige wirklich historische. Sie sahen in der anderen Version eine spätere Neuinterpretation, die nach dem Fall der Monarchie der Deuteronomisten-Schule zugeschrieben wurde. Diese Ansicht ist weitgehend aufgegeben worden. Heute ist es allgemein anerkannt, daß die antimonarchistischen Traditionen genauso tief in Israel verwurzelt sind wie die promonarchistischen. Zur Geschichte der Exegese dieses Punktes siehe F. Langlamet, „Les récits de l'institution de la royauté (1.Sam VII-XII)", *Revue Biblique* 77 (1970), S. 161-200. Frank Crüsemann

lokalisiert in seiner jüngsten Studie *Der Widerstand gegen das Königtum: Die antiköniglichen Texte des Alten Testaments und der Kampf um den frühen israelitischen Staat* (Neukirchener Verlag, 1978), in der er sowohl die Literaturkritik als auch soziologische Mittel benutzt, den ursprünglichen Hintergrund der antimonarchistischen Texte der Zeitspanne zwischen Davids Machtkonsolidierung und der Teilung des Königreichs beim Tode Salomos. Da die Bedrohung der Philister verschwunden war, konnte man in jener Zeit antiautoritären Strömungen freien Lauf lassen, besonders auf Seiten der Grundbesitzer, die die Steuern und Fronforderungen des Königtums ablehnten. Die Aufstände gegen David (2.Sam 13-20) und gegen Salomos Sohn Rehabeam (1.Kön 12), die die Teilung des Reichs zur Folge hatten, sind weitere Zeichen dieser Geisteshaltung, die durch die Privilegien Davids an die Südstämme und später durch die Abspaltung des Nordens besänftigt wurde.

8 Allerdings nicht ohne Reue, wie die Aufstände von Absalom und Scheba zeigen, die besonders im Norden eine verborgene Feindseligkeit gegen den Thron ausnützten. Schebas Ruf: „In deine Zelte, Israel!" (2.Sam 20,1) wird später dazu benutzt, um nach dem Tod Salomos die Abspaltung der Nordstämme zu motivieren (1.Kön 12,16). Diese Worte sind kein Kriegsgeschrei, sondern ein Ruf, nach Hause zu gehen, eine Weigerung, sich einer Autorität unterzuordnen, die als unrechtmäßig betrachtet wird. Vgl. Crüsemann, S. 106ff., 111ff.

9 Siehe den Artikel von Werner H. Schmidt, „Kritik am Königtum", in *Probleme biblischer Theologie* (Festschrift Gerhard von Rad), (München: Chr. Kaiser Verlag, 1971), S. 440-461.

10 Zum Rest dieses Abschnitts siehe Von Rad, *Theologie*, Bd. 1 S. 71 ff.

11 Sollten wir hier nicht auch die Divergenz zwischen der jüdisch-christlichen Tradition und dem Islam ansiedeln – natürlich nicht aus einem historischen Blickwinkel heraus, sondern unter dem Gesichtspunkt ihrer grundsätzlichen Bedeutung? Der Islam zeigt alle Merkmale einer Wüstenreligion, die jeden Kompromiß, jede Versuchung zum Seßhaftwerden abgelehnt hat. In dieser Hinsicht ist es bedeutsam, daß der Islam seine Abstammung von Ismael geltend macht, dem Sohn Abrahams, der in der Wüste lebte. Auch kennt er eine tiefe Verehrung für Abraham, den Zerstörer der Götzenbilder, den man als den Ideal-Typus des Mannes sieht, der sich Gott unterordnet (der *Moslem*). Siehe Kapitel I, Anmerkung 7.

12 Eines der Ziele des Schriftstücks, das manchmal „die Geschichte von Davids Thronfolge" genannt wird (2.Sam 10-20 und 1.Kön 1-2), mag es gewesen sein, Salomo zu drängen, dem Beispiel seines Vaters zu folgen, das in diesen Kapiteln geschildert wird. Siehe Crüsemann, S. 180-193.

13 *Traduction Oecuménique de la Bible,* édition intégrale (Paris: Cerf; les Bergers et les Mages, 1972, 1976), künftig zitiert als TOB, Anmerkung x zu Amos 5,25, S. 1143.

14 Spätere Generationen müssen das genauso empfunden haben, da die endgültige Fassung des Buches in einer optimistischen Stimmung schließt, durch das Hinzufügen eines Epilogs, der wahrscheinlich nicht von Amos selbst stammt.

15 Siehe die prächtigen Zeilen über diesen Aspekt bei Hosea von Joseph Kardinal Ratzinger, *Die Tochter Zion.* Betrachtungen zum Marienglauben der Kirche (Einsiedeln, Johannesverlag Einsiedeln 1978), S. 21.

16 Zum Unterschied zwischen der Monarchie im Norden und im Süden siehe den Artikel von Ludwig Schmidt, „König und Charisma im Alten Testament", *Kerygma und Dogma* 28(1982), S. 73-87.

17 Crüsemann, S. 85-94, betont richtig, daß – im Gegensatz zu den anderen antimonarchistischen Äußerungen, die bis zu den Ursprüngen des Königtums in Israel zurückgehen – Hoseas Kritik sich nicht gegen eine Regierungsform als solche richtet, sondern gegen das Königtum als besonders offenkundiges Symbol des Abfalls der
Nation. Hier wird der Fall des Königs nicht als die Erlösung des Volkes betrachtet –
hier ist er Teil der Katastrophe.

ZUM 4. KAPITEL: JESAJA, DER PROPHET DER STADT

1 Vgl. 1.Kön 12,28-30. Jerobeams Entscheidungen waren nicht von einer Ablehnung
des Pilger-Gottes motiviert. Sie waren ein Versuch, die Bevölkerung des Nordens aus
politischen Gründen von der Anbetung in Jerusalem, dem Sitz der Bundeslade, abzu-
bringen. So verstärkte Jerobeam die Verehrung des Exodus-Gottes in anderen Heiligtümern des Nordens. In der Redaktion der Deuteronomisten-Schule wurde das später
als Akt der Untreue gegen Gott interpretiert. Siehe Anmerkungen zur Stelle, Jerusalemer Bibel (JB) und Traduction Oecuménique de la Bible (TOB).

2 Vgl. Hans-Joachim Kraus, *Theologie der Psalmen* (Neukirchener Verlag, 1979), S. 94-
103, 134-150; Josef Schreiner, *Sion-Jerusalem, Jahwes Königssitz: Theologie der Heiligen
Stadt im Alten Testament* (München: Kösel Verlag, 1963), S. 112-122, 219-232.

3 Vgl. aber Jes 10,26, wo die Niederlage der Assyrer mit Gottes Sieg über die Ägypter
am Schilfmeer durch die erhobene Hand des Mose verglichen wird (Ex 14,16; vgl.
15,6). Die Geste der ausgestreckten Hand Gottes kommt in Jesajas Prophetie häufig
vor; sie ist gegen die Völker gerichtet (Jes 31,3; 14,27), aber vor allem gegen sein
eigenes Volk (Jes 5,25; 9,11.16.20; 10,4) ein Beispiel, wie die großen Propheten mit
vergangenen Traditionen umgehen. Zu anderen Anklängen an Exodus-Motive vgl.
auch Jes 31,1 (Pferde, Wagen und Reiter), 30,29 (Passah?), 29,6; 30,30; 31,4.9
(Sinai?). In jedem Fall ist Jesaja mit den alten Theophanien vertraut, in denen Gott
für sein Volk kämpft. Ausdrückliche Hinweise auf den Exodus wie z. B. Jes 4,5 f. und
11,10-16 scheinen aus einer Zeit nach dem Propheten zu stammen.

4 Jesaja selbst ist sich über die Bedeutung dieses Gedankens im klaren. Er verwendet
die Begriffe „Zeichen" *('oth)* und „Mahnmal" oder „Wahrzeichen" *(mopheth)* mehrmals in seiner Prophetie (Jes 8,18; 20,3 Vorzeichen und Wahrzeichen; 7,11.14: Zeichen, das hinterher eine Behauptung als wahr erweist; 37, 30; 38,7.22 Vorzeichen;
19,20 Merkzeichen), während diese Ausdrücke Amos und Hosea unbekannt sind und
in den anderen prophetischen Büchern, mit Ausnahme von Hesekiel, praktisch nicht
vorkommen.

5 Siehe TOB, Anm. v zu Jes 6,13 S. 757. Vgl. auch Henri Cazelles, *Le Messie de la Bible:
Christologie de l'Ancien Testament* (Paris: Desclée, 1978), S. 74, 95 f.

6 Siehe TOB, Anm. d *a.a.O.*, S. 809.

7 außer natürlich insoweit, als die Monarchie und der Jerusalemer Kult sich schon
außerisraelitische Themen und Traditionen einverleibt hatten.

8 Bezüglich dieser „Passivität" des Messias im Hinblick auf Gott siehe den wichtigen
Artikel von Werner H. Schmidt, „Die Ohnmacht des Messias", *Kerygma und Dogma 15*
(1969), S. 18-34.

9 Wenn die Gestalt des Messias ideale Züge trägt, dann deshalb, weil wir es mit einer
göttlichen Verheißung zu tun haben, mit einem Wort von Gott. aber die Erfüllung
dieser Verheißung/dieses Wortes ist nicht einer unendlich fernen Zukunft vorbehal-

ten. Sie ist in der Geschichte der Menschheit *bereits am Wirken,* ja sie ist sogar – in der tiefsten Schicht – die Antriebskraft dieser Geschichte.

10 Ist es nur Zufall, daß Jesaja in den messianischen Prophetien niemals das Wort ‚König' gebraucht (vgl. 6,5)?

11 Vgl. von Rad, *Theologie des Alten Testaments,* Bd. I, S. 38 f.: „Läßt sich nicht auch die These vertreten, daß sich der Jahweglaube zu Zeiten in jenen übernommenen Formen echter und lebendiger aussprechen konnte als in manchen altüberkommenen? Überblickt man den Prozeß der Übernahme im ganzen, so hat man den Eindruck, daß der Jahweglaube – so paradox es klingen mag – in den mancherlei neuen Formen mehr als bisher zu sich selbst gekommen ist und sich noch freier und selbstbewußter auf den Plan stellen konnte."

12 Kraus spricht auf S. 97 von einem *„Mittelpunktsbewußtsein",* das die Theologie des Zion kennzeichnete und das durch die alten Traditionen von der Erwählung Israels (Traditionen der Patriarchen und des Exodus) bestärkt und gefestigt wurde.

ZUM 5. KAPITEL: JEREMIA UND DAS INNERE EXIL

1 Siehe Anmerkungen zu Kapitel 30, JB und TOB.

2 Es scheint daher, daß Jeremia ein gewisses Vertrauen auf die Verheißung an David aufrechterhält. Wurde diese Weissagung (Jer 23,5 f.) durch die Hoffnung motiviert, die angefacht wurde, als König Zedekia (sein Name bedeutet Der-Herr-Unsere-Gerechtigkeit) gekrönt wurde? Oder ist es ein Wortspiel, das diesen König mit dem kommenden idealen König vergleicht? Auf jeden Fall tritt die Figur des Königs in den Hintergrund, wenn die gleiche Weissagung später in anderem Zusammenhang auftaucht (Jer 33,14-16); dann bekommt die Stadt den Titel. Zur Diskussion über diese Weissagungen siehe Cazelles, *Le Messie de la Bible,* S. 117-120. Die Beschreibung der wiederhergestellten Monarchie eines zukünftigen Israel in Jer 33,17-26 wird jedoch allgemein in eine spätere Zeit nach Jeremia datiert. Jedenfalls sind die Königsverheißungen weit davon entfernt, den Schwerpunkt seiner Prophetie zu bilden.

3 Zu den Bildern des Wanderns bei Jeremia siehe André Gros, *Le thème de la route dans la Bible* (Bruxelles: 1957), S. 82 f. Vgl. auch Jer 8,6; 23,10.12; 31,21 f.; 16,12 (25,5; 26,3; 18,11).

4 Die jüdische Tradition hat diese Vorstellung von Gott als einem Fremdling in der Welt immer aufrechterhalten, indem sie zum Beispiel Psalm 119,19 so interpretierte. Siehe Abraham Joshua Heschel, *God in Search of Man: A philosophy of Judaism* (New York: Farrar, Straus & Cudahy, 1955), S. 156.

5 Vgl. den Ausdruck „verstocktes Herz", der für das Buch Jeremia so typisch ist (Jer 3,17; 7,24; 9,13; 11,8; 13,10; 16,12; 18,12; 23,17). Eine Anzahl dieser Verse können von den Redaktoren des Buches stammen, aber der Ausdruck steht ganz in Einklang mit der Schau des Propheten selbst. Siehe Artikel „leb" (F. Stolz) in E. Jenni und C. Westermann (Hrsg.), *Theologisches Handwörterbuch zum Alten Testament* (München: Chr. Kaiser Verlag, 1971), Bd. I, Spalte 865. Genauso oft spricht Jeremia von Gottes Herzen (Jer 3,15; 7,31; 44,21 etc.): *ebenda,* Sp. 866.

6 JB, Anm. q zu Jer 31,31-34, S. 1305.

7 Siehe François Stoop, „L'amour d'un prophète pour son peuple", *Communion,* 1970-3, S. 10-22.

8 Siehe TOB, Anm. a zu Jer 14,17, S. 926. Vgl. auch Artur Weiser, *Das Buch Jeremia: Kapitel 1-25,14* (Göttingen: Vandenhoeck & Ruprecht, 6. Aufl. 1969), S. 76 zu Jer 8,23.

9 Verwendet der Prophet das Bild von den Geburtswehen deshalb so gern? Vgl. Jer 4,31; 6,24; 13,21; 22,23; 30,6; 50,43. Es sollte jedoch aufgezeigt werden, daß Jeremia, mit der möglichen Ausnahme von 30,6, nicht auf die Hoffnung zu achten scheint, die diese Form des Lebens mit sich bringt. Er sieht in ihr wohl das Beispiel für einen besonders akuten Schmerz. Erst spätere Generationen werden ihre positiven Anklänge auswerten.

10 Selbst angesichts möglicher späterer Hinzufügungen und Überarbeitungen und angesichts der Tatsache, daß einige Prophetien vielleicht ursprünglich an die Bewohner des Nordens gerichtet waren, sind die Kapitel 30 und 31 und die überlieferten Weissagungen zu übereinstimmend und klar, als daß man sich vorstellen könnte, Jeremia hätte diesen Aspekt des traditionellen Glaubens seines Volkes verworfen.

11 Dietrich Bonhoeffer, *Widerstand und Ergebung*, Neuausgabe (München: Chr. Kaiser, 1970), S. 395.

ZUM 6. KAPITEL: AN DEN WASSERN VON BABYLON

1 In dieser Hinsicht ist es verlockend, der TOB zu folgen und das Buch HIOB in der gleichen Zeit anzusiedeln, es also als das Werk eines anonymen Dichters im Land der Gefangenschaft zu betrachten, eines Weisen, der sich mit dem Problem des Bösen auseinandersetzt. In der Wahl dieses Datums stimmen jedoch bei weitem nicht alle überein. Viele Theologen datieren die poetischen Teile des Buches später, und tatsächlich könnten auch die harten Bedingungen nach dem Exil Gedanken dieser Art angeregt haben (siehe Kap. 7). Es gibt sehr wenig Angaben, auf die man eine Entscheidung stützen könnte. Zu Argumenten für einen exilischen Ursprung siehe Samuel Terrien, „Introduction and Exegesis of the Book of Job", *The Interpreter's Bible*, Bd. III (New York & Nashville: Abington Press, 1954), S. 884-892.

2 Der Ausdruck kommt in den Werken der klassischen Propheten von Amos bis Jeremia praktisch nicht vor, vielleicht um ihre Distanz zu den prophetischen Gruppen zu kennzeichnen oder zu denen, die sie als „falsche Propheten" betrachteten. Siehe Artikel „ruah" (R. Albertz/C. Westermann) in E. Jenni und C. Westermann (Hrsg.), *Theologisches Handwörterbuch zum Alten Testament*, Bd. II, Sp. 743-749.

3 Hinsichtlich der Berufung Ezechiels siehe Walther Zimmerli, *Ezechiel 1-24* (Neukirchener Verlag, 1969), S. 1-85.

4 Genauer betrachtet, weist diese „neue Synthese" tatsächlich auf Vorläufer hin. Wenn die moderne Rekonstruktion des frühesten Berichts von den Anfängen des Gottesvolkes zutrifft, dann sah schon der ‚jahwistische' Autor zur Zeit Salomos eine Verbindung zwischen den Patriarchen und dem Exodus auf der einen Seite und der davidischen Monarchie auf der anderen Seite. Vgl. Henri Cazelles (Hrsg.), *Introduction à la Bible. Tome II: Introduction critique à l'Ancien Testament* (Paris: Desclée, 1973), S. 179-206, besonders S. 199f. In Exodus 15 zum Beispiel wurde das Kernstück des Gedichts, das sich auf die wunderbare Befreiung aus Ägypten bezieht, durch Anspielungen auf den Tempel von Jerusalem vervollständigt (Ex 15,13.17). Freilich blieben hier noch viele Elemente ausgeschlossen, die später in die endgültige Fassung der Bibel eingingen. Außerdem ging das Thema des „neuen Exodus" über eine Verschmelzung alter Traditionen hinaus und wurde dynamisch für die Gegenwart gültig.

5 Roland de Vaux, „Jérusalem et les Prophètes", *Revue Biblique* 73 (1966-4), S. 507.

6 *Ebd.* Das Thema der Stadt als Mittelpunkt der Erde hat eine archetypische Qualität, es erscheint in verschiedenen Zivilisationen. Siehe Werner Mueller, *Die heilige Stadt: Roma quadrata, himmlisches Jerusalem und die Mythe vom Weltnabel* (Stuttgart: W. Kohlhammer Verlag, 1961).

7 Vgl. Gen 2,10; Ps 46,5; Jes 8,6-8. Siehe Kraus, *Theologie der Psalmen,* S. 97 f.; Walther Zimmerli, *Ezechiel 25-48* (Neukirchener Verlag, 1969), S. 1192 f.: „Die bewohnte Welt lebt vom Überfluß des Paradiesreichtums."

8 Siehe Gerhard von Rad, *Theologie des Alten Testaments.* Bd. 2 *Die Theologie der prophetischen Überlieferung Israels* (München, 1960), S. 305-309.

9 Beispiele in De Vaux, „Jérusalem et les Prophètes."

10 Zur Diskussion dieser Frage siehe Hans Wildberger, *Jesaja 1-12* (Neukirchener Verlag, 1972), S. 78-81, der die Weissagung Jesaja zuschreibt. Paul Auvray, *Isaïe 1-39* (Paris: Gabalda, 1972), S. 52-54, siedelt sie während der zweiten Hälfte des achten Jahrhunderts an.

11 Ein weiteres Argument gegen den vorherrschenden Einfluß babylonischer Mythologie an diesem Punkt ist die Tatsache, daß das Buch der KLAGELIEDER, das in Palästina geschrieben wurde, Züge der gleichen idealisierten Sicht Jerusalems aufweist (vgl. z. B. Klgl 2,15). Und ist nicht die Rolle, die Melchisedek, dem König von Salem (Gen 14,18-20; Ps 110,4), in der jüdischen Tradition zugeschrieben wird, ein Zeichen für den Wunsch, die Bedeutung der heiligen Stadt in vorisraelitischen Traditionen zu verwurzeln?

12 Cazelles (Hrsg.), *Introduction à la Bible,* II, S. 429.

13 Zu den literarischen Formen von Jes 40-55 siehe den grundlegenden Artikel von Claus Westermann, „Sprache und Struktur der Prophetie Deuterojesajas", in *Forschung am Alten Testament: Gesammelte Studien* (Chr. Kaiser Verlag München, 1964), S. 92-170, besonders S. 164-170. Nachdem man eine Zeitlang alles in winzige Stücke aufgeteilt hat, herrscht in der Exegese Deuterojesajas zur Zeit die Tendenz, das Werk als eine Reihe größerer Einheiten oder Predigten zu betrachten: siehe z. B. P.-E. Bonnard, *Le Second Isaïe, son disciple et leurs éditeurs* (Paris: Gabalda, 1972).

14 Vgl. Edmond Jacob in *Apocalypses et théologies de l'espérance* (Paris: Cerf, 1977), S. 52: „Der Prophet des Exils liebt die Sprache der Kontraste ... aber er tut das, um zu zeigen, daß das Neue am Ende mit dem Alten übereinstimmt, während es gleichzeitig darüber hinausgeht. So sind die Ereignisse, die geschehen werden, zugleich die Verwirklichung früherer Prophetien, die jetzt erfüllt worden sind."

15 Siehe Westermann, „Sprache und Struktur der Prophetie Deuterojesajas", S. 157-160, 168.

16 Siehe noch einmal W. H. Schmidt, „Die Ohnmacht des Messias" (Kap. IV, Anmerkung 8).

17 Für Deuterojesaja, wie auch für Jesaja als Prophet von Jerusalem, ist der König von Israel grundsätzlich der Herr selbst (Jes 41,21; 43,15; 44,6; vgl. 6,5). Es wäre wohl nicht sehr klug gewesen, in der Gefangenschaft die Hoffnung auf einen menschlichen König offen zu verkünden, der kommen soll, um das Volk zu retten. Aber vgl. die Auslegung von Jes 55,3 in Cazelles, *Le Messie de la Bible,* S. 144.

18 Zur Frage des Universalismus bei Deuterojesaja siehe P.-E. Dion, *Dieu universel et peuple élu* (Paris: Cerf, 1975), Kap. VI; auch seinen Artikel „L'universalisme religieux

dans les différentes couches rédactionnelles d'Isaïe 40-55", *Biblica* 51 (1970-2), S. 161-182.

19 Zu einer gründlicheren Diskussion siehe die Kommentare wie auch Christopher R. North, *The Suffering Servant in Deutero-Isaiah* (Oxford University Press, 1956); H. H. Rowley, „The Servant of the Lord in the Light of Three Decades of Criticism", in *The Servant of the Lord and other Essays on the Old Testament* (Oxford: Blackwell, 1965), S. 3-60. Die Literatur zu diesem Thema ist sehr umfangreich. Einen Überblick über die verschiedenen Interpretationen in der jüdischen und christlichen Tradition im Verlauf der Geschichte gibt Pierre Grelot, *Les Poèmes du Serviteur: De la lecture critique à l'herméneutique* (Paris: Cerf, 1981).

20 Das ist anscheinend die Bedeutung des Wortes *mishpat*, das üblicherweise mit „Gericht" oder „Gerechtigkeit" übersetzt wird. Aber ein Ausdruck wie „neue Weltordnung" kommt der Dynamik von Gottes *mishpat* am nächsten, wie auch ihrer Tauglichkeit, kodifiziert zu werden, *thora* zu werden. Zu Deuterojesajas ursprünglichem Verständnis von *mishpat* siehe W. A. M. Beuken, „Mishpat: The First Servant Song and its Context", *Vetus Testamentum* 22 (1972), S. 1-30.

21 Bild inspiriert durch Christopher R. North, *The Second Isaiah* (Oxford: The Clarendon Press, 1964), S. 27f.

22 Natürlich war die Monarchie nicht die Quelle aller nationalen Übel. Die Versuchung zu egozentrischer Selbstgefälligkeit und Gottesvergessenheit begann in der Geschichte Israels sehr früh. Wir sind auf Beispiele während des Exodus, ja sogar schon bei Abraham gestoßen. Aber in der Monarchie als einer der zentralen Institutionen des Lebens der Nation birgt diese Tendenz eine viel größere Gefahr als in den losen, familienkonzentrierten Strukturen des vorköniglichen Israel. Je mehr das Selbstbewußtsein der Menschen wächst, desto mehr Möglichkeiten haben sie, ihre Identität zu verlieren.

23 Die Bibel fordert jede Einzelperson und jedes Volk auf andere Weise heraus. Können Christen andere mit gutem Gewissen kritisieren, wenn sie erkennen, daß sie die Last einer Geschichte mittragen, die voll krasser Widersprüche ist? Das heutige Volk Israel hat prophetische Stimmen in seiner Mitte, auf die es vor allem zu hören gerufen ist.

24 Vgl. Jörg Jeremias, „Mishpat im ersten Gottesknechtlied", *Vetus Testamentum* 22 (1972), S. 31-42: „Die prophetische Tradition scheint die zugrundeliegende königliche Tradition zu interpretieren und gleichzeitig zu transponieren: Der königliche berufene Knecht handelt als Prophet, als ein ‚Prophet wie Moses'" (S. 40).

25 Zu diesen letzten beiden Abschnitten vgl. Cazelles, *Le Messie de la Bible*, Kap. VI.

26 Diese Annahme macht die Erklärung eines Details möglich, das in Jes 52-53 immer ein Problem gewesen ist, nämlich die Bedeutung von Jes 53,9: „Man gab ihm sein Grab bei Reichen" (LÜ). Steht dies nicht in bewußtem Gegensatz zu Jes 14,18-20 („Alle Könige der Völker ruhen in Ehren, jeder in seinem Grab; du aber wurdest hingeworfen ohne Begräbnis ...")? Das wäre dann eine Vorwegnahme der Erhöhung des Gottesknechts, die zwar die Logik des Gedichts durchbricht, aber als Resultat die patristische Interpretation, die es mit Mt 27,57-60 verbindet, exegetisch mehr rechtfertigt, als allgemein angenommen wird.

27 Diese Weissagung gegen die Völker ist kein Einzelfall. Siehe auch Ez 27-28 gegen Tyrus und seinen König, Ez 29-32 gegen Ägypten und den Pharao, Jer 50-51 zum Fall Babylons (möglicherweise zeitgenössisch mit Deuterojesaja). Aber nirgends sonst gibt es eine so klare – umgekehrte – Parallele mit Jes 52-53.

ZUM 7. KAPITEL: DEN GLIMMENDEN DOCHT WIEDER ANZÜNDEN

1 Wir sollten uns die Deportierten nicht in Gefängnissen dahinsiechend, geschweige denn in ‚Konzentrationslagern' vorstellen. Nach dem Brief des Jeremia war es ihnen erlaubt, Häuser zu bauen, Ackerbau zu treiben und in vieler Hinsicht ein normales Leben zu führen. Siehe John Bright, *A History of Israel* (Philadelphia: Westminster, 1972), S. 346.

2 Aus seinem Werk entstanden die biblischen Bücher CHRONIK-ESRA-NEHEMIA. Siehe Frank Michaeli, *Les livres des Chroniques, d'Esdras et de Néhémie* (Neuchâtel: Delachaux et Niestlé, 1967), Einführung, besonders S. 32-35.

3 Siehe Cazelles, *Le Messie de la Bible*, „Le Messianisme sacerdotal", S. 136-140.

4 Die gleiche Situation bestand auch zur Zeit Jesu, trotz der Verschiebungen in den Weltreichen und in den Priesterdynastien: vgl. Joh 11,47f.

5 Zu diesem Abschnitt siehe Claus Westermann, *Das Buch Jesaja. Kapitel 40-66* (Das Alte Testament Deutsch, 19) (Göttingen, Vandenhoeck & Ruprecht, 1970[2]), S. 301f.

6 Samuel Amsler, *Zacharie 1-8* (Neuchâtel: Delachaux et Niestlé, 1981), S. 107. Siehe auch Th. Chary, *Aggée-Zacharie. Malachie* (Paris: Gabalda, 1969), S. 109-117. Cazelles, *Le Messie de la Bible*, S. 160-162, sieht zwei verschiedene Kronen.

7 Bildet diese Vision mit Sach 6,9-15 ein Paar? Stammt sie aus einer späteren Periode im Wirken Sacharjas? Jedenfalls scheint sie in der Reihe fehl am Platz. Siehe Chary, S. 72f.

8 Amsler, S. 76; vgl. Chary, S. 71.

9 Zugegebenermaßen ist die Bedeutung dieses Abschnittes nicht sehr klar. Ist hier wirklich von Mischehen die Rede? Wir wissen, daß dies zur Zeit von Nehemia und Esra tatsächlich ein Problem war (vgl. Esra 9-10; Neh 13,23-30), besonders in den großen Priester-Familien (Esra 10,18-24; Neh 13,28f.). Gleichzeitig waren seit Hosea Bilder von Prostitution und Ehebruch offensichtlich Metaphern für Götzendienst, für die Untreue gegen den Gott Israels (Hos 2,4.7; Jer 5,7f.; etc.). Darüber hinaus besteht nach dem Exil ein großes Interesse am Thema der ehelichen Liebe, und die Texte ermutigen zu einer Interpretation auf mehreren Ebenen. Das ist im ersten Teil des Buches der Sprüche oder SPRICHWÖRTER (Kap. 1-9) der Fall, wo der „Ehebrecherin" sehr viel Raum gegeben wird (Spr 2,16-19; 5; 6,20-7,27) und auch ihrem Gegenstück, der „Frau deiner Jugend" (Spr 5,18f.). Wir müssen wohl nach einer Bedeutung suchen, die tiefer geht als ein ziemlich banaler Moralismus, besonders da die Weisheit in diesen Kapiteln im allgemeinen als Frau personifiziert wird (Spr 1,20-23; 3,13-20; 4,5-9; 7,4; 8,1-9,6), wie übrigens auch die Torheit (Spr 9,13-18; vgl. 7,27 und 9,18). So könnte „die Frau deiner Jugend" einen Juden an die Wege Gottes erinnern, im Gegensatz zu denen, die nur in Tod und Verderben führen. Zum biblischen Hintergrund von Sprüche 1-9 siehe Raymond Tournay, „Proverbs 1-9: A First Theological Synthesis of the Tradition of the Sages" in *The Dynamism of Biblical Tradition*, Concilium Bd. 20 (New York: Paulist Press, 1967), S. 51-61.
Auf ähnliche Weise stellt das HOHELIED in Form von Liebesliedern die Beziehung zwischen dem König Salomo und Schulammit her. Im Gefolge der Propheten kann man diese Lieder auch auf die Beziehung zwischen Gott und seinem Volk anwenden. Als gutes Beispiel dieser allegorischen Auslegung siehe den Kommentar von André Feuillet, *Le Cantique des Cantiques* (Paris: Cerf, 1953), zu unserem Thema besonders S. 71-76. Vgl. Hoheslied 3,6; 8,5.

10 Dann wäre es eine kommentierende Glosse, die erklären würde, warum der Satz so sperrig ist. Siehe Chary, S. 264-267.

11 Siehe Artikel „Samaritans", *Encyclopaedia Judaica* (Jerusalem, 1971), Bd. XIV, Spalte 725-758.

12 Zum Beispiel die ethische Unterweisung der Weisheitslehrer, die auch eine spekulative Seite an sich hatte. Diese kosmopolitische Strömung ließ eine beeindruckende literarische Produktion entstehen, bevor sie mit der Tendenz der Gesetzeslehrer verschmolz. Einen guten Überblick siehe bei Albert Gelin, *L'homme selon la Bible* (Paris: Ed. Ligel, 1962), „L'itinéraire des sages d'Israël", S. 117-130.

13 Im folgenden bin ich dem einfallsreichen und gehaltvollen Werk von Paul D. Hanson zu Dank verpflichtet: *The Dawn of Apocalyptic* (Philadelphia: Fortress Press, 1975), obwohl der Autor in seinem Enthusiasmus gelegentlich einer vereinfachten Einteilung in „Gute und Böse" verfällt, vor der er gleichzeitig warnt: siehe Anmerkung 44, S. 71 f. Ich folge ihm, indem ich mich auf diese zweite Tendenz als „vorapokalyptisch" beziehe, obwohl die Angelegenheit noch nicht ganz abgeschlossen ist. Siehe auch seinen Artikel „Jewish Apocalyptic against its Near Eastern Environment," *Revue Biblique* 78 (1971-1), S. 31-58.

14 Die Bibel wendet das Bild von den „Wächtern" noch bestimmter auf die *Propheten* an (Hab 2,1; Ez 3,17; Hos 9,8; hinsichtlich der falschen Propheten siehe Ez 33,6; 13,5). Aber im weiteren Sinn bezieht sich das Bild auf all die, deren Aufgabe es ist, die Zeichen der Zeit zu erforschen und Gottes Willen für sein Volk zu suchen. Vgl. schon bei Jeremia die gleichzeitige Kritik an den Propheten und Priestern (Jer 2,8.26; 4,9; etc.).

15 Es ist bedeutsam, daß die Gegner „Brüder" genannt werden, was die Heiden anscheinend ausschließen würden. Außerdem ist das Verb, das mit „verstoßen" übersetzt wird, ein seltenes Wort, das später für die Exkommunikation gebraucht wird. Siehe Bonnard, *Le Second Isaïe*, S. 486, Anmerkung 9.

16 Für Hanson, S. 168, 172 f., stammt Jes 66 aus der gleichen Zeit wie Jes 65, wie auch Haggai und Sacharja 1-8, ist also mit anderen Worten um das Jahr 520 v. Chr. anzusiedeln.

17 Auf die gleiche Weise wurden auch Jes 60-62 durch ein Gedicht verlängert (Jes 63,1-6), das mit Hilfe gewaltiger, stark mythischer Bilder eine lange Ausarbeitung über einen einzelnen Begriff aus jenen Kapiteln ist, nämlich über den „Tag der Vergeltung" (Jes 61,2; vgl. 63,4).

18 In Jesaja 40-66, S. 335-340 sieht Westermann das Problem und versucht es zu lösen, indem er zwischen einer zentrifugalen und einer zentripetalen Bewegung unterscheidet, einer „Bewegung zu den Heiden hinaus" und einer „Bewegung zum Zion und nach Jerusalem". Ich hätte viel größere Bedenken, hier die Trennungslinie zu ziehen, da alle Vertreter der jesajanischen Schule Jerusalem-Zion eine große Bedeutung beimessen. Kann man von einer „Versammlung" (vgl. Jes 66,18) sprechen, ohne einen Ort dafür zu haben, und welcher Platz könnte je angemessener sein als Zion (natürlich ein geläuterter und verwandelter Zion)?

19 Siehe Robert Martin-Achard, *Israël et les nations. La perspective missionaire de l'Ancien Testament* (Neuchâtel: Delachaux et Niestlé, 1959), S. 39-42 gefolgt von René Vuilleumier, *Malachie* (Neuchâtel: Delachaux et Niestlé, 1981), S. 229-231.

20 Dieser Vers kann kaum aus dem Munde Ezechiels stammen, so groß ist der Gegensatz zu seiner üblichen Redeweise (vgl. Ez 47,22 f.; 3,6). Er scheint zu einer Reihe zadokitischer Ergänzungen zum letzten Abschnitt des Buches Ezechiel zu gehören. Vgl. Zimmerli, *Ezechiel* 25-48, S. 1139 f.; Hanson, Kap. III, besonders S. 228-240.

21 Karl Marx, „Zur Kritik der Hegelschen Rechtsphilosophie", Einleitung (1843-44). Gleich danach findet sich der berühmte Ausspruch von der Religion als „Opium des Volkes".

22 Wenn unsere Hypothese über die Ursprünge der vorapokalyptischen Literatur zutrifft, dann ist dies eine echte Möglichkeit. Dann aber ist es interessant, daß der Name Jerusalem allein für die gereinigte Stadt gebraucht wird, obwohl der Ausdruck „dieser Berg" sogar noch gebräuchlicher ist (Jes 25,6.7.10; vgl. 56,7; 65,11; etc.). Nach Hans Wildberger, *Jesaja 13-27* (Biblischer Kommentar, Altes Testament, X/2 Neukirchener Verlag, 1978), S. 1016, scheint sich die „befestigte Stadt" (Jes 27,10) auf eine Stadt in Israel und nicht auf eine Weltmacht zu beziehen. Er nimmt an, daß Samaria die Stadt ist, was ihn dazu zwingt, „Jakob und Israel" (Jes 27,6.9) so auszulegen, daß es sich nur auf die Bevölkerung des früheren Nordreiches bezieht (*ebd.*, S. 1017) – eine sehr unwahrscheinliche Hypothese.

23 *Ebd.*, S. 892-905.

24 Th. Chary in Cazelles (Hrsg.), *Introduction à la Bible*, II, S. 461 f.

25 Es ist schwieriger zu entscheiden, ob die Hirten (Sach 11,3) sich auf die Führer Israels oder auf die fremder Nationen beziehen. Der Text ist eng mit Jer 25,30-38 verwandt, das die Weissagungen gegen die Völker enthält. Aber vgl. Ez 19, wo die jungen Löwen die Prinzen von Israel sind. Es ist denkbar, daß die Prophetie in Jer 25 eine spätere Ergänzung zu dem Buch ist, die zusammen mit Sach 11,3, auf Ez 19 beruhen kann. Es ist nicht unmöglich, daß eine der Weissagungen gegen die Völker im zweiten Teil Sacharjas gegen die Herrscher seines eigenen Volkes gerichtet ist oder daß beide Gruppen in einen Topf geworfen werden. Das erscheint überaus kompliziert, entspricht aber dem Stil dieser Kapitel, wo die Zweideutigkeit oft absichtlich ist.

26 Die letztere Anspielung ist die deutlichere von beiden. Das gleiche Wort (nach der griechischen Bibel und mit der Annahme einer kleinen Textkorrektur, die man auch als ein absichtliches Wortspiel lesen kann) wird Sach 11,7 und 11,11 für die „Schafhändler" gebraucht, die die Schafe zum Schlachten verkaufen. Und wenn wir uns klarmachen, daß das Wort, das mit „Händler" übersetzt wird, wörtlich „Kannaanäer" heißt, dann wird die Anspielung auf die „götzendienerische" Anbetung im Tempel deutlich. Vgl. André Lacocque, *Zacharie 9-14* (Neuchâtel: Delachaux et Niestlé, 1981), S. 176, 215; Cazelles, *Le Messie de la Bible*, S. 196; Hanson S. 392 f.

27 Diese gleichen Begriffe werden in Jes 45,21 auf Gott angewandt. Zum Rest dieses Abschnittes siehe Chary, S. 162-170; W. H. Schmidt, „Die Ohnmacht des Messias", S. 28-30.

28 Chary, S. 166.

29 Aber vgl. Jes 53,5 – diese Stelle enthält ein Synonym für das Verb „durchbohren" (Sach 12,10). Dieses Verb bedeutet auch „entweihen, beflecken", zum Beispiel Ez 36,16-38 – dieser Text wird als Vorlage für Sach 12,10-13,1 betrachtet. In beiden Fällen gibt es ein Ausgießen des Geistes (Ez 36,26f. und Sach 12,10) und eine Quelle reinen Wassers (Ez 36,25 und Sach 13,1). Beide Propheten beschreiben auch ein ähnliches Ereignis: das Verbrechen (oder die Verbrechen) der Nation, dem Gottes Vergebung folgt, die reinigt und neu schafft. Auf diese Weise bringt der zweite Teil Sacharjas das vierte Gottesknechtlied und Jeremias Weissagung vom neuen Bund, die auch Ezechiel überliefert, zusammen. Vgl. Lacocque, S. 182, 189-193.

30 Ist die Bewegung aufsteigend oder absteigend? Die natürlichste Bedeutung schiene zu sein, daß der „Menschensohn" zu dem Hochbetagten am Ende der Zeit aufsteigt, um

die Königswürde zu empfangen. Aber im Buch Daniel gibt es auch viele himmlische Wesen, die auf die Erde herunterkommen (z. B. Dan 9,21 f.). So wollte der Autor in dieser Weissagung vielleicht ein Stück Zweideutigkeit bewahren. Das erklärt, wie Christen in dieser Prophetie sowohl das endgültige Kommen Christi gesehen haben (Mt 24,30; Offb 1,7; etc.), als auch die Erhöhung oder Himmelfahrt des Herrn (vgl. die „Wolke" Apg 1,9). Menschliche Bilder sind immer unvollkommen, wenn es darum geht, die göttliche Wirklichkeit auszudrücken. Das Wesentliche ist die endgültige Begegnung zwischen Gott und der Menschheit, zwischen Himmel und Erde, die die Erfüllung der Verheißungen Gottes kennzeichnet. Vgl. auch Joh 3,13; Eph 4,8-10; 1. Thess 4,17; Mt 28,2.

31 In *Les Poèmes du Serviteur*, S. 119-121, 136 f., zieht Pierre Grelot, während er sehr skeptisch gegenüber jedem vorchristlichen Bindeglied zwischen dem Gottesknecht und dem Menschensohn bleibt, den Schluß, daß es eine literarische Entlehnung gegeben hat zwischen Jes 52-53 und den „Verständigen im Volk", die „viele zur Einsicht" bringen (Dan 11,33-35; 12,3). Aber wie kann man es vermeiden, eine Verbindung zu sehen zwischen „den Verständigen" und den „Heiligen des Höchsten" (Dan 7,18-27), in einer Passage, die eine Auslegung der Vision vom Menschensohn ist? Eine neuartige Sicht von Jesu Gebrauch der Gottesknecht- und Menschensohn-Traditionen siehe bei Seyoon Kim, *The ,Son of Man' as the Son of God* (Tübingen: J. C. B. Mohr, 1983).

ZUM 8. KAPITEL: PILGER-SEELEN UND DEMÜTIGE HERZEN

1 Zur Frage des Alters der Psalmen siehe Cazelles (Hrsg.), *Introduction à la Bible*, II, S. 509-514.

2 Siehe Kap. 2, S. 49 f.

3 Zu diesen Bildern siehe den Hinweis in Kapitel 2, Anmerkung 19. Siehe auch Gros, *Le thème de la route dans la Bible*, und die Artikel über „Weg" (*däräk, hodos*) in den verschiedenen biblischen und theologischen Wörterbüchern.

4 Zu diesem Abschnitt siehe M. Join-Lambert, Art. „Les pèlerinages en Israël", *Dictionnaire de la Bible: Supplément*, Bd. VII, Spalte 584-589. Vgl. auch L.-M. Orrieux, „Le pèlerinage dans l'Ecriture Sainte," *Lumière et Vie* 79 (1966), S. 5-34.

5 Siehe Kap. 3, S. 54 f.

6 Im Hebräischen bedeutet das gleiche Wort (*hag*) sowohl „religiöses Fest" als auch „Wallfahrt".

7 Einer der wenigen Autoren, der über die Kategorien der vergleichenden Religionswissenschaft hinausgeht, um die echte biblische Bedeutung der Pilgerfahrt und der daraus erwachsenden Spiritualität zu entdecken, ist A.M. Besnard in seinem Buch *Par un long chemin vers Toi: Le pèlerinage chrétien* (Paris: Cerf, 1959, 1979).

8 Dieses Thema ist oft untersucht worden. Ich verdanke viel dem Artikel von Augustin George: „Pauvre", *Dictionnaire de la Bible: Supplément*, Bd. VII, Sp. 387-406 und, zu den Psalmen, Jacques Goldstain, *Le monde des Psaumes* (Paris: Les Editions de la Source, 1964), S. 143-178. Den großartigen Beitrag von Albert Gelin, *Les pauvres de Yahvé* (Paris: Cerf, 1953), kann man immer noch mit Gewinn lesen, selbst wenn einige Details von heutigen Theologen nicht mehr anerkannt werden.

9 Dieser Aspekt wurde besonders betont von Jacques Dupont, *Les Béatitudes*, Bd. II (Paris: Gabalda, 1969), S. 53-90.

Anmerkungen zum 8. Kapitel

10 George, Sp. 388.

11 Grelot, *Sens chrétien de l'Ancien Testament*, S. 155.

12 Gelin, *Les pauvres de Yahvé*, S. 47; B. Duhm, *Die Psalmen* (Tübingen: J.C.B. Mohr, 1922), S. 39f. Vgl. Sirach 10,15.

13 George, Sp. 392.

14 Eduard Lohse, *Umwelt des Neuen Testaments* (Göttingen: Vandenhoeck & Ruprecht, 1977), S. 70-72.

15 Gelin, *Les pauvres de Yahvé*, S. 86-97; Artikel „ptochos", (E. Bammel) in G. Kittel (Hrsg.), *Theologisches Wörterbuch zum Neuen Testament*, Bd. VI, S. 896-899.

VERZEICHNIS DER BIBELSTELLEN

Die biblischen Bücher werden in der Reihenfolge der Einheitsübersetzung aufgeführt.